蹤凡 景晶 何妍 著

四庫提要選注

（經部卷）

國家圖書館出版社

圖書在版編目（CIP）數據

四庫提要選注. 經部卷 / 蹤凡, 景晶, 何妍著. — 北京 : 國家圖書館出版社, 2021.6

ISBN 978-7-5013-7196-9

Ⅰ.①四… Ⅱ.①蹤… ②景… ③何… Ⅲ.①《四庫全書總目提要》 Ⅳ.①Z833

中國版本圖書館CIP數據核字（2020）第272807號

書　　名　四庫提要選注（經部卷）
著　　者　蹤凡　景晶　何妍　著
責任編輯　許海燕
裝幀設計　程言

出版發行　國家圖書館出版社（北京市西城區文津街7號　100034　）
　　　　　（原書目文獻出版社　北京圖書館出版社）
　　　　　010-66114536　63802249　nlcpress@nlc.cn（郵購）
網　　址　http://www.nlcpress.com
排　　版　愛圖工作室
印　　裝　北京武英文博科技有限公司
版次印次　2021年6月第1版　2021年6月第1次印刷

開　　本　710×1000　1/16
印　　張　20.5
字　　數　260千字
書　　號　ISBN 978-7-5013-7196-9
定　　價　68.00圓

臣等謹案周易注疏十三卷魏王弼注唐孔

穎達疏穎達與顏師古司馬才章王恭王琰

受詔撰五經義訓凡百餘篇號義贊詔改為

正義永徽中復命于志寧等就加增損書始

布下周易正義舊唐志中興書目作十四卷

新唐志玉海並作十六卷今卷益本朙監板

也易自王弼以後江南義疏祖尚虛無穎達

辨析音義頗為當時所宗張唐英稱其發明

三聖之言通貫萬化之蘊不無溢美而胡一

桂以為大槩因王弼韓康伯注為之解釋數

衍於義理象數之學未能卓然有所見亦未

免過刻益穎達苦心訓詁功同馬鄭亦有未

可輕議者我

皇上表章彝訓乾隆四年重刊十三經注疏

特詔儒臣悉取援据原書參互勘訂卷為考證以

附其後不獨遠過明刻亦非潭建諸本所得

《摛藻堂四庫全書薈要》書前提要

001

周易註　　易類

提要

臣等謹案周易註十卷魏王弼撰弼字輔嗣
山陽高平人官尚書郎年二十四而卒事蹟
具三國志本傳所註惟周易上下經又別作
周易略例發明宗旨後東晉太常潁川韓康
伯始續註繫辭說卦序卦雜卦四傳隋書經
籍志以王韓之書各著錄故易註作六卷
例作一卷繫辭註作三卷新舊唐書載弼註
七卷則合略例計之今本十卷則併韓書計
之也考王儉七志已稱弼易註十卷　今不傳
　　　　　　　　　　　　　　　　北齊經典
　　　　　　　　　　　　　　　　釋文所引
孔穎達周易正義亦合王韓為一
書則其來已久矣吳仁傑古周易稱弼以繫
辭上下傳字施之說卦前後二篇　吳仁傑主
　　　　　　　　　　　　　　　隋志說卦
三篇之說故有此說然今本從宋岳珂刊後
家繫辭以下實無傳字仁傑所見

文淵閣本《四庫全書》書前提要

《四庫全書簡明目錄》書影

周易註　　　易類

提要

臣等謹案周易註十卷魏王弼撰弼字輔嗣

山陽高平人官尚書郎年二十四而卒事蹟

具三國志本傳所註惟周易上下經又別作

周易畧例發明宗旨後東晉太常頴川韓康

伯始續註繫辭說卦序卦雜卦四傳隨書經

籍志以韓王之書各著錄故易註作六卷畧

例作一卷繫辭註作三卷新舊唐書載弼註

七卷則合畧例計之今本十卷則併韓書計

之也自鄭氏傳費直之學始析易傳以附經

至弼又更定之說者謂鄭本如今本之乾卦

其坤卦以下又弼所割裂然鄭氏易註至北

宋尚存一卷崇文總目稱存者為文言說卦

序卦雜卦四篇則鄭本文言尚各自為傳今

殆京氏易傳三卷舊本題曰陸績注洺儡觀之未
審因誤記誤說也昔朱王應麟輯鄭氏易注爲學
者所重士粲此本雖不及應麟搜討之勤博而摭
拾殘剩存什一於千百亦可以見陸氏易注之大
畧矣績字公紀吳郡人官至鬱林太守加偏將軍
事迹具吳志士燮字叔祥海鹽人年十三而孤年
二十猶目不識丁寓居德清姜氏家姜始授以句
韻晩乃卓然自立葢亦奇士云

欽定四庫全書總目

周易注十卷 浙江巡撫採進本

卷一 經部 易類一

九

上下經注及畧例魏王弼撰繫辭傳說卦傳序卦
傳雜卦傳注晉韓康伯撰隋書經籍志以王韓之
書各著錄故易注作六卷畧例作一卷繫辭注作
三卷舊唐書經籍志新唐書藝文志皆載弼注七
卷葢合畧例計之今本作十卷則併韓書計之也
考王儉七志已稱弼易注十卷 按七志今不傳此
文所引則併王韓爲一書其來已久矣自鄭元傳費
直之學始析易傳以附經至弼又更定之說者謂
鄭本如今之乾卦其坤卦以下又弼所割裂然鄭

殿本《四庫全書總目》書影

周易註十卷　浙江巡撫採進本

舊爲之然此本採京氏易傳註爲多而韓韓未之及又稱其經文異諸家者覆帝位而不疚疚作疾明辯皙也晢作晰約目牖牖作誘三年克之憫也儻作備此本又皆無之宜所見別一本歟然歟韓明言鹽邑志林其故則不可許矣韓舜又言舊溶曾見有三卷者然諸家著錄並無三卷之本始京氏易傳三卷舊本題曰陸績橫註溶偶觀之未容因誤記誤說也昔宋王應麟輯鄭氏註爲學者所重士雜此本雖不及應麟搜討之勤傳而掇拾殘剩存什一於千百亦可以見陸氏易註之大略矣績字公紀吳郡人官至鬱林太守加偏將軍事蹟具吳志士雜字叔祥海鹽人十三而孤年二十猶目不識丁寓居德清姜氏家姜始授以句讀晚乃卓然自立蓋亦奇士云

上下經註及略例魏王弼撰繫辭傳說卦傳卦傳雜卦傳註晉韓康伯撰隋書經籍志以王弼之書名著錄故易註作六卷略例作一卷繫辭註作三卷舊唐書經籍志新唐書藝文志皆載弼註七卷蓋合略例計之今本作十卷則併繫辭計之也直之學始析易傳以附經至弼又更定之說者謂考王儉七志已稱弼易註十卷案七志今不傳此引則併王韓爲一書其來已久矣自鄭元傳費鄭本如今之乾卦其坤卦以下又弼所割裂然鄭氏易註至北宋尚存一卷崇文總目稱存者爲文言說卦序卦雜卦四篇則鄭本尚以交言自爲一傳所割以附經者不過彖傳象傳今本乾坤二卦各附文言知全經皆弼所更定非鄭氏之舊也每

浙本《四庫全書總目》書影

前　言

　　清代乾隆年間編纂完成的大型叢書《四庫全書》，對先秦至清代前期凡三千餘年的典籍文獻進行了大規模甄選、校勘、整理和研究，這是中國歷史文化的全面總結，其中蘊含著中華民族的聰明才智、中國古代的學科結構以及極爲厚重的傳統文化精神，是一筆十分寶貴的精神財富。

一

　　四庫館臣對於每一部入選《四庫全書》的文獻，都撰寫了較爲詳細的提要。據學者研究，在《四庫全書》編纂過程中，產生了多種形態、不同版本的《四庫提要》，大致可以劃分爲分纂提要、庫本提要、總目提要三大類[1]。由於四庫館臣學養深厚、態度認真，

[1] 詳參林申清《四庫書目家族》（《華東師範大學學報》2000 年第 5 期），陳曉華《〈四庫全書〉三種提要之比較》（《首都師範大學學報》2005 年第 3 期），熊偉華、張其凡《〈惜抱軒書録〉與姚鼐的學術傾向》（《史學月刊》2007 年第 5 期）。江慶柏先生又增補爲五種類型，即：分纂提要、彙總提要、刊本提要、庫本提要、總目提要，詳參江慶柏《〈四庫全書薈要〉研究》一書（鳳凰出版社 2018 年版，第 3 頁）。

加之《四庫全書》的官方性質，《四庫提要》代表了清代乾隆時期最高的學術水準，也成爲中國歷史上規模最大、内容最豐富、觀點最精湛的官修目録學著作，被近現代學人奉爲學術研究之津梁。余嘉錫先生指出："今《四庫提要》叙作者之爵里，詳典籍之源流，別白是非，旁通曲證，使瑕瑜不掩，淄澠以別，持比向、歆，殆無多讓；至於剖析條流，斟酌今古，辨章學術，高抱群言，尤非王堯臣、晁公武等所能望其項背。故曰自《別録》以來，纔有此書，非過論也。故衣被天下，沾溉靡窮。嘉道以後通儒輩出，莫不資其津逮，奉作指南，功既巨矣，用亦弘矣。"[1]司馬朝軍先生也説："是書也，提要鈎玄，考鏡源流，殘膏剩馥，沾溉百代。"[2]其價值與地位，毋庸贅言。

　　隨著學術研究的深入開展，學術界已經出版了不少研究《四庫提要》的學術專著，其中對提要文本進行校點、整理的就有：《欽定四庫全書總目（整理本）》（中華書局1997年版），《四庫全書總目提要》（海南出版社1999年版），《四庫全書總目提要》（河北人民出版社2000年版），司馬朝軍《〈四庫全書總目〉精華録》（武漢大學出版社2008年版），陳尚君、張金耀等《四庫提要精讀》（復旦大學出版社2008年版），魏小虎《四庫全書總目彙訂》（上海古籍出版社2012年版），吴伯雄《四庫全書總目選》（鳳凰出版社2015年版）等多種。這些整理著作，卷帙或大或小，内容或全録或精選，大都涉及2—3個版本。而現存的《四庫提要》，最常見的就有10種不同的版本，所以前人的研究顯然有不完備的地方。江慶柏先生校點的《四庫全書初次進呈存目》（人民文學出版社2015年版）和趙望秦等撰寫的《四庫全書初次進呈存目校證》（陝西師範大學出版社2016年版），又爲我們提供了新的參照成果和學術

---

〔1〕余嘉錫：《四庫提要辨證·序録》，中華書局1980年版，第48—49頁。

〔2〕司馬朝軍：《〈四庫全書總目〉精華録·自序》，武漢大學出版社2008年版，第1頁。

起點。其次，在《四庫提要》的注釋和評析方面，祇有陳尚君、張金耀等《四庫提要精讀》比較詳細，論述深入，但是該書所選提要數量甚少，無法全面展示《四庫提要》的面貌和價值。其中經部部分僅僅選入 4 篇提要（《毛詩正義》《春秋左傳正義》《方言》《重修玉篇》），遠遠不能反映經部文獻的博大精深以及館臣的經學思想。此外，新近出版的王培軍《四庫提要箋注稿》（上海大學出版社 2019 年版），所選篇目僅限於集部，亦不能全面展示《四庫提要》的學術成就。

有鑒於此，筆者擬全面調查《四庫提要》的常見版本，包括浙本、殿本、《摛藻堂四庫全書薈要》本、文淵閣本、文溯閣本、文津閣本等，參照部分稿本、初次進呈本、上海圖書館藏稿本、《四庫全書簡明目録》等進行研究。文瀾閣本多有配補，文獻價值較低，暫不列入。如果不同版本的文字相差太大，不能視爲同一文獻，那就將它們劃分爲"詳本""簡本""極簡本"等若干系統。對"詳本"提要進行詳細的校勘、注釋、評析，其他版本則附録於後，力圖反映四庫館臣對某一文獻的學術判斷與論學旨趣，并從個案角度揭示其圖書整理經過及學術觀點之變遷。

二

在研讀、校勘《四庫提要》的過程中，我們更深刻地感受到四庫館臣深厚的學識、精深的見解以及復興漢學的願望。

《大戴禮記》浙本提要（殿本、文津閣本同），出自著名經學家戴震之手。自漢代以來，《禮記》的傳本就有《大戴禮記》與《小戴禮記》兩個系統。由於《小戴禮記》長期列於官學，研究成果豐碩，館臣在《禮記正義》提要中重點梳理其傳習起落過程以及諸家注疏的風格特徵；而《大戴禮記》一直聲名不顯，篇目次序錯亂不堪，幾乎瀕臨失傳的境地，戴震的書寫重心便在於厘清錯誤認知、梳理

篇目次序、肯定學術價值等方面。他對《隋書·經籍志》《崇文總目》
《中興館閣書目》以及陳振孫、韓元吉、晁公武等人的記載進行分析，
揭示《大戴禮記》篇目錯亂的根源，在於隋唐之後"析《盛德》篇
爲《明堂》篇"，把一篇拆爲兩篇，篇目順序發生變化；加之《夏
小正》一篇或載書中，或別出單行，使篇數的計算更加紊亂。戴震
按照既不多析《明堂》一篇，亦不別出《夏小正》一篇的正確計算
方法，得出《大戴禮記》的準確篇數應爲 39 篇。此外，戴震還認爲
《大戴禮記》中的《曾子》10 篇保留"曾子"篇題，實爲原《曾子》
18 篇的古經遺文，有重要文獻價值。經戴震考校之後，《大戴禮記》
的地位已經有了明顯提升，時人阮元稱："今學者皆舉'十三經'
之目，'十三經'之外宜亟治者，惟《大戴禮記》矣。"[1]此後汪
中《大戴禮記正誤》、孔廣森《大戴禮記補注》及王聘珍《大戴禮
記解詁》等學術著作的產生，都與戴震的努力以及"十四經"研究
這一新興學術風潮有關。戴震所撰提要的學術價值和影響，於此可
見一斑。

《詩集傳》浙本提要（殿本、文淵閣本同），就像是一篇內容翔
實的校勘記。館臣首先羅列馮復京校證《詩集傳》經文錯誤 12 條，
陳啓源校證 14 條。而當代學者陳才先生以多種《詩集傳》善本（宋
元刻二十卷本）對照這 26 條校勘條目，發現其中有 22 條原本不誤，
皆爲後代"傳寫之誤"[2]。接著館臣又羅列陳啓源校勘《詩集傳》
傳文錯誤 13 條（其中異文 10 條、衍文 2 條、奪文 1 條），史榮校
勘傳文錯誤 10 條（其中異文 9 條、奪文 1 條），經研究也大都是傳
寫訛誤，祇有少量爲朱子本人失誤。館臣所言，乃是以明代刊刻的

---

〔1〕王樹枏：《校正孔氏大戴禮記補注》，《叢書集成初編》本，中華書
　　　局 1985 年版，第 1 頁。
〔2〕陳才：《〈四庫總目〉對〈詩集傳〉的誤評述論》，《詩經研究叢刊》
　　　2015 年第 2 期（第 27 輯）。

八卷本《詩集傳》爲據，從中不難看出明刻本訛誤之多，錯亂之甚。讀者如果不知道宋刻二十卷本與明刻八卷本的區別，還真的會被館臣誤導，以爲是朱熹本人的錯誤。那麼四庫館臣爲何要不厭其煩地羅列前人對於《詩集傳》的校勘成果呢？陳才先生考察《四庫全書總目·經部·詩類》中的其他各書提要，發現館臣在不少提要中對《詩集傳》都作出了有違事實的負面評價。他們對《毛傳》《鄭箋》等《詩經》學著作中的錯誤并未過多涉及，偏偏揪住《詩集傳》的錯誤不放，其中有很多係流傳過程中的錯誤，而不是朱熹本人的錯誤。其實《詩集傳》在元明清三代影響巨大，一直是科舉考試的標準教材，館臣却對此視而不見，隻字不提。這種現象，無疑是清乾隆時期"崇漢反宋"思想潮流所決定的。館臣刻意貶低宋學，不惜羅織罪名，移花接木，觀點實不足取。祇有《四庫全書簡明目録》論及後世遵用《詩集傳》的情況："自元延祐定科舉法，用以取士，遂承用至今。"也算是對《詩集傳》的一種有限度的回護。

三

通過對不同版本《四庫提要》的對比，我們還可以部分恢復館臣整理《四庫全書》的學術經過，進而管窺館臣對不同典籍的學術評價。

《四庫全書·經部·易類》收録歷代易學文獻，館臣將《周易注》和《周易正義》（亦稱《周易注疏》）一并收入，分別位居第五、第六，并各自撰寫提要。但是我們發現，《周易注》文淵閣本提要與《周易正義》文淵閣本提要（浙本、殿本同）有部分重複現象，跟上海圖書館藏稿本提要更有大段雷同，其中原委，值得探尋。

今考《周易正義》各提要撰寫時間如下：《薈要》本（乾隆四十年二月）—文淵閣本（乾隆四十一年十月）—上海圖書館藏稿本（乾隆四十五年至四十六年）—文溯閣本（乾隆四十七年四月）—

《簡明目録》本（乾隆四十七年進呈）—文津閣本（乾隆四十九年十月）—《總目》浙本、殿本（乾隆四十七年進呈，六十年刊刻）。乾隆皇帝下詔纂修《四庫全書》，時間是乾隆三十七年（1772）。次年，乾隆認爲《四庫全書》卷帙浩繁，難以披覽，又下詔在修《四庫全書》的同時編纂《摛藻堂四庫全書薈要》（實爲《四庫全書》的縮編本），乾隆四十三年謄繕完畢，存放於紫禁城摛藻堂，以供隨時翻閱。《周易正義》首篇提要撰寫於乾隆四十年（1775）二月，上距乾隆皇帝下詔編纂《四庫全書薈要》僅有兩年，很可能是第一批編入此書的典籍，可見其地位之高。

試比較《周易注》提要的撰寫時間：翁方綱分纂稿（乾隆四十年左右）—文淵閣本（乾隆四十六年三月）—文溯閣本（乾隆四十七年十一月）—《簡明目録》本（乾隆四十七年進呈）—文津閣本（乾隆四十九年八月）—《總目》浙本、殿本（乾隆六十年）。儘管文淵閣《四庫全書》將《周易注》置於《周易正義》之前，但事實上《周易注》提要的撰寫時間（乾隆四十六年三月），卻遠在《周易正義》提要（乾隆四十年二月）之後。因而，我們有理由推測，四庫館臣最初衹是決定將《周易注疏》編入《四庫全書》，并沒有考慮《周易注》，因爲從内容上講，《周易注疏》已經完全包括了《周易注》；六年後他們發現，《周易注疏》十三卷對《周易注》進行了拆分、破壞，於是采納翁方綱在分纂稿中提出的"岳氏此本之精善，應存以爲校核之資"[1]的建議，決定再將《周易注》十卷增補進來，以宋相臺岳氏刻本爲依據抄入，以存原貌。據陳曉華《"四庫總目學"史研究》，乾隆四十六年二月十六日，"《四庫全書總目》初稿辦竣。旋即奉旨改變體例"；乾隆四十七年七月十六日，"《四庫全書總目》

---

[1] ［清］翁方綱等：《四庫提要分纂稿》，上海書店出版社 2006 年版，第 3 頁。

編次改定，永瑢等奉表奏上。同時完成《四庫全書簡明目錄》"〔1〕。乾隆四十六年是《四庫全書總目》修改定稿的關鍵時期，而第一篇《周易注》提要（文淵閣本）也在這一年撰寫，恰好驗證了《周易注》是最後一批進入《四庫全書》的文獻。乾隆四十六年二月十六日完成的《四庫全書總目》初稿，應該不包括《周易注》提要，因爲第一篇《周易注》提要，是乾隆四十六年三月撰寫的。

乾隆四十六年三月，館臣在爲文淵閣本《周易注》撰寫提要時，很自然要參考乾隆四十年撰寫的《薈要》本《周易注疏》提要、乾隆四十一年撰寫的文淵閣本《周易正義》提要，以及乾隆四十六年二月完成的《四庫全書總目》初稿，以便相互呼應、配合。館臣發現，《四庫全書總目》初稿（上圖稿本）的内容比較充實，其中對王弼、韓康伯注的編撰、流傳、體例以及學術影響論述頗佳，於是將其大段文字移抄過來。這就造成《周易注》文淵閣本、浙本、殿本提要與《周易正義》上圖稿本提要有大量重複的現象。

四

在研讀過程中，我們還發現了《四庫提要》以及當代研究者的一些粗疏和錯誤。

有些文獻，四庫館臣沒有寓目，或者因爲工作粗疏，在判斷上存在偏差。例如孔穎達《周易正義》一書，《薈要》本、《四庫全書》文淵閣本、文溯閣本、文津閣本都是以乾隆四年武英殿刻本《周易注疏》十三卷爲底本，進行謄録的；但是負責撰寫文淵閣本提要的館臣，不知爲何却手拿著明代刊刻的九卷本《周易兼義》，以此爲據撰寫提要，結果就著録爲《周易正義》十卷（正文九卷首一卷），還在提要中表示困惑："此書初名《義贊》，後詔改《正義》。然

---

〔1〕陳曉華：《"四庫總目學"史研究》，商務印書館2008年版，第40頁。

卷端又題曰‘兼義’，未喻其故。”説明他不知道《兼義》九卷與《注疏》十三卷的區別，便武斷地將“兼義”改爲“正義”。紀昀等在彙總《四庫全書總目》時，也没有發現提要與正文的錯位，想當然地認爲該提要是根據殿本《周易注疏》撰寫的，於是在“周易正義十卷”下擅自標注“内府刊本”4 字。這就造成了書名與卷數、提要與正文不相符的情況。所以，我們在“評析”部分進行比對分析，試圖對館臣的歷史功過給予客觀評價。又如對《文選》李善注本的來源，《文選注》浙本提要（殿本、文淵閣本同）發現善注中雜有五臣之語，於是做出推測：“殆因六臣之本，削去五臣，獨留善注，故刊除不盡，未必真見單行本也。”〔1〕認爲毛晉所刻《文選》李善注本，是從六臣本中抽離出來的。其實最早的李善注本是宋尤袤刻本，他撰寫的《遂初堂書目》中明明著録有《文選李善注》六十卷，説明他家裏就藏有單獨的李善注本，又何必費盡周折，從六臣本中摘録呢？館臣的錯誤判斷，影響中外學術界達二百年之久，近期纔被“文選學”專家糾正〔2〕。對於這一點，《四庫提要精讀》《四庫提要箋注稿》等均未能予以揭示。

有些閣本提要過於簡略，有塞責的嫌疑。例如孔穎達《春秋左傳正義》六十卷，是《春秋》《左傳》學史上的經典文獻，具有十分重要的歷史文化價值。《薈要》本（乾隆三十八年十二月）、文淵閣本（乾隆四十一年五月）提要祇有區區 165 字，文溯閣本也祇有 243 字，顯然與這部巨著的價值和地位不相匹配。紀昀看到閣本提要，肯定是大失所望，於是他乾脆重新撰寫（或請人新撰），完成了 961 字的長篇提要，對於《左傳》的作者與成書年代問題、史料來源問題、《經》《傳》關係問題、《左傳》不見於《漢志》問題、注疏問題等學術公案進行梳理、考辨，提出了許多有價值的觀點。

〔1〕［清］永瑢等：《四庫全書總目》（下），中華書局 1965 年版，第 1685 頁。
〔2〕傅剛：《〈文選〉版本研究》，北京大學出版社 2000 年版，第 160—166 頁。

這些現象，都是通過對勘比較後得知的。

當然，館臣也有取捨失當，甚至畫蛇添足的時候。《説文解字》三十卷，《總目》提要在閣本提要之後增加了 800 餘字的按語，詳細梳理了《古文尚書》的流傳和篇目情況。這雖然增加了《總目》的學術含量，但正如胡玉縉《四庫全書總目提要補正》所云："（按語）迂回不得其旨，段玉裁注極曉暢，孟《易》非壁中，尤足以破《總目》之惑。"[1] 其實，許慎《説文解字叙》中的所謂"《書》孔氏……皆古文也"，并非指古文經，而是指"古文"字形，是一種流行於戰國時期的字體。東漢杜林、賈逵傳授的《尚書》，是用古文字體書寫的，爲許慎所取資。紀昀對今古文《尚書》的發現、流傳、篇目、注釋情況反復申説，迂迴考辨，不得要領，也有跑題的嫌疑。此外，清張行孚《説文發疑》曾對"新附字"是否爲徐鉉所加提出質疑。唐代陸德明《經典釋文》、李善《文選注》中所引"濤""劇"等字實爲今本之"新附字"，可知在宋朝徐鉉等人重刊之前，這些字就已經存在，起碼有一部分已經存在。"新附字"并不完全係徐鉉所加。如此重要的內容，却爲館臣所遺漏，是不應該的。

在校注、評析過程中，我們還糾正了《四庫提要》以及提要研究者的某些錯誤。例如《樂書》提要，《四庫全書總目彙訂》第二卷："暘，字晋叔，閩清人。"彙訂："'字晋叔'，殿本作'字晋之'，誤，參《宋史》卷四三二本傳。"[2] 該書《凡例》稱："本書以中華書局影印浙江杭州本《總目》爲底本。"今查浙本提要，却是："暘，字晋之，閩清人。"而殿本纔是："暘，字晋叔，閩清人。"顯然，《彙訂》作者將浙本與殿本搞顛倒了。另外，《宋史》卷四百三十二《儒

〔1〕胡玉縉：《四庫全書總目提要補正》（上），上海書店出版社 1998 年版，第 256 頁。

〔2〕魏小虎：《四庫全書總目彙訂》（二），上海古籍出版社 2012 年版，第 1172—1173 頁。

林列傳》：“陳暘，字晋之。”《［弘治］八閩通志》卷六十二：“陳暘字晋之，祥道之弟也。”皆與浙本同，故“晋之”不誤。而殿本提要“字晋叔”之説，其實也不誤。陳暘家譜《千郎公系譜圖》：“玩公（陳暘父），朝議大夫，妣熊氏生深道、祥道、安道，繼妣謝氏生暘道、從道。”可知陳暘於五兄弟中排行第四，依“伯仲叔季”兄弟排行之序，除長子爲伯、次子爲仲、末子爲季外，中間排行之子均可稱“叔”，故陳暘字“晋叔”亦可。祇需要羅列異文即可，不需要判斷正誤。

五

由於卷帙較大，《四庫提要選注》擬分爲經部卷、史部子部卷、集部卷三帙，陸續出版。本書有以下特點：

1. 廣搜版本，力求完備。學術界對《四庫提要》所進行的校理工作，大都僅限於兩個或三個版本。例如吴伯雄《四庫全書總目選·凡例》：“僅以武英殿本及浙江書局本兩本互相參校，擇善而從，不出校記。”魏小虎《四庫全書總目彙訂·彙訂凡例》：“本書以中華書局影印浙江杭州本《總目》爲底本，上海古籍出版社影印文淵閣《四庫全書》卷前武英殿刻本《總目》爲對校本。”二書僅限於浙本和殿本。又，司馬朝軍《〈四庫全書總目〉精華録·例言》：“本書所選提要，以浙本《四庫全書總目》爲底本，以殿本《四庫全書總目》、文淵閣本《四庫全書》卷端提要爲參校本。”則擴大到 3 個版本的比較。即便是專題性研究如李建清《〈四庫全書總目〉小學類提要匯校與研究》（中國社會科學出版社 2019 年版），“用殿本作底本，參用浙本和書前提要之《薈要》本、文溯本、文津本相校”，亦僅限於 5 種版本。本課題則進一步擴大範圍，將版本擴充爲 10 種：分纂稿、總目提要（浙本、殿本、初次進呈本，上圖稿本）、庫本提要（《薈要》本、文淵閣本、文溯閣本、文津閣本）和《四庫全書簡明目録》。通過比較不同版本的文字異同、内容繁簡、觀點差異，管窺各版本提要的學術價值，進而分析四庫館臣學術觀點的變遷。這一校勘，無疑是對現有學術成果的突破，對"四庫學"研究具有一定參考價值。

2. 卷帙適中，選目典型。魏小虎《四庫全書總目彙訂》收録提要一萬餘篇，卷帙巨大，無暇作注；吴伯雄《四庫全書總目選》卷帙較小，也没有作注。司馬朝軍《〈四庫全書總目〉精華録》收録提要 1000 則（篇），每一篇提要皆有簡要注釋，以學術考證爲主，可資研究者參考，但不利於一般讀者閱讀。本書擬收録《四庫提要》100 篇，每卷 25 篇左右，卷帙大小適中。選目兼顧提要對象的代表性和提要本身的學術性，例如《經部卷》部分，就以"十三經"和小學著作爲核心，同時還有意選擇了一些内容相關、彼此血脉相連的典籍（例如《周易注》與《周易正義》，《大戴禮記》與《禮記正義》，《説文解字》與《説文繫傳》）的提要，更便於讀者研究、比較。

3. 注評詳盡，雅俗共賞。對每篇提要都進行詳細的注釋，包括人名、地名、書名、典故等。語言上力求通俗易懂，方便於一般讀者的閱讀與學習。注釋之後，尚有評析文字，不僅概述提要基本内容，還對其功過得失進行評判，并比較各版本之異同，梳理館臣觀點之變遷。

蹤 凡

2021 年 4 月

凡　例

　　一、本書精選《四庫全書·經部》提要 23 篇，逐一進行校勘、注釋、評析，旨在以管窺豹，展示《四庫提要》的體例特點、學術成就、思想旨趣和歷史功過，爲讀者閱讀、瞭解、利用《四庫提要》，進而從事學術研究提供參考。

　　二、《四庫提要》版本衆多，今以内容最爲完善的清乾隆六十年（1795）浙江杭州刻《四庫全書總目》爲工作底本（祇有《周易注》提要例外），以他本參校。使用版本如下：

　　1. ［清］永瑢等撰《四庫全書總目》，中華書局 1965 年影印清乾隆六十年浙江杭州刻本（簡稱“浙本”）；

　　2. ［清］翁方綱等撰，吴格等整理《四庫提要分纂稿》，上海書店出版社 2006 年版（簡稱“分纂稿”）；

　　3. 江慶柏等整理《四庫全書初次進呈存目》，人民文學出版社 2015 年版；參考趙望秦等校證本，陝西師範大學出版社 2018 年版（簡稱“初目本”）；

　　4.《摛藻堂四庫全書薈要》書前提要，吉林人民出版社 2005 年影印本；參考江慶柏等整理《四庫全書薈要總目提要》，人民文學出版社 2009 年版（簡稱“《薈要》本”）；

　　5. 上海圖書館藏《四庫全書總目》稿本，載《四庫全書總目稿抄本叢刊》（二），上海科學技術文獻出版社 2021 年版（簡稱"上圖稿本"）；

6. 文淵閣《四庫全書》書前提要，臺北商務印書館 1986 年影印本，上海古籍出版社 1987 年影印本（簡稱"文淵閣本"）；

7.《金毓黻手定本文溯閣四庫全書提要》，中華全國圖書館文獻縮微複製中心 1999 年版（簡稱"文溯閣本"）；

8. 文津閣《四庫全書》書前提要，商務印書館 2005 年影印本（簡稱"文津閣本"）；

9.〔清〕永瑢等撰《欽定四庫全書總目》，上海古籍出版社 1987 年影印清乾隆六十年武英殿刻本（《景印文淵閣四庫全書》第 1—5 冊，簡稱"殿本"）；

10.《四庫全書簡明目録》，上海古籍出版社 1987 年影印清乾隆四十八年（1783）武英殿抄本（《景印文淵閣四庫全書》第 6 冊，簡稱"《簡明目録》本"）。

三、各提要繁簡不同，内容各異，無法合并一處進行校勘。根據各提要内容繁簡或重叠程度，一般劃分爲詳本、簡本、極簡本三類。以詳本爲主，簡本、極簡本附後。

四、本書一般使用規範繁體字，提要中的人名、地名等專有名詞保持原貌。避諱字在正文中改回原字（例如將"鄭元"改回"鄭玄"），首次出現時出校記，以下徑改之。

五、底本誤而他本不誤者，據他本改正，并在校記中説明；底本不誤而他本誤者，出校，以便反映不同版本情況。

六、爲便於比較，我們準確統計各版本提要字數，除了正文（含雙行小字）外，還包括標題"《某書》若干卷（某某本）"、"臣等謹按" 4 字、篇末"乾隆某某年恭校上"。不計書前提要之末的銜名，不計標點。

七、注釋以人名、書名、典故、史實爲主，偶有字詞訓釋，以助理解。注釋語言簡潔，一般不做繁瑣徵引和考證。被釋詞通常在第一次出現時詳細注釋，以後出現時從略，或提示"參見某某提要注"。
若某人係某書作者，則在某書提要下詳注，他處從略。

八、評析部分主要歸納詳本提要的基本内容，同時對其學術觀點、
思想旨趣、訛誤缺失等進行評論，間或考索其撰寫、潤色、删改經過。

九、校注及評析部分充分吸收學術界研究成果，皆加以説明，
示不掠美；若有遺漏，尚祈海涵，在此一并致謝。

.

目　録

周易注十卷 [1]

臣等謹案：《周易注》十卷 [2]，魏王弼撰 [3]。弼字輔嗣，山

---

[1] 本校注以文淵閣《四庫全書》本《周易注》書前提要（884 字）爲底
本，以文淵閣本（322 字）、文津閣本（322 字）爲校本。儘管字數懸殊，
但後兩種提要顯然是前者的删節本，其文字全部出自文淵閣本，故合并校勘。
個别地方參校翁方綱分纂稿。《周易》，儒家“十三經”之一，中國文化
最古老的經典。古人認爲由伏羲氏畫卦，周文王（姬昌）作卦爻辭，孔子
作《易傳》。今人多認爲《易經》成於周初，《易傳》成於戰國時期。

[2] “臣等謹案：《周易注》十卷”，翁方綱分纂稿作：“謹按：《周易注》
并《略例》凡十卷。”今按：翁稿所言，乃係宋相臺岳氏本舊式。翁稿以
下文字與此迥異，不再援以校勘。《周易注》十卷，三國魏王弼、晋韓康
伯撰。王弼祇注《易經》上下篇和《彖》《象》《文言》等傳，韓康伯補
注《繫辭》《説卦》《序卦》《雜卦》諸篇，成爲完璧。此書一掃象數之學，
注重以義理解《易》，用老莊等玄學觀念闡述卦爻辭，使《周易》研究擺
脱了讖緯經學的迷障，爲義理派與玄學派易學之代表。

[3] 王弼（226—249），字輔嗣，山陽（今河南焦作）人。三國魏玄學家，
魏晋玄學的開創者。官至尚書郎。正始十年（249）免官，僅 24 歲病逝。
王弼擅以義理與玄學解《周易》，著有《周易注》《周易略例》《老子注》
《老子指略》。事迹參見《三國志·魏書·王弼傳》、王曉毅《王弼評傳》（南
京大學出版社 1996 年版）。

陽高平人，官尚書郎，年二十四而卒。事迹具《三國志》本傳[1]。所注惟《周易》上下經；又別作《周易略例》[2]，發明宗旨。後東晉太常穎川韓康伯[3]，始續注《繫辭》《説卦》《序卦》《雜卦》四傳[4]。

《隋書·經籍志》以王、韓之書各著録[5]，故《易注》作六卷，《略例》作一卷，《繫辭注》作三卷。新舊《唐書》載弼《注》七

---

[1]《三國志》，二十四史之一，西晉陳壽撰，南朝宋裴松之注，凡六十五卷。該書是記載漢末至晉初近百年間歷史事件的紀傳體國別史，文筆簡潔。裴注略於文字訓詁而重視對史實的補充，分量爲原書數倍，亦頗受史家重視。今按：《三國志》卷二十八《魏志·鍾會傳》：“初，會弱冠，與山陽王弼并知名。弼好論儒道，辭才逸辯，注《易》及《老子》，爲尚書郎，年二十餘卒。”裴松之注：“弼字輔嗣。何劭爲其傳曰：弼幼而察慧，年十餘，好老氏，通辯能言。……正始十年，曹爽廢，以公事免。其秋，遇癘疾，亡，時年二十四。”

[2]《周易略例》，三國魏王弼著，以老莊玄學觀點解《易》。

[3] 韓康伯（332—380），即韓伯，字康伯，穎川長社（今河南長葛）人。東晉哲學家。曾任中書郎、散騎常侍、吏部尚書、領軍將軍等職。曾對《繫辭》《説卦》《序卦》《雜卦》四傳做注，撰成《周易繫辭注》三卷。

[4]《繫辭》上下、《説卦》《序卦》《雜卦》，是《易傳》中的5篇。《繫辭》上下總論《易經》大義；《説卦》用八卦的取象方法解釋六十四卦；《序卦》總括《周易》六十四卦的推演；《雜卦》説明各卦的交織關係。

[5]“王、韓”，文津閣本作“韓、王”。《隋書·經籍志》，簡稱《隋志》，是《隋書》中的一篇，唐魏徵等撰。《隋志》是一部影響較大的史志目録，著録有梁、陳、齊、周、隋五代官私書目所載的全部圖書。在圖書分類上首創經、史、子、集之名，并設置二級分類，爲後世各類公私書目所遵用。今按：《隋書·經籍志》：“《周易》十卷。”原注：“魏尚書郎王弼注六十四卦六卷，韓康伯注《繫辭》以下三卷。王弼又撰《易略例》一卷……亡。”可知是“以王、韓之書各著録”。

卷〔1〕，則合《略例》計之。今本十卷，則并韓書計之也。考王儉《七志》〔2〕，已稱弼《易注》十卷（案《七志》今不傳，此據《經典釋文》所引〔3〕），孔穎達《周易正義》亦合王、韓爲一書〔4〕，則其來已久矣。

吴仁傑《古周易》稱〔5〕："弼以《繫辭》上下'傳'字，施之《説卦》前後二篇（案，仁傑主《隋志》'《説卦》三篇'之説，故有此語。然今本從宋岳珂荆溪家塾本翻雕〔6〕，《繫辭》以下實無'傳'字，仁傑所見或别一本也）。"則誤以韓氏之書，歸於王氏。税與權《古周易》稱〔7〕："韓康伯以上下《繫》爲七、八卷，《説》《序》《雜》爲第九卷，《略例》爲第十卷。"則又誤執《周易正義》"康

---

〔1〕 新舊《唐書》，此處指《舊唐書·經籍志》與《新唐書·藝文志》，皆爲史志目録。《舊唐書·藝文志》二卷，後晋劉昫等撰。所著録羣書均取自唐代毋煚的《古今書録》。《新唐書·藝文志》四卷，北宋歐陽修等撰，著録有唐一代圖書，比《舊唐書·經籍志》更爲完備。今按：《舊唐書·經籍志》："《周易》二卷……又七卷，王弼注。……又十卷，王弼、韓康伯注。"《新唐書·藝文志》："《周易》……王弼注七卷。"皆著録王弼注七卷。

〔2〕 王儉《七志》，南朝齊王儉曾依照劉歆《七略》作《七志》，共四十卷，分别爲：《經典志》《諸子志》《文翰志》《軍書志》《陰陽志》《術藝志》《圖譜志》。另道、佛附見，合爲九類。已佚。

〔3〕 《經典釋文》，參見《經典釋文》提要及注釋。

〔4〕 孔穎達，參見《周易正義》提要注。

〔5〕 吴仁傑（1137—約1200），字斗南，號蠖隱居士，南宋昆山（今屬江蘇）人。博物洽聞，尤精漢史。著有《古易》（即《古周易》）、《周易圖説》等。

〔6〕 岳珂（1183—1243），字肅之，號亦齋，晚號倦翁，相州湯陰（今河南湯陰）人，岳飛之孫。南宋史學家、文學家、文獻學家。著有《籲天辯誣》《天定録》《棠湖詩稿》等。家富藏書，乃以家藏舊刻，設相臺家塾，刊刻《九經》《三傳》《孟子注》《論語集解》等。

〔7〕 税與權，宋恭州巴縣（今屬重慶）人。著有《易學啓蒙小傳》及附録《周易古經傳》（即《古周易》）。其易學思想受魏了翁影響較大，世稱儒宗。

伯爲弼弟子"之説，以今本爲出康伯所編，均之誤也（案康伯，晋簡文帝時人，弼則殁于魏正始十年，遠不相及。王應麟《困學紀聞》已辨《正義》之誤）〔1〕。

自鄭氏傳費直之學〔2〕，始析《易傳》以附《經》，至弼又更定之。説者謂鄭本如今本之《乾卦》〔3〕，其《坤卦》以下〔4〕，又弼所割裂。然鄭氏《易注》〔5〕，至北宋尚存一卷，《崇文總目》稱〔6〕："存者爲《文言》《説卦》《序卦》《雜卦》四篇〔7〕。"則鄭本《文言》尚各自爲傳。今本《乾卦》之後即附《文言》，知全經皆弼所

---

〔1〕自"考王儉《七志》"至"王應麟《困學紀聞》已辨《正義》之誤"，凡222字，文淵閣本、文津閣本無。王應麟（1223—1296），字伯厚，號深寧，慶元府鄞縣（今浙江寧波）人。南宋著名學者。著有《玉海》《詞學指南》等20餘種。所撰《困學紀聞》二十卷，內容涉及經書、天道、地理、諸子、歷史、詩文等。

〔2〕鄭氏，即鄭玄，參見《毛詩正義》提要注。費直，西漢古文易學"費氏學"的開創者，注重以義理解釋經文，是民間易學，屬於古文經學系統。後經馬融、鄭玄、荀爽爲之發揚光大。

〔3〕《乾卦》，《周易》第一卦，卦象代表天，其特性是強健有爲。

〔4〕《坤卦》，《周易》第二卦，卦象代表地，其特性是柔順厚德。

〔5〕鄭氏《易注》，今按：《隋書·經籍志》："《周易》九卷，後漢大司農鄭玄注。"《舊唐書·經籍志》："《周易》二卷……又九卷，鄭玄注。"説明鄭玄《周易注》原爲九卷。又《新唐書·藝文志》："鄭玄注《周易》十卷。"是爲十卷。但《郡齋讀書志》《直齋書録解題》未著録，蓋亡於兩宋之際。王應麟、姚叔祥、惠棟等皆有輯佚本。

〔6〕《崇文總目》，宋代官修目録，王堯臣、歐陽修等撰。全書共六十六卷，仿照唐代《開元四部録》體例，分四部45類，收書三千零六十九卷。已佚，現有清人輯本。今按：文淵閣《四庫全書》本《崇文總目》卷一："《周易》一卷，鄭康成注。今惟《文言》《説卦》《序卦》《雜卦》，合四篇，餘皆逸。指趣淵確，本去聖之未遠。"

〔7〕《文言》，又名《文言傳》，爲《周易》"十翼"之一。本篇專門解釋乾坤二卦之義理，解釋乾卦義理爲《乾文言》，坤卦義理爲《坤文言》。

更定〔1〕，非復鄭氏之舊矣。

北宋以前，學者皆宗弼本；自晁説之以後〔2〕，始漸爲刊正〔3〕，朱子據吕祖謙本作《本義》〔4〕，乃復其舊；至明永樂中修《周易大全》〔5〕，又改從弼本，坊刻遂沿之至今。所謂"積重者不可返"歟！

原本六卷，卷首題"乾傳第一""泰傳第二""噬嗑傳第三""咸傳第四""夬傳第五""豐傳第六"〔6〕，各以每卷之第一卦爲名，殊不可解。相沿既久，姑仍舊本録之。《略例》一卷，唐國子助教邢璹所注〔7〕，原附於末，并仍其舊。弼及康伯注皆無音，此本之音全同《經典釋文》，疑岳珂采摭《釋文》，散諸句下。今取便省覽，亦兼存之。

弼之所注，爲後來言理之濫觴，趙師秀詩所謂"輔嗣《易》行

---

〔1〕"定"，文淵閣本無。

〔2〕晁説之（1059—1129），字以道，濟州鉅野（今屬山東）人。宋元豐五年（1082）進士。曾任兗州司法參軍、秘書少監、中書舍人等職。著有《易商瞿大傳》《書論》《詩論》等。

〔3〕"正"，文津閣本作"定"。今按：作"正"義長。

〔4〕朱子，即朱熹，參見《詩集傳》提要注。吕祖謙（1137—1181），字伯恭，學者稱東萊先生，婺州（今浙江金華）人。南宋哲學家。隆興進士。曾任著作郎兼國史院編修官。與朱熹、張栻并稱"東南三賢"，有《東萊集》，與朱熹合著《近思録》矣。《本義》，即《原本周易本義》，十二卷，宋代朱熹撰。朱熹據吕祖謙《古周易》，將經傳分爲十二篇。

〔5〕《周易大全》，易學著作，凡二十四卷。明永樂年間，胡廣等40多位學者共同編撰。本書彙集前人易學觀點，雜湊而成。

〔6〕《乾傳》《泰傳》《噬嗑傳》《咸傳》《夬傳》《豐傳》，出自《周易》上下經，彼此不相鄰。

〔7〕邢璹，唐時人，籍貫不詳。玄宗時爲四門助教，官鴻臚少卿。著有《周易略例疏》。

無漢學"也〔1〕。《隋志》載晉揚州刺史顧夷等有《周易難王輔嗣義》一卷〔2〕，《册府元龜》又載顧悦之（案，悦之即顧夷之字）《難王弼易義》四十餘條〔3〕；京口闕康之又申王難顧，是在當日已有異同。至王儉、顏延年以後〔4〕，此揚彼抑，互詰不休。

平心而論，使《易》不卜筮，周公〔5〕必不列太卜；使《易》不

〔1〕趙師秀（1170—1219），字紫芝，號靈秀，永嘉（今屬浙江）人。著有《清苑齋集》。"輔嗣《易》行無漢學"，出自趙師秀詩《秋葉偶書》："輔嗣《易》行無漢學，玄暉詩變有唐風。"

〔2〕顧夷，字君齊（一説字悦之），吳郡吳縣（今江蘇蘇州）人。東晉文學家、學者。著有《周易難王輔嗣義》《顧子》《顧夷集》《顧子義訓》《吳地記》等，已佚。今按：《隋書·經籍志》："《周易難王輔嗣義》一卷，晉揚州刺史顧夷等撰；《周易雜論》十四卷，亡。"

〔3〕按，《世説新語·文學篇》"以示顧君齊"南朝梁劉孝標注："《顧氏譜》曰：（顧）夷字君齊，吳郡人。祖廞，孝廉；父霸，少府卿。夷辟州主簿，不就。"清姚振宗《隋書經籍志考證》卷一云："本志子部儒家梁有《顧子》十卷，晉揚州主簿顧夷撰，與《顧氏譜系》合。此稱揚州刺史，常爲主簿。"又云："《宋書·隱逸傳》：闕康之，字伯愉，河東楊人。世居京口，少而篤學。晉陵顧悦之《難王弼易義》四十餘條，康之申王難顧，遠有情理。……按《闕康之傳》，則是書亦有顧悦之難義，及闕氏難顧義并録任其中，故題曰顧夷等，明非一人之作也。顧悦之，字君叔，晉陵無錫人。初爲揚州刺史，殷浩故吏，後爲州別駕，歷尚書右丞，顧愷之之父也。《晉書》附見《殷浩傳》後。"如此，則顧夷（字君齊，吳郡人）、顧悦之（字君叔，晉陵無錫人）實爲二人，館臣誤作一人；又，下句闕康之當作關康之，館臣亦誤。（詳參余嘉錫《四庫提要辨證》，第1—2頁）。

〔4〕顏延年，即顏延之（384—456），字延年，琅邪臨沂（今山東臨沂）人。南朝宋著名詩人。擅詩文，與謝靈運并稱"顏謝"。

〔5〕周公（？—約前1095），姓姬名旦，周文王之子，周武王之弟，曾輔佐年幼的侄子周成王治理天下。他建立了周的宗法等級制度，製禮作樂，爲孔子和以後儒家學者所宗。

明象，孔子必不作《象傳》[1]；使《易》不用數，孔子必不闡大衍之數。揆以聖訓作《易》之本，始可知持末學支離，或不免附會穿鑿耳。是注廓除象數，使《易》不雜於讖緯者[2]，實弼之功；全廢象數，使《易》遂入於老莊者，亦弼之過。其得其失，兩不相掩，正不必各執門户之見矣[3]。

乾隆四十六年三月恭校上[4]。總纂官臣紀昀、臣陸錫熊、臣孫士毅，總校官臣陸費墀[5]。

---

[1] 孔子（前551—前479），名丘，字仲尼，魯國陬邑（今山東曲阜）人。春秋末期思想家、政治家、教育家，儒家學説創始人。生平事迹見《史記》卷四十七。

[2] 讖緯，讖書和緯書的合稱。其中讖是秦漢方士們偽造的圖録隱語，緯則相對於經書而言，是以神學附會和解釋儒家經典的文獻。讖緯之學盛行於漢代，包含有濃厚的迷信色彩，但也有一些古史、天文、農學、醫藥的零散資料。隋朝之後衰微，其書失傳。

[3] 自"原本六卷"至文末"正不必各執門户之見矣"，凡340字，文溯閣本、文津閣本無。今按：館臣此説，源出宋陳振孫《直齋書録解題》卷一："自漢以來，言《易》者多溺於象占之學，至弼始一切掃去，暢以義理，於是天下後世宗之，餘家盡廢。然王弼好老氏，魏晋談玄，自弼輩倡之。《易》有聖人之道四焉，去三存一，於道闕矣。況其所謂辭者，又雜以異端之説乎？范甯謂其罪深於桀紂，誠有以也。"雖一分爲二，但斥責王弼注於聖人之道"去三存一"，"其罪深於桀紂"，持論偏激，實不足取。

[4] "乾隆四十六年三月"，文溯閣本作"乾隆四十七年十一月"，文津閣本作"乾隆四十九年八月"。

[5] 書前提要之末，皆有"總纂官臣紀昀、臣陸錫熊、臣孫士毅，總校官臣陸費墀"，凡4行21字。程式之語，以下皆刪之。

【比對一】

翁方綱分纂稿《周易注》提要[1]

　　謹按：《周易注》并《略例》凡十卷，宋相臺岳珂刊本。每卷後有"相臺岳氏刻梓荆谿家塾"十字亞形方印。每頁末皆有"某卦""某篇"字，是倒摺舊式也。每半頁八行行十七字。珂之自述謂，證以許慎《説文》[2]、毛晃《韻略》[3]，視廖氏世綵堂本加詳。今世綵堂本罕見，而岳氏此本之精善，應存以爲校核之資。其中縫書"易一""易二"之卷數，則通《九經》爲一書之式也[4]。應先存此一部之目，以俟岳氏《九經》刻本彙於一處，而或刊、或抄之。纂修官編修翁方綱恭校。

【比對二】

《總目》本《周易注》提要[5]

　　《周易注》十卷（浙江巡撫采進本）。上下《經注》及《略例》，

---

[1] 録自清翁方綱等撰，吴格等整理《四庫提要分纂稿·翁方綱稿》，凡167字（計篇首"謹按"和篇末銜名）。翁方綱（1733—1818），字正三，號覃谿，順天大興（今屬北京）人。清乾隆十七年（1752）進士，授編修。官至内閣學士。著有《粤東金石略》《蘇米齋蘭亭考》《復初齋詩文集》《小石帆亭著録》等。翁氏於乾隆三十八年至四十三年間，參與《永樂大典》分校及《四庫全書》編纂，撰寫提要980餘篇。

[2] 許慎《説文》，參見《説文解字》提要注。

[3] 毛晃，字明權，江山（今屬浙江）人。南宋紹興二十一年（1151）進士，官至户部尚書。精文字音韻，編有《增修互注禮部韻略》五卷，簡稱《韻略》。

[4] 九經，儒家九部經典的合稱。宋代以《易》《書》《詩》《左傳》《禮記》《周禮》《孝經》《論語》《孟子》爲九經。

[5] 本校注以浙本《四庫全書總目》卷一《周易注》提要（679字）爲底本，以殿本（677字）爲校本。

魏王弼撰。《繫辭傳》《説卦傳》《序卦傳》《雜卦傳》注，晉韓康伯撰。

《隋書·經籍志》以王、韓之書各著録，故《易注》作六卷，《略例》作一卷，《繫辭注》作三卷。《舊唐書·經籍志》《新唐書·藝文志》皆載弼《注》七卷，蓋合《略例》計之。今本作十卷，則并韓書計之也。考王儉《七志》，已稱弼《易注》十卷（案《七志》今不傳，此據陸德明《經典釋文》所引），則并王、韓爲一書，其來已久矣。

自鄭玄傳費直之學[1]，始析《易傳》以附《經》，至弼又更定之。説者謂鄭本如今之《乾卦》，其《坤卦》以下，又弼所割裂。然鄭氏《易注》至北宋尚存一卷，《崇文總目》稱存者爲《文言》《説卦》《序卦》《雜卦》四篇，則鄭本尚以《文言》自爲一傳，所割以附經者，不過《彖傳》《象傳》。今本《乾》《坤》二卦各附《文言》，知全經皆弼所更定，非鄭氏之舊也。

每卷所題“乾傳第一”“泰傳第二”“噬嗑傳第三”“咸傳第四”“夬傳第五”“豐傳第六”，各以卷首第一卦爲名。據王應麟《玉海》，此目亦弼增標，蓋因《毛氏詩傳》之體例[2]。相沿既久，今亦仍舊文録之。惟《經典釋文》以《泰傳》爲《需傳》，以《噬嗑傳》爲《隨傳》，與今本不同。證以《開成石經》[3]，一一與陸氏所述合。當由後人以篇頁不均，爲之移并，以非宏旨之所繫，今亦不復追改焉。

其《略例》之注，爲唐邢璹撰。璹里籍無考，其結銜稱“四門

----

〔1〕鄭玄，底本作“鄭元”，避康熙帝玄燁名諱。徑改回“玄”字。下同。

〔2〕《玉海》，類書，南宋王應麟編，共二百零四卷。該書分天文、地理、官制、食貨等21門。今按：《玉海》卷三十六《藝文》：“康成注本無‘乾傳’‘泰傳’字，輔嗣加之，以卷首之卦題曰傳，離爲六篇。”《毛氏詩傳》，即《毛詩故訓傳》。現存第一部完整的《詩經》注本，一般認爲是西漢毛亨所作。

〔3〕《開成石經》，亦稱《唐石經》，唐開成二年（837）刻成，故名。包括：《周易》《尚書》《詩經》《周禮》《儀禮》《禮記》《春秋左氏傳》《春秋公羊傳》《春秋穀梁傳》《爾雅》《孝經》《論語》凡十二經，共刻114石。現藏西安碑林博物館。

助教"。案《唐書·王鉷傳》，稱故鴻臚少卿邢璹[1]、子縡，以謀反誅，則終於鴻臚少卿也。《太平廣記》載其奉使新羅[2]，賊殺賈客百餘人[3]，掠其珍貨貢於朝。其人殊不足道，其《注》則至今附弼書以行。陳振孫《書錄解題》稱[4]："蜀本《略例》有璹所注，止有篇首釋'略例'二字，文與此同，餘皆不然。"[5]是宋代尚有一別本，今則惟此本存，所謂蜀本者已久佚矣。

弼之説《易》，源出費直。直《易》今不可見，然荀爽《易》即費氏學[6]，李鼎祚書尚頗載其遺説[7]。大抵究爻位之上下，辨卦德之剛柔，已與弼《注》略近。但弼全廢象數，又變本加厲耳。平心而論，闡明義理，使《易》不雜於術數者，弼與康伯深爲

---

[1]"故"，底本誤作"爲"，據殿本和《舊唐書》卷一百零五《王鉷傳》改。

[2]《太平廣記》，古代分類編纂的小説集，宋李昉等編撰，凡五百卷。本書專收漢代至宋初小説、異聞、筆記等，在保存古小説佚文、提供古小説資料方面，具有重要文獻價值。

[3]"賊"，殿本作"戕"。今按：《太平廣記》卷一百二十六《報應》："唐邢璹之使新羅也，還歸，泊于炭山。遇賈客百餘人，載數船物，皆珍翠沈香象犀之屬，直數千萬。璹因其無備，盡殺之，投於海中，而取其物。至京，懼人知也，則表進之。敕還賜璹，璹恣用之。後子縡與王鉷謀反，邢氏遂亡，亦其報也。"

[4]陳振孫（1179—約1261），字伯玉，號直齋，安吉（今屬浙江）人。著有《直齋書錄解題》五十卷，宋以後散佚。乾隆時編《四庫全書》，從《永樂大典》中輯出，重編爲二十二卷。其著錄圖書五千餘種，以四部分類，每書皆叙其作者、卷數及内容得失，於古書之辨僞、校勘功莫大焉。

[5]今按：《直齋書錄解題》卷一："《補闕周易正義畧例疏》一卷（案《宋史·藝文志》作三卷），唐四門助教邢璹撰。案，蜀本《略例》有璹所注，止有篇首釋'略例'二字，文與此同。餘皆不然。此本亦淺近無義理，姑存之。"

[6]荀爽（128—190），字慈明，潁川潁陰（今河南許昌）人。東漢經學家。治古文費氏易，曾著有《禮》《易傳》《詩傳》等，合爲《新書》百餘篇，均佚。

[7]李鼎祚，唐資州盤石（今四川資中）人。歷玄宗、肅宗、代宗三代，官至殿中侍御史。尤善經學，專於易學象數，擅卜筮。著有《周易集解》。

有功〔1〕；祖尚虛無，使《易》竟入於老莊者，弼與康伯亦不能無過〔2〕。瑕瑜不掩，是其定評。諸儒偏好偏惡，皆門戶之見，不足據也。

【比對三】

《簡明目録》本《周易注》提要〔3〕

《周易注》十卷，魏王弼注，其《繫詞》以下，則韓康伯注也。漢代易學皆明象數，至弼始黜象數而言義理，足以糾讖緯之失；而語涉老莊，亦開後來玄虛之漸。

【評析】

《周易》是中國最古老的文化經典，位居儒家"十三經"之首。歷來注釋、解説《周易》的著作不下千種，在"十三經"中爲數最多。魏王弼、晋韓康伯所作《周易注》十卷，是現存最早的完整的古注，價值甚高，此爲《周易》義理派與玄學派的發端。唐代孔穎達等又以該書爲底本作疏，撰寫《周易正義》十卷，成爲《周易》研究史上影響最大的注本。

清代乾隆年間編纂《四庫全書》時，館臣將《周易注》和《周易正義》一并收入，各自撰寫提要。《周易注》十卷位居《四庫全書·經部》易類第五。館臣所撰提要，大致可劃分爲翁方綱分纂稿（167字）、

〔1〕殿本無"與"字。今按：有"與"是。
〔2〕同上。
〔3〕本提要録自《四庫全書簡明目録》卷一，凡58字。

庫本系列(含文淵閣本884字、文溯閣本322字、文津閣本322字)、《總目》本（殿本677字、浙本679字）、《簡明目錄》本（58字）四類，凡 7 個版本。其中翁方綱分纂稿篇幅短小，旨在推薦宋相臺岳氏刊本，詳細介紹此本之版式行款，算不上嚴格意義上的提要。其餘各本，以文淵閣本最爲詳細。

一、文淵閣本《周易注》提要

文淵閣本《周易注》提要凡 884 字，主要包括編撰與流傳、體例形成與發展、王弼注學術評價凡三個方面。

（一）《周易注》編撰及其流傳

1.《周易注》的注者及注釋内容。提要首先對《周易注》的卷數、注者及注釋情況進行説明：《周易注》共十卷，注者分别爲三國魏王弼、東晋韓康伯。王弼除對《周易》上下經（穿插有《彖》《象》《文言》三傳）進行注釋外，還著有《周易略例》。後來韓康伯接續《周易注》。他在王弼注基礎上，又續注《繫辭》《説卦》《序卦》《雜卦》四傳。今按：《周易注》實由王弼初撰，韓康伯續撰。文淵閣、文溯閣、文津閣本提要僅署名"魏王弼撰"，而不及韓康伯，殊爲不當。

2. 卷數演變與王、韓注合并情況。《隋書·經籍志》對王弼、韓康伯之注釋成果分别著録，即王弼《易注》六卷、《略例》一卷，韓康伯《繫辭注》三卷。新舊《唐書》則將《易注》六卷與《略例》一卷合并，記載王弼的注本爲七卷。後來的傳本，王弼與韓康伯之注釋全部合并，凡十卷。據考證，在南朝齊王儉《七志》與唐代孔穎達《周易正義》中，《周易注》已是十卷本，説明王弼、韓康伯注釋合爲一書，由來已久。

3. 流傳中的錯誤。提要舉出在《周易注》流傳過程中的兩個錯誤認識：（1）宋吳仁傑在其《古周易》中，認爲王弼將《繫辭》上下的"傳"字，給了《説卦》前後兩篇。顯然，吳仁傑此處誤將韓康伯之注釋，歸到王弼名下，張冠李戴。（2）宋税與權在其《周易古經傳》中，誤認爲韓康伯是王弼的弟子，因此認爲《周易注》中，韓康伯編上下《繫辭》爲第七、第八卷，《説卦》《序卦》《雜卦》爲第九卷，《略例》爲第十卷。其實二人時代相隔較遠，不可能是師生關係。

（二）《周易注》體例的形成與發展

1. "析傳以附經"體例之形成。自鄭玄傳費直之民間易學，《易傳》開始被割裂，分散附在《易經》正文之中。王弼在《周易注》中更將"析傳以附經"體例貫徹到底。有人認爲，東漢鄭玄《易注》之《乾卦》，體例如今本（卦下附有《彖傳》《象傳》《文言》部分文字），但《坤卦》以下篇目，則被王弼所割裂。此説不妥。其實，鄭玄《易注》在北宋仍存一卷，包括《文言》《説卦》《序卦》《雜卦》四篇。這説明在鄭玄《周易注》中，《文言》仍然獨自爲傳。後人所見版本，《文言》已一分爲二，分别附在《乾卦》《坤卦》之後。可知析《文言》以附經者，并非鄭玄，而是王弼。

2. "經傳雜糅"之曲折歷程。自鄭玄、王弼援傳連經、移掇經傳，形成經傳雜糅之格局，學界皆相沿不改，古《周易》遂不復傳。北宋以後，宋儒主張恢復古《周易》原貌，晁説之作《録古周易》，朱熹又撰《周易本義》，一度恢復了古《周易》經、傳相分之體例。到明永樂中修《周易大全》，重拾王弼"經傳雜糅"之體例，延續至今，再未改變。

3. 卷首的命名方式。《周易注》原作六卷，卷首則以每卷第一卦命名，如"乾傳第一""泰傳第二""噬嗑傳第三""咸傳第四""夬傳第五""豐傳第六"。如此命名并不妥當，但流傳既久，故今本卷首命名，仍遵循不改。

4.《周易略例》的注釋情况。王弼《周易略例》一卷，由唐代國子助教邢璹注釋。原附在王弼《易注》之末；王弼、韓康伯注釋合并後，附於全書之末。王弼、韓康伯之注，皆無音讀。此本注音依據《經典釋文》，疑爲宋代岳珂選采《經典釋文》注音，分散在諸句正文中。

（三）王弼注的學術評價

1.歷代評價及影響。從影響來看，王弼注因以玄解《易》，成爲後世以義理解《易》之濫觴，也成爲魏晋易學玄學化的代表，失去了漢學的原有風貌。這正如南宋趙師秀詩中所言"輔嗣《易》行無漢學"。《隋書·經籍志》記載，晋代的揚州刺史顧夷著有《周易難王輔嗣義》一卷，《册府元龜》中記載《顧夷難王輔嗣易義》40餘條，京口關康之（館臣誤作閔康之）又申王難顧，可見當時對王弼注已有批評意見。自南朝王儉與顏延年後，對王弼注的評價，或褒或貶，争吵不休。

2.四庫館臣的客觀評價。四庫館臣意在折衷，對王弼注采用更爲客觀的"二分"評價。館臣認爲：王弼對《周易》的注釋，去除了漢代流行的象數之學，尤其是擺脱了讖緯神學的影響，使得《周易》不與讖緯交雜，這是弼注之功勞；但王弼在《周易注》中將象數全部廢除，使《周易》融入老莊玄學，亦是弼注之過錯。王弼《周易注》的得與失、優與弊兩不相掩，學者不必各偏護自己學派的言論。這是相對公允的評價。

二、《總目》本和《簡明目録》本提要

《總目》本提要祇有679字，比最早寫成的文淵閣本（884字）還少205字，殊不可解。這有兩種可能：一種是館臣嫌文淵閣本提要內容繁雜，加以删削；另一種是本來文淵閣本提要與文溯閣本、

文津閣本相同，祇有 322 字，在《總目提要》完成後，館臣又以《總目》爲依據，對文淵閣本提要進行了抽换。此事比較複雜，難以考實。今暫取第一種。

《總目》提要的基本思路、學術觀點與文淵閣本相似，也包括編撰與流傳、體例形成與發展、王弼注學術評價等三個方面。今略作比較。

（一）《周易注》編撰與流傳

《總目》本提要對《周易注》卷數、注者、注釋情況均作了説明，但删去了注者的字號、籍貫、仕履等信息。筆者認爲，根據《四庫全書總目》的體例，作者名在第一次出現時，一般都會進行詳細介紹，第二次出現時從略。此處王弼、韓康伯第一次出現，《總目》却略去對二人的生平簡介，這不知是紀昀的疏忽，還是另有别的考慮？

在卷數的演變方面，無删減、增補。但值得注意的是，《總目》本提要徹底删掉了流傳中的兩例宋人之誤，連同考辨之按語，一并不留。如此修改，或許是由于此段文字冗雜難懂，過於枝蔓，對説明《周易注》無甚幫助，故悉數删除，歸於凝練。

（二）《周易注》的體例發展

與文淵閣本提要相比，《總目》本所作的修改多集中於此。

第一，在解釋"析傳以附經"體例形成之後，《總目》本提要下無"北宋以前，學者皆宗弼本……所謂'積重不可返'歟"一段，不再提及"經傳雜糅"後，歷代體例之流變。删去此節，或許是今本最終仍舊沿襲王弼本"析傳以附經"之體例，中間宋儒的"經傳獨立"祇是小小插曲，毋庸辭費，故删之。

第二，在闡明卷首命名方式時，解釋了以每卷第一卦爲名的緣由，詳細增補了其命名的原因，不似文淵閣本以"殊不可解"搪塞。考察王應麟《玉海》可知，此名目是王弼增標；且以卷首第一卦爲名的體例，是對《毛氏詩傳》體例之效仿，沿襲已久，今本仍之。又，陸德明《經典釋文》認爲《泰傳》應是《需傳》，《噬嗑傳》應是《隨傳》，和今本不同。今考唐代《開成石經》，與陸德明語一一吻合。究其原因，應是後人因篇頁不均，將篇章合并而形成。因無關宏旨，不再追改。

第三，在説明王弼《周易略例》的注釋情況時，删去文淵閣本解釋《周易略例》位置與注音的文字，增補以下内容：

（1）對《周易略例》注者邢璹之生平作了詳細介紹。邢璹籍貫不可考證，其官職結銜爲四門助教。據《唐書·王鉷傳》，邢璹官至鴻臚少卿，後以謀反被誅。《太平廣記》記載邢璹奉使新羅，殺商客百餘人，掠奪珍貨獻給朝廷，其人品不足稱道。筆者認爲：《太平廣記》所記，大都是民間傳聞，具有小説性質，不可憑據。館臣據此以否定邢璹爲人，殊爲不當。

（2）簡介邢璹《略例注》流傳情況。邢璹注依附王弼《周易注》而得以流傳。陳振孫《直齋書録解題》所記載的蜀本邢璹注，今已不存。

（三）王弼注的學術評價

《總目》本提要删去了歷代學者對王弼注或褒或貶的評價，以學術延傳爲脉絡，增補了王弼注承前啓後之作用，更爲簡明易懂。王弼解釋《周易》，出自費直"古文易學"，費直之《周易》今不可見，但東漢荀爽《易傳》繼承費氏易學，唐代李鼎祚書中也載有費直遺説。這些學説大都探究爻位上下，辨析卦德剛柔，義理與王弼《周易注》相近。但王弼注將象數全部廢除，更爲徹底。

在評價《周易注》的歷史功過時，《總目》本語言更爲凝練，并且在"王弼"下補充"韓康伯"3字，形成"弼與康伯"之功過評價，更爲全面，無所遺漏。

《簡明目録》本提要最爲簡略，僅有 58 字，短小精煉，字字珠璣。删去了關於卷數演變、流傳錯誤、體例發展、《略例》注釋等内容，祇保留了書名、卷數、注者、價值等信息。對於《周易注》的評價，僅稱"足以糾讖緯之失"，"亦開後來玄虛之漸"，認爲其功過參半，瑕瑜不掩。

三、各版本提要之比較

比較各版本提要，雖繁簡不同，文字表述各異，但其主旨均在於對《周易注》的介紹與評價，基本觀點是一致的。各提要撰寫時間如次：

翁方綱分纂稿（乾隆四十年左右）—文淵閣本（乾隆四十六年三月）—文溯閣本（乾隆四十七年十一月）—《簡明目録》本（乾隆四十七年進呈）—文津閣本（乾隆四十九年八月）—《總目》浙本、殿本（乾隆六十年）。

除了分纂稿外，文淵閣本提要（884 字）撰寫時間最早，内容最豐富，學術價值最高，但也有繁冗蕪雜之弊。此後各種提要，均以此本爲據，進行增删、凝練而成。文溯閣本、文津閣本提要顯然是文淵閣本的删節本，删去"考王儉《七志》"至"王應麟《困學紀聞》已辨《正義》之誤"一段，凡 222 字；又删去自"原本作六卷"至文末"正不必各執門户之見矣"一段，凡 340 字。如此，關於《周易注》流傳過程中的若干問題、《周易略例》作者問題、《周易注》中音讀的來歷問題、《周易注》的歷代評價和館臣的"二分"判斷等等，均略而不談，其學術價值大大降低。

值得一提的是，《總目》本提要的字數少於文淵閣本，但其質量却有所提高。對於文淵閣本兩段繁瑣的考證，《總目》本予以删除；對於《周易略例》的注釋者邢璹的生平，《總目》本予以增補；此外還對某些表述進行潤色、修改，使之更爲準確和完善。例如文淵閣本提要之末云：

> 是注廓除象數，使《易》不雜於讖緯者，實弼之功；
> 全廢象數，使《易》遂入於老莊者，亦弼之過。其得其失，
> 兩不相掩，正不必各執門户之見矣。

《總目》提要之末云：

> 闡明義理，使《易》不雜於術數者，弼與康伯深爲有功；
> 祖尚虛無，使《易》竟入於老莊者，弼與康伯亦不能無過。
> 瑕瑜不掩，是其定評。諸儒偏好偏惡，皆門户之見，不足
> 據也。

　　基本立場雖同，但在文字表述上略有差異。將"實弼之功（過）"
改爲"弼與康伯深爲有功（不能無過）"，論述更爲全面，觀點更
爲縝密，值得肯定。遺憾的是，《總目》本删去對於《周易注》作
者王弼、韓康伯的生平簡介，而對《周易略例》注釋者邢璹却大肆
渲染，甚至引用不可靠的小説家言，詳略取捨，殊爲不當。總的看來，
《總目》本與文淵閣本各有千秋，可以互補。分纂稿祇涉及宋刻本的
形態，没有論及《周易注》的體例内容及流變；《簡明目録》是對
《總目》提要的濃縮，祇有最終結論。二者的學術價值較低，但前者
屬於推薦性提要，後者屬於普及性提要，各有功用，不分軒輊。

周易正義十卷^{〔1〕}

《周易正義》十卷（内府刊本）^{〔2〕}，魏王弼、晋韓康伯注，唐

---

〔1〕本校注以浙本《四庫全書總目》卷一《周易正義》提要（588字）爲底本，
以殿本（588字）、文淵閣本（599字）爲校本，個別地方參照上圖稿本、
國圖稿本。今按：沈治宏《中國叢書綜録訂誤》稱："文淵閣《四庫》本
爲《周易注疏》十三卷附《略例》《考證》一卷。《略例》，魏王弼著，
唐邢璹注。《考證》，清朱良裘、陳浩、李清植等撰。"可見文淵閣本《周
易注疏》爲十四卷，而《總目》提要所據《周易正義》爲十卷。

〔2〕文淵閣本提要開篇有"臣等謹案"四字，無"内府刊本"四字。"刊本"，
上圖稿本作"藏本"。今按，上圖稿本是。内府，皇帝住居游憩之地，謂
之大内，一謂之内廷。當時藏書奔籍，供皇帝閲覽者，如皇史宬、懋勤殿、
摛藻堂、昭仁殿、武英殿、内閣大庫、含經堂，或在宫掖，或在御園，皆
所謂内廷者也。亦刊刻圖書，謂之内府刊本。（詳見任松如《四庫全書答問》
巴蜀書社1988年版，第22頁）

孔穎達疏[1]。

《易》本卜筮之書，故末派寖流於讖緯[2]。王弼乘其極敝而攻之，遂能排擊漢儒[3]，自標新學。然《隋書·經籍志》載晉揚州刺史顧夷等有《周易難王輔嗣義》一卷[4]，《册府元龜》又載顧悦之（案，悦之即顧夷之字）《難王弼易義》四十餘條，京口閔康之又申王難顧，是在當日已有異同。王儉、顏延年以後，此揚彼抑[5]，互詰不休。[6]至穎達等奉詔作《疏》，始專崇王《注》，而衆説皆廢。故《隋志·易類》稱："鄭學寖微[7]，今殆絶矣。"[8]蓋長孫無忌等作《志》之時[9]，在《正義》既行之後也。

---

[1] 王弼、韓康伯，參見《周易注》提要注。孔穎達（574—648），字仲達，冀州衡水（今河北衡水）人。唐經學家、文章家。隋大業初，舉明經高第，授河內郡博士。唐武德九年（626），授國子博士。貞觀初，轉給事中。除國子司業，終祭酒。善屬文，通算曆，工書法。參與修撰《隋書》《五禮》《五經正義》《大唐儀禮》等。另有文集，已佚。生平事迹見《舊唐書》卷七十三、《新唐書》卷一百九十八。《周易正義》十卷，詮釋文句較空洞，作疏觀點多偏袒王弼注釋，徵引典籍也遠不如穎達其他諸經正義之多。

[2] "寖"，文淵閣本作"寝"，非是。

[3] "擊"，殿本、國圖稿本、文淵閣本作"弃"，皆通。

[4] "義"，殿本、國圖稿本、文淵閣本作"易"，非是。

[5] "彼"，文淵閣本作"比"，非是。

[6] 按，以上"然《隋書·經籍志》"至"互詰不休"一段，與文淵閣本《周易注》提要雷同。

[7] "寖"，文淵閣本作"寝"，非是。

[8] 按，《隋書·經籍志》："梁丘、施氏、高氏亡於西晉；孟氏、京氏有書無師；梁陳鄭玄、王弼二注列於國學；齊代唯傳鄭義。至隋，王注盛行，鄭學浸微，今殆絶矣。"

[9] 長孫無忌（594—659），字輔機，河南洛陽人。唐初政治家，曾任太尉、同平章事等職，列凌煙閣二十四功臣之首。曾主持修訂《唐律疏議》，參與《隋書》撰述工作，是《隋書·經籍志》的作者之一。

今觀其書[1]如《復·象》“七日來復”，王偶用六日七分之説，則推明鄭義之善。《乾》九二“利見大人”，王不用“利見九五”之説，則駁詰鄭義之非。於“見龍在田，時舍也”，則曰：“《經》但云‘時舍’，《注》曰‘必以時之通舍’者，則輔嗣以通解舍，‘舍’是通義也。”而不疏“舍”之何以訓通。於“天玄而地黄”，則曰：“恐莊氏之言[2]，非王本意，今所不取。”而不言莊説之何以未允。如斯之類，皆顯然偏祖。至《説卦傳》之分陰分陽，韓注“二四爲陰[3]，三五爲陽”，則曰：“輔嗣以爲初、上無陰陽定位。此《注》用王之説。”“帝出乎震”，韓氏無注，則曰：“《益卦》六二‘王用享于帝[4]，吉’，輔嗣注云[5]：‘帝者生物之主，興益之宗，出震而齊巽者也。’則輔嗣之意，以此帝爲天帝也。”是雖弼所未注者，亦委曲旁引以就之。然疏家之體，主於詮解注文，不欲有所出入，故皇侃《禮疏》或乖鄭義[6]，穎達至斥爲“狐不首丘[7]，葉不歸根”。其墨守專門，固通例然也。至於詮釋文句，多用空言，不能如諸經《正義》根據典籍，源委粲然，則由王注掃弃舊文，無古義之可引，亦非考證之疏矣。

---

[1] “今觀其書”，上圖稿本作：“穎達《自序》稱：‘義理可詮，先以輔嗣爲本。’故其説惟主一家。”

[2] 莊氏，即莊子，姓莊，名周，宋國蒙人，戰國時期思想家、哲學家、文學家。莊周是繼老子之後道家學派的代表人物，與老子合稱“老莊”，有哲學著作《莊子》（又名《南華經》）。

[3] “二”，國圖稿本同，殿本作“一”。今按：《周易》以初、三、五爲陽位，以二、四、上爲陰位，故殿本“一四爲陰”當作“二四爲陰”。

[4] “享”，國圖稿本、文淵閣本作“亨”，上古通用。

[5] “云”，殿本、國圖稿本、文淵閣本作“曰”。

[6] 皇侃，參見《論語義疏》提要注。《禮疏》，即《禮記義疏》，皇侃不僅經、注并疏，兼存疑説，且在文體上采用分段疏解、自問自答手法。

[7] “丘”，殿本、國圖稿本、文淵閣本作“邱”，同。

此書初名《義贊》[1]，後詔改《正義》。然卷端又題曰"兼義"，未喻其故[2]。《序》稱十四卷，《唐志》作十八卷[3]，《書録解題》作十三卷[4]。此本十卷，乃與王、韓注本同，殆後人從注本合并歟?[5]

---

[1] "此書"之上，上圖稿本有"據《唐書·穎達傳》"6字。"義"，殿本、國圖稿本、文淵閣本作"易"，非是。今按：《新唐書·孔穎達傳》："初，穎達與顏師古、司馬才章、王恭、王琰受詔撰《五經》義訓，凡百餘篇，號《義贊》，詔改爲《正義》云。"

[2] 按：崔富章《四庫提要補正》云："'兼'者，謂兼并王弼、韓康伯之《注》與孔穎達《正義》（疏）而言。《提要》謂'卷端又題曰兼義'，則紀昀等彙編《總目》時所見爲《周易兼義》九卷（附《略例》《音義》合一卷），即元、明刊《十三經注疏》本，并非《總目》所標之'内府刊本'即武英殿校刊《周易注疏》十三卷首一卷本。誤認版本，遂生'未喻其故'之感。……元、明以來，《兼義》九卷流行，《正義》十四卷、《注疏》十三卷（卷首一卷）流傳反稀。"據此可知，館臣乃是以明刊本《周易兼義》九卷爲依據，撰寫此篇提要的，并非其聲稱的内府刻本（即武英殿刻本）。

[3] 按，《舊唐書·經籍志》："《周易正義》十四卷，孔穎達撰。"《新唐書·藝文志》："《周易正義》十六卷，國子祭酒孔穎達、顏師古、司馬才章、王恭、太學博士馬嘉運、太學助教趙乾葉、王談、于志寧等奉詔撰，四門博士蘇德融、趙弘智覆審。"館臣誤作十八卷。

[4] 《直齋書録解題》卷一《易類》："《周易正義》十三卷，唐國子祭酒冀州孔穎達仲達撰。"司馬朝軍《〈四庫全書總目〉精華録》："此書有宋刊本十三卷，是最初的注疏合刻本的一種，今藏日本足利學校……《續修四庫全書》影印《周易注疏》十三卷（國家圖書館藏宋兩浙東路茶鹽司刻宋元遞修本）。"

[5] 文淵閣本篇末有"乾隆四十一年恭校上"，凡9字。

【比對一】
《薈要》本《周易注疏》提要[1]

臣等謹案：《周易注疏》十三卷，魏王弼注，唐孔穎達疏。

穎達與顏師古、司馬才章、王恭、王琰受詔撰《五經義訓》[2]，凡百餘篇，號"義贊"，詔改爲《正義》。永徽中，復命于志寧等就加增損[3]，書始布下。《周易正義》，《舊唐志》《中興書目》作十四卷，《新唐志》《玉海》并作十六卷。今卷蓋本明監板也[4]。

《易》自王弼以後，江南義疏祖尚虛無，穎達辨析音義，頗爲當時所宗。張唐英稱其發明三聖之旨[5]，通貫萬化之蘊，不無溢美。而胡一桂以爲大概因王弼、韓康伯《注》[6]，爲之解釋敷衍，於義理、象數之學，未能卓然有所見，亦未免過刻。蓋穎達苦心訓詁，功同馬、

---

[1] 本校注以《薈要》本《周易注疏》提要爲底本（274字），以文津閣本（275字）、文溯閣本（275字）爲校本。

[2] 顏師古（581—645）、司馬才章、王恭、王琰，唐初學者，曾與孔穎達一起受太宗詔編《五經義訓》，後更定爲《五經正義》一百八十卷，包括《周易正義》十四卷、《尚書正義》二十卷、《春秋左傳正義》四十卷、《禮記正義》七十卷、《春秋左傳正義》三十六卷。

[3] 于志寧（588—665），字仲謐，雍州高陵（今屬陝西）人。唐高宗時拜太傅兼侍中，遷尚書左僕射。

[4] "板"，文津閣本作"本"。明監板，明萬曆年間北京國子監據閩刻本《十三經注疏》重雕，改中字注文爲小字，即所謂明監本。

[5] 張唐英（1029—1071），自號黃松子，宋蜀州新津（今屬四川）人。及進士第，曾任殿中侍御史。著有《仁宗政要》《宋名臣傳》等。三聖，舊說《周易》由伏羲氏畫八卦；周文王演爲六十四卦，作卦辭；孔子作《易傳》以解經，發揮易學精義。三人對《周易》有創撰之功，故稱三聖。

[6] 胡一桂（1247—?），字庭芳，宋末元初徽州婺源（今屬江西）人。承自胡方平，治朱熹易學。

鄭〔1〕，亦有未可輕議者。

我皇上表章彝訓，乾隆四年重刊《十三經注疏》〔2〕，特詔儒臣悉取，援據原書，參互勘訂，卷爲考證，以附其後，不獨遠過明刻，亦非潭、建諸本所得擬也〔3〕。

---

〔1〕馬、鄭，指東漢著名經學家、訓詁學家馬融、鄭玄。

〔2〕《十三經注疏》，十三部儒家經典的彙集。所收書包括：《周易正義》十卷，魏王弼、晋韓康伯注，唐孔穎達等正義；《尚書正義》二十卷，舊題漢孔安國傳，唐孔穎達等正義；《毛詩正義》四十卷，漢毛公傳，鄭玄箋，唐孔穎達等正義；《周禮注疏》四十二卷，漢鄭玄注，唐賈公彥疏；《儀禮注疏》五十卷，漢鄭玄注，唐賈公彥疏；《禮記正義》六十三卷，漢鄭玄注，唐孔穎達等正義；《春秋左傳正義》六十卷，晋杜預注，唐孔穎達等正義；《春秋公羊傳注疏》二十八卷，漢何休注，唐徐彥疏；《春秋穀梁傳注疏》二十卷，晋范甯注，唐楊士勛疏；《論語注疏》二十卷，魏何晏等注，宋邢昺疏；《孝經注疏》九卷，唐玄宗明皇帝御注，宋邢昺疏；《爾雅注疏》十卷，晋郭璞注，宋邢昺疏；《孟子注疏》十四卷，漢趙岐注，宋孫奭疏。按：乾隆四年（1739），朱良裘奉敕校刻《十三經注疏》，以明監本爲底本進行校勘，刊於武英殿。該書版心刻有“乾隆四年校刊”字樣，可證。但卷首有乾隆十四年《御製重刊十三經注疏序》，又有乾隆十一年弘畫等人《進表》，可見該書於乾隆四年始刊，乾隆十一年刻成并進獻，乾隆十四年之後頒行。《摛藻堂四庫全書薈要》和諸閣本《四庫全書》，皆以殿本爲據繕寫。關於《周易正義》的版本，可以參考谷繼明《〈周易注疏〉版本流變及阮刻〈周易正義〉補議》，《周易研究》2010 年第 4 期。

〔3〕潭、建諸本，指南宋後期潭州（今長沙、湘潭等地）、建陽（今屬福建）所刻《十三經注疏》本。承蒙江慶柏先生告知：“岳珂《九經三傳沿革例》談及經書刊刻時，謂所見版本有‘潭州舊本、撫州舊本、建大字本、建本有音釋注疏’（文淵閣《四庫全書》183 册第 561 頁下欄）等版本，館臣所言‘潭、建諸本’，應該指此類版本。潭州舊本應該是經注本，今未見傳本。今建本有經注本和注疏本，比如宋余仁仲本《禮記注》二十卷，宋劉叔剛刻十行本《毛詩注疏》二十卷等。《中華再造善本》影印元刻明修十行本《十三經注疏》，蓋據建安劉叔剛刻本翻刻。”

乾隆四十年二月恭校上[1]。

【比對二】

上圖藏稿本《周易正義》提要[2]

《周易正義》十卷（內府藏本），魏王弼、晋韓康伯注，唐孔穎達疏。

弼所注惟上、下經，附以《周易略例》，康伯始續注《繫辭》《説卦》《序卦》《雜卦》四傳。《隋書·經籍志》以王、韓之書各著録，故《易注》作六卷，《略例》作一卷，《繫辭》作三卷。新舊《唐書》載弼注七卷，則合《略例》計之。今本十卷，則并韓書計之也。考王儉《七志》，已稱弼《易注》十卷（案：《七志》今不傳，此據《經典釋文》所引），則其來已久矣。

自鄭玄傳費直之學，始析《易傳》以附經，至弼又更定之。説者謂鄭本如今之《乾卦》，其《坤卦》以下又弼所割裂。然鄭氏《易注》，至北宋尚存一卷。《崇文總目》稱："存者爲《文言》《説卦》《序卦》《雜卦》四篇。"則鄭本《文言》尚各自爲傳。今本《乾》《坤》二卦合附《文言》，知全經皆弼所更定，非鄭氏之舊也。

卷首題"乾傳第一""泰傳第二""噬嗑傳第三""咸傳第四""夬傳第五""豐傳第六"，各以每卷之第一卦爲名。據王應麟《玉海》，此目亦弼增標，蓋因《毛氏詩傳》之例。相沿既久，今亦仍舊本録之。

費直《易》今不可考，然荀爽《易》即費直《易》，李鼎祚書尚頗載其遺説。大抵究爻位之上下，辨卦德之剛柔，已與弼《注》略近。

---

[1] "乾隆四十年二月"，文溯閣本作"乾隆四十七年四月"，文津閣本作"乾隆四十九年十月"。

[2] 本提要録自上海圖書館藏《四庫全書總目》稿本，凡 888 字。

特弼全廢象數，又非費氏舊法耳。

《隋書·經籍志》載晋揚州刺史顧夷等有《周易難王輔嗣義》一卷，《册府元龜》載顧悦之（案，悦之即顧夷之字）《難王弼易義》四十餘條，京口閔康之又申王難顧，是在當日已有異同。王儉、顔延年以後，此揚彼抑，互詰不休。至穎達等奉詔作疏，專崇王注，而後衆説廢焉。《隋志》稱："鄭學浸微，今殆絶矣。"蓋長孫無忌等作《志》之時，在《正義》既行之後也。

穎達《自序》稱："義理可詮，先以輔嗣爲本。"故其説惟主一家。如《復·象》"七日來復"，王偶用六日七分之説，則推明鄭義之善。《乾·九二》"利見大人"，王不用"利見九五"之説，則駁詰鄭義之非。于"見龍在田，時舍也"，則曰：《經》但云'時舍'，注曰'必以時之通舍'者，則輔嗣以通解'舍'，'舍'是通義也。"而不疏"舍"之何以訓通。于"天玄而地黄"，則曰："恐莊氏之言，非王之本意，今所不取。"而不言莊説之何以未允。如斯之類，尤爲偏袒。

至《説卦傳》分陰分陽，韓注"二四爲陰，三五爲陽"，則曰："輔嗣以爲初上無陰陽定位。"此注用王之説。"帝出于震"，韓氏無注，則曰："《益卦·六二》'王用亨於帝，吉'，輔嗣注云：'帝者生物之主，興益之宗，出震而齊巽者也。'則輔嗣之意，以此帝爲天帝也"。雖弼所未注者，皆委曲旁引以就之，亦可云隘之甚也。

然其反覆推闡，比類參求，要可謂首尾貫通，非後儒龐雜割裂之言所可仿佛。《自序》謂"文簡理約"，亦不誣也。

據《唐書·穎達傳》，此書初名《義贊》，後詔改《正義》。然卷端又題曰《兼義》，未喻其故。《序》稱凡一十四卷，《唐志》作十八卷，《書録解題》作十三卷。此本九卷，又附以邢璹所注《略例》，共爲十卷，實合於王、韓原本之舊，故今亦仍之不改焉。

【比對三】

《簡明目録》本《周易正義》提要[1]

《周易正義》十卷，唐孔穎達撰。穎達諸經《正義》，皆元元本本，引據詳明，惟《周易》罕徵典籍。蓋所疏者，王、韓之注，而王、韓皆掃弃舊聞，自標新解，故不能以漢儒古義與之證明，非其考訂之疏也。

【評析】

《周易正義》，亦稱《周易注疏》或《周易兼義》，唐孔穎達撰。位居《四庫全書·經部》第六。根據內容詳略，《周易正義》提要可分爲 3 個系統：詳本系列 4 種（《總目》提要浙本 588 字、殿本 588 字、國圖稿本 588 字、文淵閣本 599 字），簡本系列 3 種（《薈要》本 274 字、文溯閣本 275 字、文津閣本 275 字），極簡本 1 種（《簡明目録》本 72 字）。上圖稿本雜有《周易注》提要，比較特殊，容後討論。三個系統的提要詳略不同，內容各異，現簡述如下。

一、詳本《周易正義》提要評析

詳本系統提要最爲翔實，從編撰背景、體例特點、書名卷數變遷凡三方面分別對《周易正義》進行介紹。在介紹過程中，尤其重視王弼《周易注》與孔穎達《周易正義》的内在關係。

（一）《周易正義》的編纂背景與歷史作用

提要首先交代《周易正義》的卷數、版本、注疏者姓名。今按，

---

[1] 本提要録自《四庫全書簡明目録》卷一，凡 72 字。

根據《全書》體例，作者名在第一次出現時應該有小傳。此處孔穎達是第一次出現，館臣卻沒有介紹，實爲疏忽。

以下，館臣重點對《周易正義》的編纂背景進行介紹。《周易》本是占筮之書，在漢代流於讖緯，荒誕不經。魏王弼撰寫《周易注》一書，以玄解《易》，排擊漢儒，將《周易》從讖緯神學中解救出來，厥功至偉。但此後兩百餘年間，對王弼注的評價并不一致，或極力推崇，或責難抨擊，晋顧夷、顧悅之（館臣視爲一人，誤）、關康之（館臣誤作閔康之）、南朝王儉、顏延年等都捲入了論争。這是《周易正義》撰寫的背景。

孔穎達以王弼《周易注》爲底本撰寫《正義》，頒行天下，結束了尊王、難王的論争，使易學歸於一統，同時也使流行廣泛的鄭玄《周易注》漸漸遭受冷落，甚至形成"鄭學浸微，今殆絶矣"的局面。鄭注因此散佚，宋王應麟有輯本一卷。

（二）《周易正義》的體例特點

提要指出，《周易正義》獨尊王注，亦步亦趨，毫無質疑精神。具體表現在兩個方面：

一是對王弼注明顯偏祖，喪失公正原則。館臣舉出四例：

1.《復卦·彖》"七日來復"一句，王弼偶然用漢易的"六日七分法"來闡釋，則《周易正義》極力推舉鄭玄釋《易》之善。

2.《乾卦·九二》"利見大人"一句，王弼不用"利見九五"來闡釋，則《周易正義》又駁斥鄭玄釋《易》之非。可見其對鄭玄注并無個人判斷，一以王弼是非爲是非。

3.《文言》："見龍在田，時舍也。"王弼注釋爲"必以時之通舍"，《周易正義》就在疏中贊同王弼"以通解舍"的觀點，但并沒有疏解"舍"是怎麼訓"通"的。

4. 在解釋經文"天玄而地黄"一句時，《周易正義》認爲這恐怕是莊周所説，并非王弼本意，因此不取此觀點，但不解釋莊氏之説爲何不公允。

二是王弼未注，孔穎達亦曲折引證，加以附會。館臣舉出二例：

《説卦傳》分陰、分陽，王弼未注，韓康伯注云："二四爲陰，三五爲陽。"《周易正義》便加以附會，推測王弼的觀點是"初、上無陰陽定位"。

"帝出乎震"一句，王弼、韓康伯没有作注。《周易正義》則認爲，《益卦》六二"王用享于帝，吉"一句，王弼曾作注，認爲帝是"生物之主"。因此"帝出乎震"中的"帝"，根據王弼的意思，也應是"天帝"之意。

對於這種墨守舊注、盲從附會的現象，館臣以爲是"疏家之體，主於詮解注文，不欲有所出入"，意思是"疏"（正義）這種訓詁體例，就是要解説經書的原文和舊注，而不能擅自發揮，與原注有任何不同，即所謂"疏不破注"。館臣還進一步舉例，南朝梁皇侃曾經對鄭玄《禮記注》作疏，即《禮記義疏》，當他與鄭玄觀點不一致時，孔穎達就責斥他作疏無歸宿。可見孔穎達對"疏"（正義）的體例，有著自己的理解與堅持。此外，孔穎達在詮釋文句方面，内容比較空洞，不能像其他經書《正義》那樣援據典籍，闡述源委流暢清晰。館臣認爲，這是由於王弼作注時曾掃除、捨弃舊注，導致孔穎達没有古義可供引用，并非其考證方面的疏漏。

（三）《周易正義》書名和卷數的變化

提要指出，《周易正義》初名《周易義贊》，後奉詔改爲《周易正義》。館臣所見之書，在卷端處題爲"周易兼義"，對此表示疑惑。今按：儒家經典文獻，最初《注》與《疏》各自流行，并未合爲一書。兩宋之際，出現了將《疏》附於經《注》之後的形式，稱之爲"某經兼義"。此處《周易兼義》，意思是兼并王弼、韓康伯之《注》與孔穎達之《正義》（疏）。但是乾隆四年（1739）武英殿校刻之《十三經注疏》，其中《周易注疏》十三卷，是質量甚高、使用最爲方便的本子，没有理由不用。今查文淵閣《四庫全書》，果然是以殿本《周易注疏》十三卷爲依據謄抄的；但其提要却題爲"周易正義十卷"，書名、卷數都不一致。楊新勛先生認爲文淵閣本提要"當爲後來館臣據《總目》復抄抽换"，并羅列了6條理由，其説可從[1]。

除書名外，館臣還梳理了《周易正義》的卷數變遷。孔穎達《序》中稱十四卷，《舊唐書·經籍志》同。而《新唐書·藝文志》作十六卷（館臣誤作十八卷），陳振孫《直齋書録解題》又作十三卷。四庫館臣選用了武英殿刊刻的十三卷本，但文淵閣本、《總目》浙本、殿本、上圖稿本、國圖稿本提要皆題爲"十卷"。館臣所謂"此本十卷，乃與王、韓注本同，殆後人從注本合并歟"，其實是針對明人刊刻的十卷本（明萬曆年間國子監刻本，或崇禎年間毛晋汲古閣刻本，皆爲《周易兼義》九卷卷首一卷）而發，與《四庫》正文完全不符。

二、簡本、極簡本《周易注疏》提要評析

較之詳本提要，簡本提要（《薈要》本、文溯閣本、文津閣本）篇幅減半，内容也有很大不同，主要介紹《周易注疏》的編撰經過、學術價值和館臣校訂情况。可與詳本提要互補。

（一）《周易注疏》的編撰經過和卷數變化

與詳本提要不同，此提要的書名作《周易注疏》，卷數爲十三卷，提要與正文相符。此外，簡本提要并未簡介《周易注疏》的編撰背景，也没有對王弼、韓康伯《注》的價值影響進行評價，而是直接介紹孔穎達作《疏》的經過。重點列舉了參撰人、修訂人姓名，介紹了初撰與修訂經過、書名變化、卷數變遷等信息。

---

[1] 楊新勛：《四庫提要易類辨正五則》，《南京師範大學文學院學報》2017年第1期。

（二）《周易注疏》的學術價值

《周易》自王弼作《注》以後，一方面擺脫了讖緯神學，但另一方面又進入談玄論理、祖尚虛無的境界。孔穎達辨析音義，撰爲《正義》，恰好可以糾正南朝易學的虛無之弊，故爲當時學界所尊崇。

宋代學者張唐英，認爲孔穎達作《周易正義》，發明三聖之要旨，探究萬物變化之意蘊，顯然過譽。元代學者胡一桂則認爲孔穎達在解釋王弼、韓康伯《注》時，敷衍闡釋，於義理、象數方面皆不能有所發明，批評又過於嚴苛。館臣則認爲，張唐英與胡一桂觀點偏激，皆不可取。孔穎達在訓詁上苦心孤詣，其貢獻可與東漢馬融、鄭玄相媲美，緊扣孔《疏》特點，評價甚高。

（三）館臣對《周易注疏》之考校

《四庫全書薈要》是專門進獻給乾隆皇帝的，《周易注疏》十三卷又是該叢書的第一部，故館臣特別重視，特意在提要之末對乾隆帝加以頌揚。乾隆四年，朱良裘奉敕校刻《十三經注疏》，以明監本爲底本進行校勘，撰寫校證，并於武英殿刊刻，是爲殿本《十三經注疏》。該書於乾隆四年始刊，乾隆十一年刻成并進獻，乾隆十四年之後頒行。四庫館臣在編寫《四庫全書薈要》時，自然就會以乾隆四年校刻的殿本爲底本，加以謄録，以彰顯當代學術成就。但館臣并不迷信底本，而是"援據原書，參互勘訂，卷爲考證，以附其後"，自以爲"不獨遠過明刻，亦非潭、建諸本所得擬也"，可見其自信。

《簡明目録》本提要最爲簡練。該提要不介紹《周易正義》的編撰背景、編撰經過、體例特點、學術價值等，而僅僅分析《正義》"罕徵典籍"的原因，以爲是該書所疏解的王、韓"皆掃弃舊聞，自標新解"。既然古注早已被掃蕩一空，孔穎達也就無法援引漢儒古義，與之證明，這并非其考訂之失。觀點可取。其實，這段文字取自詳本提要，語言上略有差別而已。而這寥寥數語，并不能代表詳本提要的核心内容，故價值不高。

三、上圖稿、國圖稿《周易正義》提要的内容

學術界大都認爲，上海圖書館藏《總目》稿本，抄撰時間在乾隆四十四年至四十六年之間。據陳恒舒研究，“上圖稿中抄録的正文反映的正是乾隆四十六年二月進呈的《總目》初稿的面貌”[1]，這大致是可信的。

上圖藏稿本《周易正義》提要（888字）主要分爲三大部分：1. 王弼、韓康伯《周易注》的内容、合并經過和體例特點。2. 王弼、韓康伯《周易注》的流傳與孔穎達《周易正義》的編撰。3. 列舉6條實例，説明孔穎達《周易正義》“疏不破注”的體例特點。其中第一部分專論王弼、韓康伯《周易注》，實爲浙本、殿本《周易注》提要的底稿；第二、第三部分主要論孔穎達《周易正義》，實爲浙本、殿本《周易正義》的底稿。但都有所改動。

國家圖書館藏稿本《周易正義》提要（588字），應該是《總目》提要的定本，因爲其文字與殿本完全一致。可能是殿本《總目》的底本，也可能是據定本抄録的本子。

四、各版本提要之比較

從書名上看，簡本系統提要（《薈要》本、文溯閣本、文津閣本）題作“周易注疏十三卷”，詳本系統提要（《總目》浙本、殿本、國圖稿本、文淵閣本）與《簡明目録》則題作“周易正義十卷”。《周

---

[1] 陳恒舒：《上海圖書館藏〈四庫全書總目〉殘稿發覆——以清代別集爲例》，《文獻》2019年第4期。

易正義》與《周易注疏》，雖是同一部書，但書名與卷數有異，實則能够反映《正義》不同版本的樣貌。

孔穎達《正義》最初僅是單疏本，不與經、注混雜。自南宋茶鹽司刊刻《周易注疏》，始將經、注、疏合并。館臣能够見到的，主要不是宋元刻本，而是明萬曆國子監刻本、明末崇禎年間汲古閣刻本、清乾隆四年武英殿刻本三種。明監本出自《周易兼義》，做法是將孔穎達《疏》拆分開來，分別納入王弼《注》六卷、韓康伯《注》三卷之中；本來是九卷本，另外附《略例》《音義》一卷，實際上是十卷。毛晉汲古閣刻本亦然。清武英殿刻本爲《周易注疏》十三卷，做法是先將王弼《周易注》六卷拆分爲十卷，加上韓康伯《繫辭傳注》三卷，凡十三卷，再將孔《疏》拆分，納入其中；另外附卷首一卷，包括孔氏《八論》、孔穎達《序》、《周易經傳原目》等。實際上是十四卷。

四庫館臣在編纂《四庫全書薈要》時，當然要以最能反映乾隆時代學術水平的武英殿刻本爲底本加以謄寫，所以是《周易注疏》十三卷；《薈要》本提要，也是以武英殿刻本爲據寫成。此後的文淵閣本、文溯閣本、文津閣本等，皆爲十三卷。但是文淵閣本提要誤題"周易正義十卷"；《總目》本提要（浙本、殿本、上圖稿本、國圖稿本）皆誤作十卷，這就造成了提要與正文相抵觸的現象。

今考各提要撰寫時間如下：

《薈要》本（乾隆四十年二月）—文淵閣本（乾隆四十一年十月）—上圖稿本（乾隆四十六年二月）—文溯閣本（乾隆四十七年四月）—國圖稿本（乾隆四十七年）—《簡明目錄》本（乾隆四十七年進呈）—文津閣本（乾隆四十九年十月）—《總目》浙本、殿本（乾隆六十年）。

《周易注疏》首篇提要撰寫於乾隆四十年二月，上距乾隆皇帝下詔編纂《薈要》（乾隆三十八年）僅有兩年，應該是第一批編入《薈要》的典籍，可見其地位之高。而《周易注》首篇提要的撰寫時間却是乾隆四十六年三月（文淵閣本），比《周易正義》首篇提要（乾隆四十年二月）晚了整整六年。因而我們有理由推測，四庫館臣最初祇是決定將《周易注疏》編入《四庫全書》，并没有考慮《周易注》，因爲從内容上講，《周易注疏》已經完全包括了《周易注》；六年後他們發現，《周易注疏》十三卷對《周易注》進行了拆分、破壞，於是采納翁方綱在分纂稿中提出的"岳氏此本之精善，應存以爲校核之資"的建議，決定再將《周易注》十卷增補進來，以宋相臺岳氏刻本爲依據鈔入，以存原貌。《周易注》是最後一批進入《四庫全書》的文獻。乾隆四十六年二月完成的《總目》初稿，應該不包括《周易注》提要，因爲第一篇《周易注》提要，是乾隆四十六年三月撰寫的。

　　總之，《周易正義》（或《周易注疏》）詳本與簡本提要内容不同，角度各異，可以互相補充，合并閲覽，方能見出《正義》的編撰背景、經過、體例、價值、影響以及館臣考校情况，獲取完整而系統的信息。

尚書正義二十卷[1]

《尚書正義》二十卷（内府藏本），舊本題漢孔安國傳[2]。其書至晋豫章内史梅賾始奏於朝[3]，唐貞觀十六年孔穎達等爲之

---

[1] 本校注以浙本《四庫全書總目》卷十一《尚書正義》提要（720字）爲底本，以殿本（720字）爲校本。《尚書》，儒家"十三經"之一，分爲虞書、夏書、商書、周書四部分，是上古帝王的講話記録。

[2] 孔安國（約前156—前74），字子國，漢初魯國（今山東曲阜）人。嘗受《詩》於申公，受《書》於伏生。元朔末，爲武帝博士，仕至臨淮太守。早卒。武帝初，魯恭王壞孔子壁，得《尚書》45篇，皆古文，孔安國傳之。遭巫蠱事，未列於學官，後來亡佚。後人所見《古文尚書》，實爲東晋梅賾所獻，非安國之舊也。

[3] 梅賾（亦作梅頤、枚賾、枚頤），字仲真，東晋汝南（今湖北武昌）人。曾任豫章内史。獻《古文尚書》，包括西漢今文28篇，但把它析成33篇，并另作僞古文25篇，以湊成58篇之數，流傳至今。清閻若璩《尚書古文疏證》、惠棟《古文尚書考》考證其爲僞書，館臣從之。

疏〔1〕，永徽四年長孫無忌等又加刊定〔2〕。

孔《傳》之依托，自朱子以來遞有論辯，至國朝閻若璩作《尚書古文疏證》〔3〕，其事愈明。其灼然可據者，梅鷟《尚書考異》攻其注《禹貢》"瀍水出河南北山"一條〔4〕，"積石山在金城西南羌中"一條〔5〕，地名皆在安國後；朱彝尊《經義考》攻其注《書序》"東海駒驪、扶餘、馯貃之屬"一條，謂駒驪王朱蒙至漢元帝建昭二年始建國〔6〕，安國，武帝時人，亦不及見；若璩則攻其注《泰誓》"雖

〔1〕孔穎達，參見《周易正義》提要注。

〔2〕按，唐貞觀十二年（638）孔穎達等奉詔撰修《五經正義》，十四年撰成，初名《義贊》。隨即有馬嘉運言其編撰之失，太宗遂於十六年又詔，復加詳定，賜名《正義》。唐高宗永徽二年（651），詔長孫無忌等再次刊定，此時孔穎達已卒四年。至四年完成，詔頒於天下，每年明經，令依此考試。

〔3〕閻若璩（1638—1704），字百詩，別號潛丘居士。本太原人，寄居山陽（今江蘇淮安）。布衣，學識淵博，曾與修《大清一統志》，著有《潛丘札記》《四書釋地》《重校困學紀聞》《朱子尚書古文疑》等。所撰《尚書古文疏證》八卷，以128條證據判定梅賾所獻《古文尚書》及孔安國《尚書孔氏傳》（下簡稱孔《傳》）均爲偽造。

〔4〕瀍水出谷城縣，兩《漢志》并同，晉始省谷城入河南，而孔《傳》乃云瀍水出河南北山。可見不出自漢人。

〔5〕積石山在西南羌中，漢昭帝始元六年（前81）始置金城郡，而孔《傳》乃云積石山在金城西南。孔安國卒於漢武時，載在《史記》，則猶在司馬遷以前，安得知此地名乎？

〔6〕朱彝尊（1629—1709），字錫鬯，號竹垞，浙江秀水（今浙江嘉興）人。清文學家、學者。著有《曝書亭集》《日下舊聞》《經義考》等。生平事迹見《清史稿》卷四百八十四。駒驪，即高句麗。《魏書》卷一百《高句麗列傳》："高句麗者，出於夫餘，自言先祖朱蒙。"1145年高麗人金富軾等以漢文編撰紀傳體史書《三國史記》，記載："始祖東明聖王，姓高氏，諱朱蒙，一云鄒，一云眾解。"

有周親，不如仁人”，與所注《論語》相反[1]；又安國《傳》有《湯誓》，而注《論語》“予小子履”一節，乃以爲《墨子》所引《湯誓》之文[2]。（案，安國《論語注》今佚，此條乃何晏《集解》所引。）皆證佐分明，更無疑義。

至若璩謂“定從孔《傳》，以孔穎達之故”，則不盡然。考《漢書·藝文志》叙《古文尚書》，但稱“安國獻之，遭巫蠱事，未立於學官”[3]，不云作《傳》；而《經典釋文·叙録》乃稱：“《藝文志》云：安國獻《尚書傳》，遭巫蠱事，未立於學官。”[4]始增入一“傳”字，以證實其事，又稱“今以孔氏爲正”[5]。則定從孔

---

[1] 以下兩條爲閻若璩《尚書古文疏證》“言安國注論語與今書傳異”一章的内容。《尚書·泰誓》：“雖有周親，不如仁人。”僞孔傳：“周，至也。言紂至親雖多，不如周家之少仁人。”《論語·堯曰》：“雖有周親，不如仁人。”孔（安國）曰：“親而不賢不忠則誅之，管、蔡是也。仁人謂箕子、微子，來則用之。”兩句内容矛盾。《尚書》僞孔傳將此句解釋爲“雖然有很多親戚，但是不如親戚少而皆爲仁人”。但《論語》注則將其注爲“雖然有至親，但是如果不賢不忠，則要誅殺，如果有仁人，（即使不是親戚）也要任用”。

[2] 《論語·堯曰》：“舜亦以命禹。曰：‘予小子履，敢用玄牡，敢昭告於皇皇后帝。有罪不敢赦。帝臣不蔽，簡在帝心。朕躬有罪，無以萬方；萬方有罪，罪在朕躬。’”孔（安國）曰：“履，殷湯名。此伐桀告天之文。殷家尚白，未變夏禮，故用玄牡。皇，大。后，君也。大，大君。帝，謂天帝也。《墨子》引《湯誓》，其辭若此。孔（安國）曰：無以萬方，萬方不與也。萬方有罪，我身之過。”孔安國《論語》注認爲此句爲《墨子》引《湯誓》内容，但是僞孔《傳》并未提及此事。

[3] 《漢書·藝文志》：“孔安國者，孔子後也，悉得其書，以考二十九篇，得多十六篇，安國獻之，遭巫蠱事，未立於學官。”

[4] 《經典釋文·序録》：“安國又受詔爲《古文尚書傳》，值武帝末巫蠱事起，經籍道息，不獲奏上，藏之私家，以授都尉朝。”

[5] 《經典釋文·序録》：“近唯崇古文，馬、鄭、王《注》遂廢，今以孔氏爲正。其《舜典》一篇，仍用王肅本。”

《傳》者，乃陸德明[1]，非自穎達。

惟德明於《舜典》下注云："孔氏《傳》亡《舜典》一篇，時以王肅注頗類孔氏[2]，故取王注從'慎徽五典'以下爲《舜典》，以續孔《傳》。"又云"曰若稽古，帝舜曰重華，協于帝"十二字是姚方興所上[3]，孔氏傳本無。阮孝緒《七錄》亦云："方興本或此下更有'濬哲文明，温恭允塞，玄德升聞[4]，乃命以位'，凡二十八字異。聊出之，於王注無施也。"則開皇中雖增入此文，尚未增入孔《傳》中，故德明云爾。今本二十八字，當爲穎達增入耳。梅賾之時，去古未遠，其《傳》實據王肅之注，而附益以舊訓，故《釋文》稱："王肅亦注今文[5]，所解大與古文相類，或肅私見孔《傳》而秘之乎？"此雖以末爲本，未免倒置，亦足見其根據古義，非盡無稽矣。

穎達之疏，晁公武《讀書志》謂"因梁費甝疏廣之"[6]，然穎達原序稱"爲正義者，蔡大寶、巢猗、費甝、顧彪、劉焯、劉炫"

---

[1] 陸德明（約550—630），原名陸元朗，參見《經典釋文》提要注。

[2] 王肅（195—256），字子雍，東海郯（今山東郯城西）人。三國魏經學家。嘗爲《尚書》、《詩經》、《論語》、三《禮》、《左傳》作注，與鄭玄多異，時稱"王學"。生平事迹見《三國志》卷十三。

[3] 《隋書·經籍志》："齊建武中，吴姚方興，於大桁市得其書，奏上，比馬、鄭所注，多二十八字，於是始列國學。"

[4] "玄德"，殿本作"元德"，避康熙帝玄燁諱。

[5] 漢代通行的文字，即隸書。漢代稱"壁中書"（即魯恭王壞孔子宅所得先秦之書）爲"古文經"，而將師生相傳、以隸書抄録的經典稱作"今文經"。

[6] 晁公武（1105—1180），字子止，濟州鉅野（今屬山東）人，南宋目録學家、藏書家。官至禮部侍郎。所著《郡齋讀書志》二十卷，是我國現存最早的、具有提要内容的私藏書目，收入圖書達1492部，分經、史、子、集四部，部下又分45小類；書有總序，部有大序，多數小類前有小序，每書有解題。

六家〔1〕，而以劉焯、劉炫最爲詳雅。其書實因二劉，非因費氏。公武或以《經典釋文》所列義疏僅虒一家，故云然歟〔2〕？

《朱子語録》謂：“五經疏《周禮》最好，《詩》《禮記》次之，《易》《書》爲下。”其言良允。然名物訓故，究賴之以有考，亦何可輕也？

【比對一】
文淵閣本《尚書正義》提要〔3〕

臣等謹案：《尚書注疏》十九卷，漢孔安國傳，唐孔穎達疏。漢初惟傳伏生《今文尚書》二十八篇〔4〕。後安國得壁中書，較多於伏生所傳，又其字體與漢隸異，是爲古文。永嘉之亂，古文中絶，晋梅賾乃上《古文尚書》四十五篇，并安國所作《傳》，識者疑之。穎達作《正義》，專主安國，翻疑康成等所見古文爲僞書，何也？

---

〔1〕《周書》卷四十八《蔡大寶列傳》：“蔡大寶字敬位，濟陽考城人。……所著文集三十卷，及《尚書義疏》，并行於世。”《隋書·經籍志》：“《尚書百釋》三卷，梁國子助教巢猗撰。”同卷：“《尚書義疏》十卷，梁國子助教費甝撰。”卷七十五《儒林傳》：“顧彪字仲文，明《尚書》《春秋》。煬帝時爲秘書學士，撰《古文尚書疏》二十卷。”同卷：“劉焯，字士元，信都昌亭人也。……著《稽極》十卷，《曆書》十卷，《五經述議》，并行於世。”同卷：“劉炫，字光伯，河間景城人也。……官塗不遂。著《論語述議》十卷、《春秋攻昧》十卷、《五經正名》十二卷、《孝經述議》五卷、《春秋述議》四十卷、《尚書述議》二十卷、《毛詩述議》四十卷、《注詩序》一卷、《算術》一卷，并行於世。”

〔2〕歟，殿本作“與”。

〔3〕本校注以文淵閣本（160字）爲底本，以《薈要》本（159字）、文溯閣本（160字）、文津閣本（160字）爲校本。

〔4〕《史記·儒林列傳》：“伏生者，濟南人也。故爲秦博士。”

晁公武謂其"因梁費甝疏廣之"。蓋六朝諸家《尚書義疏》，世多不傳，惟是書猶存其崖略云。乾隆四十二年八月恭校上[1]。

【比對二】

《簡明目録》本《尚書正義》提要[2]

《尚書正義》二十卷，舊本題漢孔安國傳，唐孔穎達疏。安國《傳》雖梅賾所依托，然去古未遠，訓詁皆有所受。穎達《五經疏》，朱子謂《易》《書》爲下，然《書疏》名物典制，終爲考證家所取資，不似《易疏》之敷衍也。

【評析】

孔穎達《尚書正義》二十卷，也叫《尚書注疏》，位居《四庫全書·經部》書類之首。《尚書》是我國最重要的文化經典之一，儒家"十三經"之第二種。《尚書》流傳久遠，經過秦火之後，故秦博士伏生在齊魯之間的傳播以及漢代今古文之爭，使此書產生了極其複雜的版本問題。對於東晉之後流行的《古文尚書》以及孔安國《傳》，自宋代以來就有激烈的討論。清代考據學盛行，人才輩出，出現了一系列《尚書》辨偽著作。《尚書正義》提要，便是在這一背景下產生的。提要現有7個不同的版本，可以劃分爲3個系統：《總目》提要系列2種（浙本、殿本）、書前提要系列4種（《薈要》本、文

---

[1] "乾隆四十二年八月"，《薈要》本作"乾隆四十年四月"，文溯閣本作"乾隆四十七年四月"，文津閣本作"乾隆四十九年二月"。

[2] 本提要録自《四庫全書簡明目録》卷二，凡75字。

淵閣本、文溯閣本、文津閣本）、《簡明目録》1 種。其中《總目》提要系列最爲詳盡，主要討論《尚書》孔傳之辨僞、以僞《古文尚書》爲正的原因、王肅注本與僞《古文尚書》的關係、孔穎達作《正義》的材料來源、《尚書正義》的價值凡 5 個方面的問題。

一、《尚書》孔傳之辨僞

提要開篇不拘成規，没有介紹注疏者的生平履歷，而是比較詳細地梳理了孔安國傳《古文尚書》、孔穎達撰《尚書正義》的經過。告訴讀者《古文尚書》的來歷是有問題的，并直接將矛頭指向晋豫章内史梅賾。

西漢初年，故秦博士伏生傳授 28 篇《尚書》於齊魯之間，隨後産生三個派別，分别爲歐陽氏學，大夏侯氏學，小夏侯氏學。這三家在漢武帝及宣帝時設立爲博士。同時，漢代亦有孔安國藏的來自孔子壁中的《古文尚書》，這一學派不受重視，在西漢兩百年間都没有立於學官。降至東漢末年，立於學官的《今文尚書》逐漸没落，而《古文尚書》終於在古文學家們的努力和大儒鄭玄的影響下，得到學術界的普遍重視，地位漸隆。《隋書·經籍志》載："晋世秘府所存，有《古文尚書》經文，今無有傳者。及永嘉之亂，歐陽，大、小夏侯《尚書》并亡。"永嘉之亂後，衣冠東渡，建立東晋。就在今文經已經全部失傳的東晋時期，豫章内史梅賾獻上了所謂的孔安國傳《古文尚書》。

唐玄宗貞觀十二年（638）詔孔穎達等撰修《五經正義》，十四年撰成，初名《義讚》，後賜名《正義》。高宗永徽二年（651），詔長孫無忌等再次刊定，兩年後完成，詔頒於天下。此後每年明經考試便依照此《五經正義》。這就是提要中所言"唐貞觀十六年孔穎達等爲之疏，永徽四年長孫無忌等又加刊定"的具體經過。《五經正義》中的《尚書正義》，所依據的底本便是東晋梅賾獻的孔安國傳《古文尚書》。自此，孔安國傳《古文尚書》成爲官方正統之學，并且影響了以後的一千年時間。

《古文尚書》來歷不明，引起後人懷疑和爭論。館臣指出，對孔安國傳《古文尚書》的辨僞工作，自宋代朱子便開始進行，清代閻若璩作《尚書古文疏證》，實爲自宋以來《古文尚書》辨僞的集大成者。歷代辨僞學者，以六人成就最顯：1.宋吳棫《書裨傳》，根據今文難而古文易，懷疑《古文尚書》；2.宋朱熹，《朱子語類》疑辨僞古文之語40餘處；3.宋蔡沈《書集傳》，在篇題下或注“今文古文皆有”，或注“今文無古文有”，區別今文與古文；4.元吳澄《書纂言》，始摒弃僞25篇，專釋今文各篇，并指出僞古文各篇“雜集補綴，無一字無所本”；5.明梅鷟《讀書譜》《尚書考異》，根據文獻證據和歷史事實證據，找出僞孔《傳》中的歷史事實的矛盾和僞《古文尚書》文獻上僞造的證據；6.清閻若璩《尚書古文疏證》，共立論128條(傳本缺30條)進行考辨，論據堅實，得出孔安國傳《古文尚書》爲僞書的結論。杜澤遜《宋本尚書正義》序言中指出：“乾隆官修的《四庫全書》在《尚書古文疏證》的提要中，以官方名義確定了孔安國傳《古文尚書》爲僞書，并表揚閻若璩‘考證之學則固未之或先矣’。”文淵閣《四庫全書》的《尚書古文疏證》書前提要，其校上時間爲乾隆四十三年六月；而浙本、殿本《總目》中的《尚書正義》提要，於乾隆四十七年完成初稿，但於乾隆六十年纔出版刊布。所以，館臣是在《尚書古文疏證》提要中，首次以官方名義確定孔傳《古文尚書》是僞書這一結論的。

本篇提要共列舉三部辨僞著作，分別是：明梅鷟《尚書考異》、清朱彝尊《經義考》和清閻若璩《尚書古文疏證》。每條證據都有理可依，使人信服，不贅。

二、以僞《古文尚書》爲正的關鍵人物

肯定了辨僞結論之後，館臣從閻若璩書中找出一個問題，即：確立僞孔安國傳《古文尚書》正統地位的關鍵人物是誰？閻若璩認爲僞《古文尚書》能够流傳，得力於《尚書正義》的作者孔穎達，此説不妥。館臣將《漢書·藝文志》與《經典釋文·序録》中關於孔安國與《古文尚書》相關的内容進行對比後得知，是陸德明《經典釋文》最早將《漢志》"安國獻之"改爲"安國獻《尚書傳》"的，明確肯定孔安國爲《傳》的作者。不過，陸德明以《古文尚書》作爲《經典釋文》的底本，也是時代風氣使然。陸氏在《經典釋文·序録》中指出："近唯崇古文，馬、鄭、王《注》遂廢，今以孔氏爲正。其《舜典》一篇，仍用王肅本。"當時社會上普遍推崇孔傳《古文尚書》，馬融、鄭玄和王肅的《注》皆不流行，所以他以僞孔傳《古文尚書》爲底本則是非常自然的。

三、王肅注本與僞《古文尚書》的關係

接下來，館臣根據陸德明所指出的《舜典》問題，討論孔安國《傳》與王肅《注》的關係。首先依據陸德明《經典釋文》，指出僞孔傳《古文尚書》并没有《舜典》一篇，而此篇是依據王肅《注》割裂而成的。而姚方興上"曰若稽古，帝舜曰重華，協于帝"12字，以及阮孝緒《七録》中提到姚方興本更增入的"濬哲文明，温恭允塞，玄德升聞，乃命以位"28字，陸德明在作《經典釋文》的時候，是没有被加入到孔安國傳的《古文尚書》中的。而在論及王肅《注》和僞孔《傳》關係的時候，館臣駁斥了《經典釋文》中認爲王肅《注》因襲僞孔《傳》的論斷，認爲僞孔《傳》乃是根據王肅《注》改編而成并托名孔安國的。

四、孔穎達《尚書正義》的資料來源

在論及孔穎達作《尚書正義》的材料來源時，館臣糾正了晁公武《讀書志》中"因梁費甝疏廣之"的看法。據孔穎達《尚書正義》原序，其所依據的材料主要有六家，分別是蔡大寶、巢猗、費甝、顧彪、劉焯和劉炫。而館臣亦分析了晁公武《郡齋讀書志》到底爲何會有這種誤解，他們推測可能是因爲《經典釋文》中的"右尚書梁國子助教江夏費甝作《義疏》行於世"引起了晁公武的誤會。

五、對《尚書正義》的評價

館臣并沒有將僞《古文尚書》和孔《傳》、孔《疏》完全廢除，而是對其進行了客觀評價，認爲儘管如朱熹等人所云，《尚書正義》的質量明顯低於《周禮注疏》《毛詩正義》《禮記正義》，但是"名物訓故，究賴之以有考，亦何可輕也"，其對典章、名物、詞彙的詁訓疏解，仍然價值很高，不可輕忽。

書前提要文字簡練，目前有 4 種版本，幾乎沒有區別。基本信息爲"《尚書注疏》十九卷，漢孔安國傳，唐孔穎達疏"，不是二十卷。崔富章先生指出："遍考是書傳本，宋、元、明刻本皆二十卷，作十九卷者，惟此清刻一種（引者按：指清乾隆四年武英殿校刻本《尚書注疏》十九卷），則此本即庫書據以繕録之本。"[1] 所言甚是。書前提要更加注重《尚書》的流傳問題，以及《尚書》今古文之爭，爲《總目》提要所未備，是其特色。此下簡單介紹了晋梅賾上《古文尚書》經過以及孔穎達撰《尚書正義》所依據的材料，泛泛而談。《簡明目録》本更爲簡略，肯定了僞《古文尚書》和孔穎達《正義》

---

〔1〕崔富章：《四庫提要補正》，杭州大學出版社 1990 年版，第 69 頁。

在名物典制、語詞訓詁上的價值。

　　總之，浙本、殿本提要内容豐富，價值遠遠高於書前提要和《簡明目録》。館臣充分吸收自宋代以來的辨僞學成果，指出孔《傳》中的許多地名、典故皆産生於孔安國之後，認定其爲僞作，係晉人將王肅《注》進行加工，假托孔安國所爲。接著又引證史料，考辨出陸德明纂改經典、奠立僞孔《傳》權威性的真相。最後館臣肯定了僞孔《傳》、孔穎達《疏》在語詞名物制度上的學術價值，觀點較爲通達。各版本撰寫時間如下：

　　《薈要》本（乾隆四十年四月）—文淵閣本（乾隆四十二年八月）—文溯閣本（乾隆四十七年四月）—《簡明目録》本（乾隆四十七年進呈）—文津閣本（乾隆四十九年二月）—《總目》浙本、殿本（乾隆六十年）。

毛詩正義四十卷 [1]

《毛詩正義》四十卷（内府藏本）[2]，漢毛亨傳[3]，鄭玄

---

[1] 本校注以浙本《四庫全書總目》卷十五《毛詩正義》提要（1075 字）
爲底本，以殿本（1074 字）、文淵閣本（1084 字）、文津閣本（1091 字）
爲校本。《毛詩》本稱《詩》，或《詩三百》，先秦"六經"之一。是我
國第一部詩歌總集，選録商周至春秋中葉的樂歌 305 篇。《詩經》在漢代
有齊魯韓毛四家，其中齊魯韓三家爲今文經，列於學官；《毛詩》爲古文經，
未得立。東漢鄭玄爲《毛詩故訓傳》作箋，始大行於世。三家詩遂亡。

[2] "毛詩正義四十卷（内府藏本）"，殿本同，文淵閣本作"臣等謹按：
毛詩正義四十卷"，文溯閣本、文津閣本作"臣等謹按：毛詩注疏三十卷"。
今按：《毛詩正義》四十卷（又有二十卷、三十卷本），又稱《毛詩注疏》，
《詩經》研究著作，唐孔穎達、王德韶、齊威等奉詔編撰。本書既解釋《毛
詩》正文，也闡釋《毛傳》《鄭箋》，并充分吸收了魏晋南北朝時期的《詩
經》研究成果。唐代列爲官書，明經科取士、考試謹遵此書。宋以後各代
均有刻本，目前的通行本是清阮元校刊《十三經注疏》本。

[3] 毛亨，西漢經學家，魯（今山東曲阜）人；一説河間（今河北獻縣）人。
"毛詩學"的開創者，撰有《毛詩故訓傳》一書。生平事迹見《漢書》卷
八十八。

箋[1]，唐孔穎達疏[2]。案《漢書·藝文志》[3]：“《毛詩》二十九卷，《毛詩故訓傳》三十卷。”[4]然但稱毛公，不著其名。《後漢書·儒林傳》始云：“趙人毛長傳《詩》，是爲《毛詩》。”[5]其“長”字不從“艸”。《隋書·經籍志》載[6]：“《毛詩》二十卷，漢河間太守毛萇傳，鄭氏箋。”於是《詩傳》始稱毛萇[7]。然鄭玄《詩譜》曰[8]：“魯人大毛公爲《訓詁》，傳於其家，河間獻王得而獻之[9]，以小毛公爲博士。”陸璣《毛詩草木蟲魚疏》亦云：“孔子删《詩》授卜商，商爲之序，以授魯人曾申，申授魏人李克，克授

---

[1] 鄭玄（127—200），字康成，東漢末儒家學者，北海郡高密縣（今屬山東）人。曾入太學攻《京氏易》，從馬融學古文經學。他是漢代經學的集大成者，著述甚豐，今僅存《毛詩傳箋》，《周禮》《儀禮》《禮記》注，皆收入《十三經注疏》。生平事迹見《後漢書》卷三十五。孔穎達，參見《周易正義》提要注。

[2] 文津閣本作：“《毛詩注疏》三十卷，唐孔穎達撰，因漢毛亨《傳》、鄭玄《箋》而各爲之疏。”

[3] “案”，文淵閣本無此字，文津閣本作“考”。

[4] “毛詩故訓傳”，文淵閣本作“毛詩古訓傳”。

[5] 《後漢書·儒林傳》，南朝宋范曄撰。記録東漢時期儒學盛衰，述儒學師承源流。《後漢書》卷七十九《儒林列傳》：“三家皆立博士。趙人毛長傳《詩》，是爲《毛詩》，未得立。”

[6] “隋書”，殿本作“隋唐”，誤。《隋書·經籍志》：“《毛詩》二十卷，漢河間太傅毛萇傳，鄭氏箋。”《舊唐書·經籍志》無此文。

[7] 毛萇，一作“毛長”，趙（今河北邯鄲）人，西漢經學家。曾任河間獻王博士，官至北海太守。後世稱毛亨爲“大毛公”，毛萇爲“小毛公”。

[8] 《詩譜》，《詩經》研究著作，東漢鄭玄著。唐孔穎達《毛詩正義》於卷首舉列此書，久已失傳。

[9] 河間獻王，即劉德（前171—前130），漢景帝之子，封爲河間王，謚曰獻。博雅好古，修禮樂，精儒學，立《毛詩》《左傳》博士。《漢書·景十三王傳》：“獻王所得書，皆古文先秦舊書，《周官》《尚書》《禮》《禮記》《孟子》《老子》之屬，皆經傳説記，七十子之徒所論。”又《隋書·經籍志》：“《周官》蓋周公所制官政之法，上於河間獻王。”

魯人孟仲子，仲子授根牟子，根牟子授趙人荀卿，荀卿授魯國毛亨，毛亨作《訓詁傳》以授趙國毛萇。時人謂亨爲大毛公[1]，萇爲小毛公。"[2]據是二書，則作《傳》者乃毛亨，非毛萇。故孔氏《正義》亦云："大毛公爲其《傳》，由小毛公而題毛也。"《隋志》所云，殊爲舛誤。而流俗沿襲，莫之能更。朱彝尊《經義考》乃以《毛詩》二十九卷，題毛亨撰，注曰"佚"；《毛詩訓故傳》三十卷，題毛萇撰，注曰"存"[3]。意主調停，尤爲於古無據。今參稽衆説，定作《傳》者爲毛亨。以鄭氏後漢人，陸氏三國吳人，并傳授《毛詩》，淵源有自，所言必不誣也。

鄭氏發明毛義，自命曰"箋"。《博物志》曰："毛公嘗爲北海郡守，康成是此郡人，故以爲敬。"[4]推張華所言，蓋以爲公府用"記"，郡將用"箋"之意。然康成生於漢末，乃修敬於四百年前之太守，殊無所取。案《説文》曰："箋，表識書也。"鄭氏《六藝論》云[5]："注《詩》宗毛爲主。毛義若隱略，則更表明。如有

---

〔1〕"謂"，文津閣本作"爲"，誤。

〔2〕以上文字，見《毛詩草木蟲魚疏》卷下。《毛詩草木蟲魚疏》上下卷，又名《毛詩草木鳥獸蟲魚疏》，三國吳陸璣撰，是一部早期的《詩經》博物學著作。陸璣，字元恪，吳郡（今江蘇蘇州）人。爲吳太子中庶子、烏程令。卜商（前507—?），字子夏，春秋時衛國人。受業於孔子。曾申，字子西，春秋末魯國人，曾參之次子。李克，戰國時人，子夏弟子；一説李克即李悝，不確。荀卿（約前313—約前238），即荀子，名況，時人又尊稱荀卿，戰國時趙國人，晚年入楚。著名思想家、文學家。生平事迹見《史記》卷七十四。

〔3〕"毛詩訓故傳"，文津閣本作"毛詩訓詁傳"。朱彝尊，參見《尚書正義》提要注。

〔4〕《博物志》卷四："或云：毛公嘗爲北海郡守，玄是此郡人，故以爲敬。"今按：《博物志》十卷，晉張華（232—300）撰，分類記載古代的山川地理、飛禽走獸、人物傳記、神話古史、神仙方術等。

〔5〕"云"，殿本、文淵閣本、文津閣本作"曰"。今按：鄭玄《六藝論》已佚，今有皮錫瑞《六藝論疏證》。

不同，即下已意，使可識別。（案，此論今佚，此據《正義》所引）”
然則康成特因《毛傳》而表識其傍，如今人之簽記，積而成帙，故
謂之《箋》，無庸別曲説也。

自鄭《箋》既行，齊、魯、韓三家遂廢。（案，此陸德明《經
典釋文》之説）然《箋》與《傳》義亦時有異同[1]。魏王肅作《毛
詩注》《毛詩義駁》《毛詩奏事》《毛詩問難》諸書，以申毛難
鄭。歐陽修引其釋《衛風·擊鼓》五章，謂鄭不如王。（見《詩本
義》）王基又作《毛詩駁》，以申鄭難王。王應麟引其駁《茉莒》
一條[2]，謂王不及鄭。（見《困學紀聞》，亦載《經典釋文》）晉
孫毓作《毛詩異同評》，復申王説；陳統作《難孫氏毛詩評》[3]，
又明鄭義。（并見《經典釋文》）祖分左右，垂數百年[4]。

至唐貞觀十六年[5]，命孔穎達等因《鄭箋》爲《正義》，乃論
歸一定，無復岐塗。《毛傳》二十九卷[6]，《隋志》附以《鄭箋》，
作二十卷，疑爲康成所并。穎達等以疏文繁重，又析爲四十卷。其

---

[1] 殿本無“時”字。

[2] “王應麟”，文淵閣本作“玉麟”，誤。

[3] “陳統”，殿本、文淵閣本、文津閣本作“鄭統”，誤。《經典釋文》
卷一：“晉豫州刺史孫毓爲《詩評》，評毛、鄭、王肅三家同異，朋於王。
徐州從事陳統難孫申鄭。”《隋書·經籍志》著録《難孫氏毛詩評》四卷，
晉徐州從事陳統撰。

[4] “數”，文淵閣本作“教”，誤。

[5] “貞觀十六年”，當爲“貞觀十二年”之誤。按：孔穎達於貞觀十二
年奉旨編撰《五經正義》，十四年初稿完成，十六年又對全書進行了覆審，
但未能最後完成。高宗永徽四年始頒行天下，距其辭世已有五年。

[6] 《漢書·藝文志》：“《毛詩》二十九卷，《毛詩故訓傳》三十卷。”
提要引用卷數有誤。

書以劉焯《毛詩義疏》、劉炫《毛詩述義》爲稿本[1]，故能融貫群言，包羅古義，終唐之世，人無異詞。惟王讜《唐語林》記劉禹錫聽施士匄講《毛詩》，所説"維鵜在梁""陟彼岵兮""勿翦勿拜""維北有斗"四義，稱毛未注，然未嘗有所詆排也[2]。

至宋鄭樵[3]，恃其才辨[4]，無故而發難端；南渡諸儒，始以掊擊毛、鄭爲能事[5]。元延祐科舉條制，《詩》雖兼用古注疏，其時門户已成，講學者迄不遵用。沿及明代，胡廣等竊劉瑾之書，作《詩經大全》[6]，著爲令典，於是專宗朱《傳》[7]，漢學遂亡。然朱子從鄭樵之説，不過攻《小序》耳，至於《詩》中訓詁，用毛、鄭者居多。後儒不考古書，不知《小序》自《小序》，《傳箋》自《傳箋》，鬨然佐鬭，遂并毛、鄭而弃之。是非惟不知毛、鄭爲何語，殆并朱

──────────

[1] 劉焯（544—610），字士元，冀州信都（今河北冀縣）人，隋經學家、天文學家。與劉炫并稱"二劉"。著有《毛詩義疏》。事迹見《隋書·儒林傳》、清阮元《疇人傳》。劉炫（約546—約613），字光伯，河間景城（今河北獻縣）人，隋經學家。著有《毛詩述義》。事迹見《隋書·儒林傳》。

[2] 詳見王讜《唐語林》卷二。王讜，字正甫，長安（今陝西西安）人，宋代文學家。其《唐語林》八卷，綜采唐代筆記小説資料，仿《世説新語》體例編纂，内容涉及唐代政治、歷史、文學等諸多方面。

[3] 鄭樵（1103—1162），字漁仲，自號溪西遺民，世稱夾漈先生，興化軍莆田（今屬福建）人。宋史學家、文學家。著有《通志》《夾漈遺稿》等。生平事迹見《宋史》卷四百三十六。

[4] "辨"，殿本、文淵閣本、文津閣本作"辯"。

[5] 鄭樵《詩辨妄》一書，大肆攻擊毛亨、鄭玄之説，對南宋朱熹等頗有影響。司馬朝軍引惠棟云："宋儒弃之，别爲異説，所謂小人破碎大道。故吾曰：'宋儒之禍，甚於秦灰。'"（《〈四庫全書總目〉精華録》第76頁）

[6] 胡廣（1370—1418），字光大，號晃庵，江西吉水人。明詩文家。建文二年（1400）狀元，累官至文淵閣大學士。曾奉詔纂修"四書五經"、《性理大全》。生平事迹見《明史》卷一百四十七。劉瑾，元代學者，撰《詩傳通釋》二十卷。

[7] 朱《傳》，即朱熹《詩集傳》，也叫《詩經集傳》。參見《詩集傳》提要。

子之《傳》亦不辨爲何語矣〔1〕。

我國家經學昌明，一洗前明之固陋。乾隆四年〔2〕，皇上特命校刊《十三經注疏》〔3〕，頒布學宫。鼓篋之儒，皆駸駸乎研求古學。今特録其書，與《小序》同冠《詩》類之首〔4〕，以昭“六義”淵源，其來有自，孔門師授，端緒炳然，終不能以他説掩也〔5〕。

【比對一】
《薈要》本《毛詩注疏》提要〔6〕

臣等謹案：《毛詩注疏》三十卷，漢鄭康成箋，唐孔穎達疏。詩惟《毛傳》《鄭箋》至爲雅奥，孔氏集南北朝諸儒之長，作爲《義疏》〔7〕，形名度數，於是爲詳。宋王安石自作《新義》〔8〕，屏弃注疏，晁氏譏之〔9〕。明初取士，孔《疏》、朱《傳》猶并重焉。蓋

---

〔1〕 “辨”，文淵閣本、文津閣本作“辯”。

〔2〕 “四年”，殿本、文淵閣本、文津閣本作“八年”，誤。

〔3〕 《十三經注疏》，參見《周易正義》提要注。

〔4〕 《四庫全書·經部》詩類第一部，即爲《詩序》二卷，《毛詩正義》位居第二。

〔5〕 該句之下，文淵閣本有“乾隆三十九年二月恭校上”，文津閣本作“乾隆四十九年五月恭校上”。

〔6〕 以《薈要》本《毛詩注疏》提要（166字）爲底本，以文淵閣本（167字）爲校本。

〔7〕 “孔氏”，文溯閣本作“穎達”。

〔8〕 王安石（1021—1086），字介甫，號半山，撫州臨川（今屬江西）人。宋慶曆二年（1042）進士，曾兩度拜相，又兩度被罷，後退居江寧隱居十年。他是著名改革家、思想家、文學家。有《臨川集》一百卷傳世。曾撰《詩經新義》二十卷，已佚。生平參見宋詹太和《王荆文公年譜》、《宋史》卷三百二十七。

〔9〕 晁氏，即晁公武，參見《尚書正義》提要注。

詩隨乎樂，樂附於禮。康成以禮言詩，其説至煩而不可厭也，惟穎達疏猶爲克守家法[1]。明刻本不載鄭氏《詩譜序》，今本已補入。毛晋刻本《關雎》篇誤以陸氏《釋文》混入《鄭箋》[2]，今亦校正。信爲善本云。乾隆四十年五月恭校上[3]。

【比對二】
《簡明目録》本《毛詩正義》提要[4]

《毛詩正義》四十卷，漢毛亨傳，鄭玄箋，唐孔穎達疏。舊以毛公爲毛萇，以鄭玄《詩譜》考之，題毛萇者誤也。自朱子用鄭樵之説，攻擊《詩序》，毛、鄭之學遂微，然迄不能廢其書。録繼《詩序》之次，用昭《詩》學之淵源焉。

【評析】

《毛詩正義》四十卷（又有二十卷本、三十卷本），又稱《毛詩注疏》，漢毛亨傳，鄭玄箋，唐孔穎達疏。位居《四庫全書·經部》詩類第二。四庫館臣爲《毛詩正義》所撰寫的提要，現有 7 個不同

---

[1] "穎達"，文淵閣本作"孔氏"。

[2] 毛晋（1599—1659），字子晋，號潛在，常熟（今屬江蘇）人。明末清初藏書家、編輯出版家。建汲古閣、目耕樓，藏書八萬四千餘册，多宋元善本。刊刻《十三經》《十七史》《六十種曲》《津逮秘書》等叢書，爲歷代私家刻書者之最。編著有《毛詩陸疏廣要》《海虞古今文苑》《明詩紀事》《隱湖題跋》等。

[3] "乾隆四十年五月"，文淵閣本作"乾隆四十七年五月"。

[4] 録自《四庫全書簡明目録》卷二，凡 78 字。

的版本，可以分爲3個系統：詳本系列4種（浙本、殿本、文淵閣本、文津閣本）、簡本系列2種（《薈要》本、文溯閣本）、《簡明目録》1種。其中詳本系統的提要最爲詳盡，主要包括以下幾方面内容：

一、兩漢毛鄭之學的興起

毛、鄭之學興起於漢代。西漢毛亨作《毛詩故訓傳》（簡稱《毛傳》）；東漢鄭玄以《毛傳》爲據，作《毛詩傳箋》。

詳本提要首先考證《毛傳》的作者問題。館臣引《漢書·藝文志》載"《毛詩》二十九卷，《毛詩故訓傳》三十卷"，不題名字，留下疑問。後人聚訟紛紜，主要有三種觀點：1.《後漢書·儒林傳》《隋書·經籍志》主張的"毛萇（長）"説；2.漢鄭玄《詩譜》、吳陸璣《毛詩草木蟲魚疏》主張的"毛亨"説；3.清人朱彝尊認爲曾有《毛氏（亨）詩故訓傳》（今佚）和《毛氏（萇）詩傳》（今存）二種，是爲意主調停的"折中説"。提要以鄭、陸二人去古未遠，淵源自有，故所言可信，遂贊同第二種觀點，認爲西漢時魯國人毛亨作《故訓傳》，傳授給趙國人毛萇，流傳至今。

除《毛傳》外，《鄭箋》也是《詩經》學發展史上的重要著作。對於"箋"的含義，提要考論甚精。張華《博物志》云："毛公嘗爲北海郡守，玄是此郡人，故以爲敬。"認爲鄭玄用"箋"來表達對郡守毛公的尊敬。此説牽强。館臣引用《説文解字·竹部》"箋，表識書也"，以及《六藝論》中鄭玄本人對"箋"的説法，進而得出結論，指出"箋"就是鄭玄爲《毛傳》作補充修正而"表識其傍"，積少成多，遂成專書。

二、魏晉王學興起與鄭王之争

漢初，齊、魯、韓"三家詩"列爲官學，《毛詩》晚出且衹在民間流行。但自《鄭箋》出，《毛詩》便大受追捧，其影響超過"三家詩"。到了魏晉時期，"三家詩"逐漸衰亡。這一時期的詩義探究主要糾纏於鄭（玄）、王（肅）之爭。王肅晚於鄭玄約 70 年，兼通今古文經，但意見與鄭玄相左。他撰《毛詩注》《毛詩義駁》《毛詩奏事》《毛詩問難》等以申己説，攻擊鄭玄兼采"三家詩"而未能與《毛傳》保持一致。由此，學術界分化出"申鄭難王"與"申王難鄭"兩大派別。"鄭學"最終勝出，但鄭王之爭持續數百年之久，是《詩經》學史上的重大事件。

三、唐代《毛詩正義》復興儒學

南北朝時期，學分南北。南學受玄學熏染，注重義理；北學承漢學傳統，注重章句訓詁。隋朝統一南北後，又把漢學推廣到南方，并一直延續至唐代。因此，唐代也是漢儒之學復興的時代。

唐代延續了漢代《詩》學傳統，推尊《毛傳》《鄭箋》。唐太宗先命顏師古訂正《五經》經文，後令孔穎達主持編撰《五經正義》，這就從官方立場明確了儒學的正統地位。孔穎達《毛詩正義》以《毛傳》《鄭箋》爲宗，并且吸收了南北朝義疏、隋代部分經學著作和成果，如提要列舉的劉焯《毛詩義疏》、劉炫《毛詩述義》等。四庫館臣評價《正義》"能融貫群言，包羅古義，終唐之世，人無異詞"。實際上，時人如長孫無忌、崔義玄、王玄感、元行沖等，皆對《五經正義》有所批評，《毛詩正義》恐也難免。但《五經正義》畢竟作爲官方頒布的"教材"而流行天下，即使遭到異議，也不成氣候。因此，提要的評價是基本正確的。這一部分提要有不少錯誤，詳見下文。

四、朱學興而毛鄭衰

宋代至明代，《詩經》學發生重大變革，主要是"宋學"興起，《毛傳》《鄭箋》走向衰微。尤其自朱熹《詩集傳》出現，影響及於元、明，取代了《毛傳》《鄭箋》的正統地位。提要列舉了宋代鄭樵掊擊毛鄭，元代科舉、明代著令典皆“專宗朱《傳》”等具有標志性的文化事件，來體現宋、元、明三代的宗朱學、弃毛鄭的風氣。而儒生盲目學朱，盡弃毛鄭之學，却不知朱熹反對的僅是《小序》，而“詩中訓詁用毛、鄭居多”。提要抨擊這種做法數典忘祖，也背離了朱熹當初立説的本意，甚有見地。晚清皮錫瑞《經學歷史》稱元、明兩代爲“經學積衰時代”，《詩經》學就是一個例證。

五、清代漢學復興

提要最後介紹清代政府復興漢學、復尊毛鄭的决心和舉措。入清以後，《詩經》學逐步從“宋學”的籠罩下走出來。乾隆初年，武英殿刊刻、頒布《十三經注疏》，皆用漢晉古注與唐人義疏，包括孔穎達的《五經正義》。實際上是要傳達一種導向：經學要擺脱“宋學”，回歸漢唐。清代經學也基本沿著這一軌道發展，形成了乾嘉樸學的興盛局面。皮錫瑞《經學歷史》稱清代爲“經學復興時代”，的確如此。提要還講到《毛詩正義》與《小序》同列“詩類”之首的原因，一方面是肯定了《毛詩正義》在《詩經》學史上的價值和地位，另一方面也表明包括四庫館臣在内的清代學者對於經學源流的重視。

不難看出，詳本提要實際上是一篇《詩經》研究史，涉及《詩經》學領域的諸多問題，内容比較豐富。簡本系統提要雖則觀點相同，而篇幅大大縮小，對《詩經》學史的介紹極爲粗略。主要内容是：肯定《毛傳》《鄭箋》的價值；略過三國魏晉，直陳唐代孔穎達集南北朝諸儒之長作《毛詩正義》。談至宋代，簡本没有提及鄭樵，而是講到了王安石、晁公武的論辯。這一點與繁本不同。今略作説明：

王安石曾主持編撰《詩經新義》，發表了一些不同於毛鄭之學的意見。如在對待《詩序》的態度上，王安石一向被認爲是“尊序派”。但根據《王文公文集》卷七《答韓求仁書》和《三經新義輯考彙評》可知，王安石認爲《詩序》作者不是孔子、子夏，時代應該更早，甚至就是詩人自作詩義，再由周代國史編纂而成。而他對待《毛傳》《鄭箋》《孔疏》的態度，也受了當時疑古風潮的影響，頗有與毛、鄭、孔不同之處。王安石在《詩經》學上銳意創新，獨樹一幟，下啓朱學之産生。而晁公武對此極爲不滿，他多次在著作中駁斥王安石的觀點。如《郡齋讀書志》稱：“其《序》，蕭統以爲卜子夏所作，韓愈常以三事疑其非，至介甫獨謂詩人所自製。按《東漢·儒林傳》曰：‘衛宏作《毛詩序》，善得《風》《雅》之旨。’《隋·經籍志》曰：‘先儒相承，謂《毛詩序》子夏所創，毛公及衛宏所潤益。’愈之言蓋本於此。《韓詩》序《茉莒》曰‘傷夫也’，《漢廣》曰‘悦人也’。《序》若詩人所自製，《毛詩》猶《韓詩》也，不應不同若是，況文意繁雜，其出二人之手甚明，不知介甫何以言之，殆臆論歟？”[1]論據充分，足以否定王説。晁公武對王安石附會經學來實現個人政治權謀的行爲進行尖鋭的批判，對其空疏不學、斷以己意的學術態度也甚爲不滿。

明代《詩經》學情況，簡本言“孔《疏》、朱《傳》猶并重焉”，與繁本“專宗朱《傳》，漢學遂亡”的説法略有出入。館臣最後對前代《詩經》學成果進行了簡單評價，主要以肯定毛、鄭、孔之學爲主。此外還陳述了該書校勘、補録情況，類似於工作總結和彙報。

《毛詩正義》提要中有幾處明顯的知識性錯誤，需要加以辨別。

---

[1] ［宋］晁公武撰、孫猛校證：《郡齋讀書志校證》卷一，上海古籍出版社 2011 年版，第 61 頁。

1. 浙本、殿本、文淵閣本、《簡明目録》本提要俱題“毛詩正義四十卷”，《薈要》本、文溯閣本、文津閣本題“毛詩注疏三十卷”。

今按：書名、卷數有差異，令人疑惑。崔富章《四庫提要補正》云：“考《舊唐書·經籍志》《新唐書·藝文志》皆著録‘毛詩正義四十卷’，孔穎達、王德韶、齊威等奉詔撰，趙乾葉、賈普曜、趙弘智等覆正。稽之孔穎達自序，書名、卷數、著者悉與《新唐書》合。然孔氏《正義》原本無從稽考。傳世以元刻明修之《十三經注疏》本爲最早，其第四種爲《附釋音毛詩注疏》二十卷。明代《十三經注疏》傳刻多次。檢浙江圖書館藏嘉靖間李元陽福建刻本，萬曆間北監本，崇禎間毛氏汲古閣本，皆爲《毛詩注疏》二十卷。至清乾隆間武英殿校刊本，始改爲《毛詩注疏》三十卷，庫書遂據以繕録。”[1]不難看出，孔穎達之書原爲《毛詩正義》四十卷；元代、明代刻本附有陸德明音釋，題爲《毛詩注疏》二十卷；清代武英殿刊布之《十三經注疏》中，《毛詩注疏》又拆分爲三十卷。既然各庫本皆據武英殿刻本繕寫，就應該題爲《毛詩注疏》三十卷（今日可見之《薈要》本、文淵閣本、文津閣本正文皆作三十卷）；而浙本、殿本、文淵閣本提要以新舊《唐書》爲據，題作“毛詩正義四十卷”，書名、卷數都與庫本不符，造成提要與正文脱節，委實不該。

2. 朱彝尊《經義考》乃以《毛詩》二十九卷，題毛亨撰，注曰“佚”；《毛詩訓故傳》三十卷，題毛萇撰，注曰“存”。

今考《經義考》卷一百：“毛氏（亨）《詩故訓傳》，《漢志》：三十卷，佚。”“毛氏（萇）《詩傳》，《漢志》：二十九卷，存。”此處提要引用書名、卷數并誤。

3.《博物志》曰：“毛公嘗爲北海郡守，康成是此郡人，故以爲敬。”推張華所言，蓋以爲“公府用記，郡將用箋”之意。

今考《博物志》卷六：“或云：毛公嘗爲北海郡守，玄是此郡人，

---

〔1〕崔富章：《四庫提要補正》，第 90 頁。

故以爲敬。"有"或云"二字，顯然是引用他人的觀點，非張華本人所言。提要"推張華所言"，不準確。

4.陳統作《難孫氏毛詩評》，又明鄭義。

"陳統"，殿本、文淵閣本、文津閣本俱作"鄭統"，誤。《經典釋文》卷一："晋豫州刺史孫毓爲《詩評》，評毛、鄭、王肅三家同異，朋於王。徐州從事陳統難孫申鄭。"《隋書·經籍志》著録《難孫氏毛詩評》四卷，晋徐州從事陳統撰。并作陳統[1]。

5.至唐貞觀十六年，命孔穎達等因《鄭箋》爲《正義》，乃論歸一定，無復岐塗。

據研究，孔穎達於貞觀十二年（638）奉旨編撰《五經正義》，十四年初稿完成，十六年又對全書進行了覆審，但未能最後完成。高宗永徽四年（653）始頒行天下，距其辭世已有五年[2]。故此處"十六年"當爲"十二年"之誤。

6.《毛傳》二十九卷，《隋志》附以《鄭箋》作二十卷，疑爲康成所并。

前文已引《漢書·藝文志》："《毛詩》二十九卷，《毛詩訓故傳》三十卷。"此處《毛傳》當爲《毛詩故訓傳》之簡稱，卷數有誤。

7.惟王讜《唐語林》記劉禹錫聽施士匄講《毛詩》，所説"維鵜在梁""陟彼岵兮""勿翦勿拜""維北有斗"四義，稱毛未注，然未嘗有所詆排也。

今考《唐語林》卷二載施士匄説《毛詩》，對注中"維鵜在梁""勿翦勿拜"兩處的解釋有所批評，針對的是《毛傳》《鄭箋》，而非《正

---

〔1〕魏小虎：《四庫全書總目彙訂》（一），第452頁。

〔2〕姜廣輝：《政治的統一與經學的統一——孔穎達與〈五經正義〉》，《經學今詮三編》，遼寧教育出版社2002年版，第432—450頁。

義》，提要舉例不當〔1〕。

8.乾隆四年，皇上特命校刊《十三經注疏》，頒布學宮。

“四年”，殿本、文淵閣本、文津閣本作“八年”，誤。今存乾隆四年（1739）武英殿刻《欽定十三經注疏》本〔2〕。

各提要的撰寫時間是：文淵閣本（乾隆三十九年二月）—《薈要》本（乾隆四十年五月）—文溯閣本（乾隆四十七年五月）—《簡明目錄》本（乾隆四十七年）—文津閣本（乾隆四十九年五月）—《總目》浙本、殿本（乾隆六十年）。

---

〔1〕陳尚君、張金耀：《四庫提要精讀》，復旦大學出版社2008年版，第42頁。

〔2〕魏小虎：《四庫全書總目彙訂》（一），第453頁。

詩集傳八卷[1]

　　《詩集傳》八卷（通行本）[2]，宋朱子撰[3]。《宋志》作二十卷[4]，今本八卷，蓋坊刻所并。朱子注《易》，凡兩易稿。其初著之《易傳》[5]，《宋志》著録，今已散佚，不知其說之同異。

---

〔1〕本校注以浙本《四庫全書總目》卷十五《詩集傳》提要（1051字）爲底本，以殿本（1044字）、文淵閣本（1057字）爲校本。

〔2〕“《詩集傳》八卷（通行本）”，文淵閣本作“臣等謹案：《詩集傳》八卷”。《詩集傳》是宋代《詩經》學的代表著作，南宋朱熹撰。此書力求探明詩篇本意，往往能突破《毛詩序》舊説，而申以己意，破除了從漢朝以來對《毛詩序》的迷信，爲正確理解《詩經》開闢了新路。

〔3〕朱子，即朱熹（1130—1200），字元晦，又字仲晦，號晦庵，徽州婺源（今屬江西）人。宋代理學家，官至寶文閣待制。有《晦庵先生朱文公集》《晦庵詞》《四書章句集注》《詩集傳》《楚辭集注》等。生平事迹見《宋史》卷四百二十九。

〔4〕《宋志》，即《宋史·藝文志》，史志目録，元脫脫等編撰。

〔5〕殿本無“著”字。

注《詩》，亦兩易稿。凡呂祖謙《讀詩記》所稱"朱氏曰"者[1]，皆其初稿，其說全宗《小序》。後乃改從鄭樵之說[2]，（案：朱子攻《序》用鄭樵說，見於《語録》[3]。朱升以爲用歐陽修之說[4]，殆誤也[5]。）是爲今本。卷首自序，作於淳熙四年，中無一語斥《小序》，蓋猶初稿。序末稱"時方輯《詩傳》"[6]，是其證也。其注《孟子》，以《柏舟》爲仁人不遇；作《白鹿洞賦》，以《子衿》爲刺學校之廢；《周頌·豐年》篇小序，《辨説》極言其誤[7]，而《集傳》乃仍用《小序》說，前後不符，亦舊稿之刪改未盡者也。楊慎《丹鉛録》謂[8]："文

---

[1] 呂祖謙，參見《周易注》提要注。《讀詩記》，即呂祖謙《呂氏家塾讀詩記》三十二卷，《詩經》研究著作。

[2] 鄭樵，參見《毛詩正義》提要注。

[3] 《語録》，全稱《朱子語録》一百四十卷，亦稱《朱熹語類》，南宋黎靖德編，爲南宋哲學家朱熹與其弟子答問之語的彙編，分爲理氣、鬼神、性理、大學等 26 類。

[4] 殿本無"用"字。朱升（1302 ？—1370），字允生，休寧（今屬安徽）人。元末授池州路學政，入明召爲侍講學士，後進翰林學士。著有《周易旁注圖説》《尚書旁注》《詩經旁注》等。歐陽修（1007—1072），字永叔，號醉翁、六一居士，廬陵（今江西吉安）人。宋仁宗天聖年間進士，官樞密副使、參知政事。他是北宋文壇領袖，唐宋八大家之一，亦精於經學、史學。著有《歐陽文忠集》、《新唐書》（合修）、《新五代史》等。事迹見《宋史》卷三百十九本傳、宋韓琦《安陽集》卷五十《歐陽修墓志銘》等。其詩學觀點見於《詩本義》《六一詩話》。

[5] 文淵閣本無"殆"字。

[6] 文淵閣本無"稱"字。今按：當有"稱"字。

[7] "辨説"，文淵閣本作"辯説"。《辨説》，即《詩序辨説》，凡一卷，宋朱熹撰。旨在糾正《詩序》錯誤，打破時人對《詩序》的盲從。

[8] 楊慎（1488—1559），字用修，號升庵，四川新都人，明正德六年（1511）試進士第一，授翰林修撰，嘉靖時充經筵講官。撰有《丹鉛雜録》《丹鉛餘録》《丹鉛續録》等，內容廣博。

公因吕成公太尊《小序》，遂盡變其説〔1〕。"雖意度之詞〔2〕，或亦不無所因歟？自是以後，説《詩》者遂分攻序、宗序兩家，角立相争，而終不能以偏廢。《欽定詩經彙纂》雖以《集傳》居先〔3〕，而序説則亦皆附録，允爲持千古之平矣〔4〕。

舊本附《詩序辨説》於後〔5〕，近時刊本皆删去。鄭玄稱"毛公以序分冠諸篇"，則毛公以前，序本自爲一卷，《隋志》《唐志》亦與《毛詩》各見。今已與《辨説》别著於録，兹不重載。

其間經文譌異，馮復京所校正者〔6〕，如《鄘風》"終然允

---

〔1〕 文公，即朱熹，謚曰文。吕成公，即吕祖謙。今按：楊慎《升庵集》卷四十二："去《序》言《詩》，自朱文公始。而文公因吕成公太尊《小序》，遂盡變其説。蓋矯枉過正，非平心折中之論也。"又，《丹鉛總録》卷十八："朱子作《詩傳》，盡去小序，蓋矯吕東萊之弊，一時氣信之偏，非公心也。馬端臨及姚牧庵諸家辨之悉矣。"

〔2〕 "意"，文淵閣本、殿本作"臆"，義同。

〔3〕 《欽定詩經彙纂》，全稱《欽定詩經傳説彙纂》二十卷，清王鴻緒等編纂。該書綜貫各家，於衆説之異同，既别白瑕瑜，獨操衡鑒，又能深溯詩人之本旨。

〔4〕 殿本無"允"字。

〔5〕 "辨"，文淵閣本作"辯"。

〔6〕 "馮復京"，底本譌作"馮嗣京"，據改。馮復京，字嗣宗，明萬曆間常熟人，著有《六家詩名物疏》《明右史略》《先賢事略》等，見《明史·藝文志》。馮氏之説見《六家詩名物疏》卷二十二"辰"字條下："按'不能辰夜'之'辰'，今朱《傳》誤作'晨'。……他如'終然允臧'之'然'作'焉'；'羊牛下括'作'牛羊'；'求爾新特'之'爾'作'我'；'胡然厲矣'之'然'作'爲'；'家伯維宰'之'維'作'冢'；《小旻》《抑》二'如彼泉流'作'流泉'；'朔月辛卯'之'月'作'日'；'爰其適歸'之'爰'作'奚'；'天降滔德'之'滔'作'慆'；'降予卿士'之'予'作'于'，俱是顛倒錯誤。今人不讀注疏，譌以傳譌，俱不能辨。"（參看文淵閣《四庫全書》本《六家詩名物疏》）

臧”〔1〕，“然”誤“焉”；《王風》“牛羊下括”，“括”誤“栝”〔2〕；《齊風》
“不能辰夜”，“辰”誤“晨”；《小雅》“求爾新特”，“爾”誤“我”；
“胡然厲矣”，“然”誤“爲”；“朔月辛卯”，“月”誤“日”〔3〕；
“家伯維宰”，“維”誤“冢”〔4〕；“如彼泉流”，“泉流”誤“流泉”；
“爰其適歸”，“爰”誤“奚”；《大雅》“天降滔德”〔5〕，“滔”
誤“慆”；“如彼泉流”，亦誤“流泉”；《商頌》“降予卿士”，“予”
誤“于”。凡十二條。陳啓源所校正者〔6〕，《召南》“無使尨也吠”，
“尨”誤“厖”；“何彼襛矣”，“襛”誤“穠”；《衛風》“遠兄
弟父母”，誤“遠父母兄弟”；《小雅》“言歸斯復”，“斯”誤“思”；
“昊天大憮”，“大”誤“泰”；《楚茨》“以享以祀”，“享”誤“饗”；
“福禄脄之”，“脄”誤“媲”〔7〕；“畏不能趨”，“趨”誤“趍”；
“不皇朝矣”，“皇”誤“遑”（下二章同）；《大雅》“淠彼涇舟”，
“淠”誤“淲”；“以篤于周祜”，脱“于”字；《周頌》“既右饗之”，

---

〔1〕“然”，文淵閣本作“焉”。今按：文淵閣本誤，參見《六家詩名物疏》
　　原文。

〔2〕《六家詩名物疏》原文作“‘羊牛下括’作‘牛羊’”，《毛詩稽古編》
　　引馮復京説作“《王》‘羊牛下括’誤作‘牛羊下括’”。

〔3〕文淵閣本、殿本“朔月辛卯，月誤日”在“胡然厲矣”之上。

〔4〕“家伯維宰，維誤冢”，文淵閣本作“家伯冢宰，家誤冢”，殿本作“家
　　伯冢宰，家誤冢”。今按：殿本、文淵閣本皆誤，《六家詩名物疏》原文作“家
　　伯維宰，維誤冢”。

〔5〕“天降”，文淵閣本作“昊天”。今按：文淵閣本誤，《詩經》經文作“天
　　降滔德”。（參看清阮元校刻《十三經注疏》本《毛詩正義·蕩》）

〔6〕陳啓源（？—1683或1689），字長發，蘇州吳江（今屬江蘇）人。精
　　研經學，於《詩》用力尤多。著有《毛詩稽古編》三十卷，駁斥朱熹《詩集傳》，
　　尊崇小序和毛傳、鄭箋，注重名物考證。又有《尚書辨略》《讀書偶筆》《存
　　耕堂稿》等。《清史稿》有傳。

〔7〕“媲”，殿本作“脄”，文淵閣本脱此字。今按：浙本、殿本、文淵
　　閣本均誤，《毛詩稽古編》卷二十九作：“‘福禄脄之’，‘脄’誤作‘媲’，
　　監本注疏亦誤。”

“饗”誤“享”；《魯頌》“其旂茷茷”，誤“茷茷”〔1〕；《商頌》“來格祁祁”，誤“祈祈”〔2〕。凡十四條。又傳文訛異〔3〕，陳啓源所校正者，《召南·騶虞》篇“豝，牝豕也”，“牝”誤“牡”；《終南》篇“黻之狀亞，象兩弓相背”，“亞”誤“亞”〔4〕，“弓”誤“巳”；《南有嘉魚》篇“鯉質鱒鱗”，“鱗”誤“鯽”，又衍“肌”字；《甫田》篇“或耘或耔”，引《漢書》“苗生葉以上”，脫“生”字；“隤其土”誤“壇其上”〔5〕；《頍弁》篇“賦而比也”，誤增“興又”二字；（案：此輔廣《詩童子問》所增〔6〕。）《小宛》篇“俗呼青雀”，“雀”誤“觜”；《文王有聲》篇“減成溝也”，“成”訛“城”；《召旻》篇“池之竭矣”章，“比也”誤作“賦”；《閔予小子》篇引《大招》“三公穆穆”，誤“三公揖讓”；《賚》篇“此頌文王之功”，“王”誤“武”；《駉》篇“此言魯侯牧馬之盛”，“魯侯”誤“僖公”。凡十一條。史榮所校正者〔7〕，《衛風·伯兮》

---

〔1〕“誤‘茷茷’”，殿本奪一“茷”字。

〔2〕“誤‘祈祈’”，殿本奪一“祈”字。

〔3〕文淵閣本無“又”字。

〔4〕文淵閣本作“黻之狀亞，亞誤亞”，殿本作“黻之狀亞，亞誤亞”。《毛詩稽古編》卷二十九原文作“‘黻衣繡裳’注：黻之亞，兩巳相背。亞當作亞，巳當作弓。”

〔5〕“隤其土誤壇其上”，殿本作“隤其上誤壇其上”，文淵閣本作“隤其上誤壇其土”。據《毛詩稽古編》卷二十九原文，當依文淵閣本，浙本、殿本皆誤。

〔6〕《詩童子問》十卷，宋輔廣著。輔廣曾從朱熹問學，此書爲羽翼《詩集傳》而作。述平日所聞於朱熹者，故名《詩童子問》。卷首載《大序》《小序》，采錄《尚書》《周禮》《論語》説《詩》之語，各爲注釋。又詳錄諸家之説，以論讀《詩》之法。

〔7〕史榮，一名闕文，字漢桓，清浙江鄞縣人。諸生。工詩，善書法，而雅精小學。喜讀注疏，又熟精“十七史”及《文選》。著有《風雅遺音》《李長吉詩注》等。

篇傳曰“女爲悦己者容”〔1〕，“己”下脱“者”字；《王風・采葛》篇“蕭，萩也”〔2〕，“萩”誤“荻”；《唐風・葛生》篇“域，營域也”，“營”誤“塋”；《秦風・蒹葭》篇“小渚曰沚”，“小”誤“水”；《小雅・四牡》篇“今鵓鳩也”，“鵓”誤“鵻”；《蓼蕭》篇“在衡曰鸞”，“衡”誤“鑣”〔3〕；《采芑》篇“即今苦蕒菜”，“蕒”誤“蕒”〔4〕；《正月》篇“申包胥曰人定則勝天”，“定”誤“衆”；《小弁》篇“江東呼爲鵯鳥”，“鵯”誤“鴨”；《巧言》篇“君子不能堲讒”，“堲”誤“塈”。凡十條。蓋“五經”之中，惟《詩》易讀，習者十恒七八。故書坊刊版亦最夥〔5〕，其輾轉傳訛，亦爲最甚。今悉釐正〔6〕，俾不失真。至其音叶，朱子初用吴棫《詩

〔1〕“衛風”，殿本、文淵閣本作“王風”。今按：史榮《風雅遺音》卷下“《集傳》相沿之訛”依次爲《衛風・河廣篇》《衛風・伯兮篇》《王風・采葛篇》《魏風・山有樞篇》《唐風・葛生篇》等12條，而紀昀審訂本《風雅遺音》卷下“《集傳》誤字”條依次爲《王風・伯兮篇》《王風・采葛篇》《唐風・葛生篇》等十條。可知史氏原不誤，而紀氏誤改（參看魏小虎《四庫全書總目彙訂》（一），第466—467頁）。故浙本是。

〔2〕殿本、文淵閣本無“王風”。今按：《采葛》屬於《詩經・王風》，浙本是。

〔3〕“衡”，殿本、文淵閣本作“銜”，誤。《風雅遺音》卷下“《集傳》相沿之訛”曰：“《蓼蕭篇》‘和鸞雝雝’，《集傳》：‘和、鸞，皆鈴也。在軾曰和，在鑣曰鸞，皆諸侯車馬之飾也。案《秦風・駟驖篇》‘輶車鸞鑣’，《集傳》云：‘驅逆之車，置鸞於馬銜之兩旁。乘車，則鸞在衡，和在軾也。’今此詩正指乘車，則鸞當在衡，恐‘鑣’字是“衡’字之誤。”（參看魏小虎《四庫全書總目彙訂》（一），第467頁）

〔4〕“蕒”，殿本作“賣”，誤。

〔5〕“版”，文淵閣本、殿本作“板”，意同。

〔6〕文淵閣本“今悉釐正”後有“之”字。

補音》[1],（案：棫《詩補音》與所作《韻補》爲兩書[2],《書録解題》所載甚明[3]。《經義考》合爲一書[4],誤也。）其孫鑒又意爲增損[5],頗多牴牾。史榮作《風雅遺音》,已詳辨之[6],兹不具論焉[7]。

【比對一】
《薈要》本《詩經集傳》書前提要[8]

臣等謹案:《詩經集傳》八卷,宋朱子撰。《宋志》作二十卷,《文獻通考》於《集傳》外[9],尚有《詩序辨説》一卷,統爲二十一卷。今本既不載《序辨説》,而卷數復不符。朱子嘗自謂少年淺陋之説,

---

〔1〕《詩補音》,全稱《毛詩叶韻補音》,宋吳棫撰。已佚。據宋陳振孫《直齋書録解題》及吳棫自序,可知此書彙集前人《毛詩》叶韻之材料以明《詩》韻,"補"即補陸德明《毛詩音義》叶音未備者;又引漢唐人音切爲證。吳氏另有《韻補》,今存。

〔2〕《韻補》五卷,宋吳棫著。此書根據音訓與古韻文以説明古時韻部的相通。宋明以來的古音學,以此書爲創始。

〔3〕《書録解題》,即陳振孫《直齋書録解題》。參見《周易注》提要注。

〔4〕《經義考》三百卷,清朱彝尊撰,是一部介紹古今經學文獻的目録學著作。

〔5〕鑒,即朱鑒,字子明,江西婺源人,朱熹之孫。以蔭補迪功郎,官至湖廣總領。著有《朱文公易説》《詩傳遺説》等。

〔6〕"辨",文淵閣本作"辯"。

〔7〕該句之下,文淵閣本有"乾隆四十二年十月恭校上"。

〔8〕以《薈要》本《詩經集傳》提要（222字）爲底本,以文淵閣本（223字）、文津閣本（223字）爲校本。

〔9〕《文獻通考》三百四十八卷,元馬端臨撰。古代政書,"三通"之一,記載上古至宋寧宗時典章制度的沿革,十分詳贍。"引古經史謂之文,參以唐宋以來諸臣之奏疏、諸儒之議論謂之獻",故名曰《文獻通考》(《自序》)。

久而有所更定。陳振孫云："江西所刻晚年本，得於南康胡泳伯量〔1〕，較之建安本，更定幾什一。"此卷帙所由不同歟？第未知此所傳者竟何本也。朱子説《詩》，盡去二《序》〔2〕，而集中有"廣青衿之疑問"句，却用《序》説，後人惑之。要其涵濡諷詠，務得性情之正，此固律世之大防已〔3〕。其叶韻，則其孫承議郎鑑取吳棫所著《毛詩補音》之説入之。後儒不察，以爲亦朱子所采，又以爲取諸《韻補》，皆非也。乾隆四十年十月恭校上〔4〕。

【比對二】

《簡明目録》本《詩集傳》提要〔5〕

《詩集傳》八卷，宋朱熹撰。其初稿亦用小序，後與吕祖謙相争，遂改從鄭樵廢《小序》，故有《辨説》攻《小序》，而《集傳》未及追改，如《豐年》篇之類者。樵書爲周孚所駁〔6〕，旋即散佚。惟此書自元延祐定科舉法，用以取士，遂承用至今。

---

〔1〕胡泳，字伯量，南宋南康軍建昌（今江西南城）人。朱熹晚年弟子，不樂仕進，世稱洞源先生，著有《四書衍説》。

〔2〕"盡"，文津閣本作"書"，形近而訛。

〔3〕"已"，文津閣本作"也"。

〔4〕"乾隆四十年十月"，文溯閣本作"乾隆四十七年四月"，文津閣本作"乾隆四十九年七月"。

〔5〕本提要録自《四庫全書簡明目録》卷五，凡83字。

〔6〕周孚（1135—1177），字信道，先世濟北（今屬山東），先世徙居丹徒（今屬江蘇）。宋乾道二年（1166）進士。官真州教授。著有《蠹齋鉛刀編》三十二卷。又著書駁鄭樵《詩辨妄》，成《非詩辨妄》二卷。

【評析】

宋朱熹《詩集傳》八卷，也稱《詩經集傳》，位居《四庫全書·經部》詩類第十二。四庫館臣爲《詩集傳》所撰寫的提要，主要有 7 個不同的版本，可以劃分爲 3 個系統：詳本提要系列 3 種（浙本、殿本、文淵閣本）、簡本提要系列 3 種（《薈要》本、文溯閣本、文津閣本）、《簡明目録》1 種。其中詳本提要系列最爲詳盡，主要有以下幾個方面内容：

一、朱子《詩》學思想轉變以及
《詩集傳》版本問題

《詩集傳》經歷了從初稿本，到二十卷本再到八卷本的版本流傳過程。提要細緻梳理了《詩集傳》的版本流變，并説明了引起《詩集傳》版本流變的原因，尤其是朱子《詩》學思想轉變問題。

（一）朱子《詩》學思想轉變——從初稿本到二十卷本

館臣指出，朱子注《詩》曾兩易其稿，主要源於朱子從“尊序”到“廢序”的《詩》學思想轉變。但在論及朱子思想轉變之緣由時，館臣的解釋并不公允：其一，館臣稱：“朱子攻《序》用鄭樵説，見於《語録》。朱升以爲用歐陽修之説，殆誤也。”朱子攻《序》固然受鄭樵《詩辨妄》的影響，却同樣也受歐陽修影響，洪湛侯先生將歐陽修《詩本義》與朱熹《詩集傳》互核，發現朱子在解説《考槃》《氓》《竹竿》等 20 多篇詩時，大量采納了歐陽修《詩本義》中“本義説解”部分的相關内容[1]。其二，館臣采用楊慎《丹鉛録》“文公因吕成公（吕祖謙）太尊《小序》，遂盡變其説”的説法。對此

---

[1] 洪湛侯：《詩經學史》，中華書局 2002 年版，第 364 頁。

説之誤，余嘉錫先生引成蓉鏡《駉思堂答問》以説明"《集傳》之廢《序》，亦文公自廢之耳，其不因成公之尊《序》而盡變其説"。余嘉錫先生以爲，館臣并非不知朱子所以廢《詩序》之故，信《丹鉛録》之臆説者，"因紀文達諸人不喜宋儒，讀楊慎之書，見其與己之意見相合，深喜其道之不孤，故遂助之張目，而不暇平情以核其是非也"〔1〕。

館臣又指出了朱子從"尊序"到"廢序"過程中所産生的一些自相矛盾的現象："注《孟子》，以《柏舟》爲仁人不遇；作《白鹿洞賦》，以《子衿》爲刺學校之廢；《周頌·豐年》篇小序，《辨説》極言其誤，而《集傳》乃仍用《小序》説，前後不符，亦舊稿之删改未盡者也。"簡本提要已經表達了對朱子説《詩》自相矛盾之處的疑惑，詳本提要考察朱子思想之轉變，以"舊稿之删改未盡者"來解釋這些矛盾之處，筆者以爲是比較客觀公允的。

"注《孟子》，以《柏舟》爲仁人不遇。"據束景南先生考證，《孟子集注》的寫作主要在淳熙三年（1176）〔2〕，而朱子於淳熙十三年修訂的《詩集傳》纔最終確立了自己以全面批判《毛序》説爲基礎的《詩經》學體系〔3〕。筆者以爲，《孟子集注》的寫作時間遠早於《詩集傳》體系的最終確立，《孟子集注》中所牽涉的朱子《詩》論與《詩集傳》不一致是可以理解的。

"《周頌·豐年》篇小序，《辨説》極言其誤，而《集傳》乃仍用《小序》説，前後不符。"楊晉龍先生指出："《詩序辨説》一文，根據朱子'某因作《詩傳》，遂成《詩序辨説》一册，及《詩序辨説》中'説已見本篇'（《衛風·木瓜》《王風·葛藟》等）的説法，

〔1〕余嘉錫：《四庫提要辨證》，第36—37頁。

〔2〕束景南：《朱子大傳》，福建教育出版社1992年版，第378頁。

〔3〕同上，第753頁。

可見該文本完成於定本《詩集傳》之後。"〔1〕換言之，定本《詩集傳》完成於《詩序辨説》之前。另，束景南先生指出"要到《詩序辨説》纔標志著《毛序》及其解《詩》體系真正被他揚弃了"〔2〕。因而，《詩集傳》殘存一些與《詩序辨説》矛盾的觀點也就不足爲奇了。

（二）從二十卷本到八卷本

《提要》指出：《詩集傳》原本二十卷，後來爲"坊刻所并"，遂成八卷本。朱傑人先生將二十卷本與八卷本進行對比研究，研究結果正輔證此説。朱先生指出："現在我們可以肯定，《詩集傳》八卷本非但不是朱子的最後定本，而且不是朱子的原帙。這是一個經過明代人改篡的本子，已經失去了《詩集傳》的原貌。"〔3〕

二、《詩集傳》的影響

關於《詩集傳》的影響，館臣僅以"自是以後，説《詩》者遂分攻序、宗序兩家，角立相争，而終不能以偏廢"，了了數語加以説明。《詩集傳》曾經成爲元明清三代官方定本，士子參加科舉考試，都要以它的解説作爲標準。它在中國學術史、文化史上的地位是極爲崇高的。館臣對於《詩集傳》的這些重大影響絶口不提，僅僅强調《詩集傳》導致"攻序""宗序"兩派的角立鬥争，其對《詩集傳》的批評態度顯而可見。另外，館臣還强調了《詩集傳》以後，《欽定詩經彙纂》將《毛詩序》附録於後，是"允爲持千古之平"。《欽

---

〔1〕楊晉龍：《朱熹〈詩序辨説〉述義》，《中國文哲研究集刊》第 12 期，1998 年 3 月。

〔2〕束景南：《朱子大傳》，第 753 頁。

〔3〕朱傑人：《論八卷本〈詩集傳〉非朱子原帙兼論〈詩集傳〉之版本——與左松超先生商榷》，《經學研究論叢》第五輯，臺北學生書局 1998 年版。

定詩經彙纂》在序言中提出"《集傳》一書，參考衆説，探求古始，獨得精意"，此書編纂皆以朱子之説爲宗，集朱學之大成，館臣却惟獨强調此書附録《毛詩序》，取捨之間，可窺乾隆時期"崇漢反宋"的學術思想演變迹象。

三、諸家對《詩集傳》經傳的校勘

館臣不嫌其煩，將各家對於《詩集傳》八卷本的校勘成果加以舉例，包括經文校勘與傳文校勘兩大方面。

（一）前人對《詩集傳》經文的校勘

明馮復京《六家詩名物疏》認爲："朱子釋《詩》時，齊、魯、韓三詩俱亡，雖有附見他籍者，皆不依用。則所從惟《毛傳》耳。而字畫多訛，或傳寫之謬也。"指出這些訛誤並非朱子改動造成，而是緣於"傳寫之謬"。清陳啓源《毛詩稽古編》對這種看法提出了質疑："余謂傳寫之誤固有之，至如不能晨夜、家伯家宰、昊天泰憮、奚其適歸、天降慆德、降于卿士，此六詩[1]確是朱子自改，觀注語可見也。"據當代學者陳才的考證，陳啓源的觀點大致是允當的。陳才先生以多種《詩集傳》善本對照這 26 條校勘條目，其中有 22 條原本不誤，皆爲"傳寫之誤"，並且馮復京、陳啓源校勘無誤。另馮復京所校《大雅》"天降慆德"，"慆"誤"慆"；《商頌》"降予卿士"，"予"誤"于"；陳啓源所校《小雅》"言歸斯復"，"斯"誤"思"；"昊天大憮"，"大"誤"泰"；《楚茨》"以享以祀"，"享"誤"饗"；"不皇朝矣"，"皇"誤"遑"；《周頌》

---

[1] 這六首詩分別是：《齊風·東方未明》《小雅·十月之交》《小雅·巧言》《小雅·四月》《大雅·蕩》《商頌·長發》。

"既右饗之"，"饗"誤"享"，共此7條當爲朱子之誤。[1]

（二）前人對《詩集傳》傳文的校勘

陳啓源、史榮分別對《詩集傳》傳文進行了詳盡的校勘。所舉訛誤，部分是因爲傳寫導致，部分是由於朱子的失誤，還有部分"訛誤"目前尚且無法判斷。如陳啓源《毛詩稽古編》校勘《詩經·小雅·小宛》篇"俗呼青雀"，以爲朱傳"雀"誤"觜"。今按，《爾雅·釋鳥》郭璞注曰："俗謂之青雀，觜曲，食肉，好盜脂膏，因名云。"[2]可見的確是朱傳誤奪"雀"字而作"青觜"，當然也有可能是傳寫之訛。史榮《風雅遺音》校勘《詩經·王風·采葛》篇"蕭，荻也"，認爲朱傳"荻"誤"荻"。其實《詩集傳》宋本皆不誤，蓋史氏所據俗本《詩集傳》有誤。歸納一下，陳啓源校勘《詩集傳》傳文13條（其中異文10條，衍文2條，奪文1條），史榮校勘傳文10條（其中異文9條，奪文1條），大都是傳寫訛誤，祇有少量爲朱子失誤。從中不難看出明代刊刻的八卷本《詩集傳》訛誤之多，錯亂之甚。

四庫館臣爲何要不厭其煩地羅列前人對於《詩集傳》的校勘成果呢？陳才先生考察《四庫全書總目·經部·詩類》中的其他各書提要，發現館臣在不少提要中對《詩集傳》都作出了有違事實的負面評價。館臣對《毛傳》《鄭箋》等《詩經》學著作中的錯誤并未過多涉及，偏偏揪住《詩集傳》的錯誤不放（其中有很多係流傳過程中的錯誤，并不出自朱熹），可見其心態并不公允客觀。

---

[1] 陳才：《〈四庫總目〉對〈詩集傳〉的誤評述論》，《詩經研究叢刊》2015年第2期（第27輯）。

[2] ［晉］郭璞注、［宋］邢昺疏、王世偉整理：《爾雅注疏》，上海古籍出版社2010年版，第541頁。

四、《詩集傳》所用“叶韻”及其訂正

關於《詩集傳》所用“叶韻”問題，簡本提要認爲《詩集傳》之“叶韻”由朱子之孫朱鑒采取吴棫《毛詩補音》之説，詳本提要却説係朱子本人所采，朱鑒又有增損。另外，詳本提要還提到了史榮《風雅遺音》對《詩集傳》所注“叶韻”的辯駁。朱傑人先生考證後發現，“史、紀二位所指摘的《詩集傳》音切之誤，竟然絶大多數（76%）是八卷本妄改二十卷本所致，而史、紀所作的正確音切，又往往恰恰與二十卷本吻合。”〔1〕可知《詩集傳》“叶韻”的訛誤，大多來自八卷本，而非朱子引用時就已經造成的訛誤。至於八卷本《詩集傳》爲何要修改二十卷本，朱傑人先生以爲“由宋而明，語音已發生很大的變化。爲了迎合當時人的讀音和習慣，便有了對《詩集傳》音讀及押韻加以改造的必要”〔2〕。

簡本提要（《薈要》本、文溯閣本、文津閣本）內容簡略，與繁本差異較大。主要介紹：1.《詩集傳》版本問題。館臣提到了《詩集傳》的八卷本、二十卷本、二十一卷本以及陳振孫所説的江西刻本和建安本，并未詳細説明各種版本之間的關係。朱傑人《論八卷本〈詩集傳〉非朱子原帙兼論〈詩集傳〉之版本——與左松超先生商榷》、牟玉亭《〈詩集傳〉的三種版本》〔3〕二文對《詩集傳》的版本演變有詳細梳理，可以參看。2.朱子説《詩》自相矛盾之處。四庫館臣指出朱子説《詩》盡去《毛詩序》，但朱子在文章中却仍有“遵序”的痕迹，比如“廣青衿之疑問”。館臣的觀點錯

---

〔1〕朱傑人：《論八卷本〈詩集傳〉非朱子原帙兼論〈詩集傳〉之版本——與左松超先生商榷》。

〔2〕同上。

〔3〕牟玉亭：《〈詩集傳〉的三種版本》，《詩經研究叢刊》2002 年第 1 期。

誤有二：其一，朱子説《詩》并非盡去《毛詩序》，據莫礪鋒先生考證，朱熹同意《小序》説的詩共占《詩經》總數的27%，對《小序》説有異議的詩共占《詩經》總數的70%。〔1〕這説明朱熹對《小序》的態度是有取有捨，既不曲從，也不盡廢。其二，《白鹿洞賦》有"廣青衿之疑問"，仍從小序之説。對於這個例子，陳才先生以爲"青衿"爲化用典故，文學創作與解經不同，故其用典時仍用《小序》之義而解經時有他説是并不矛盾的。3.《詩集傳》所用"叶韻"。館臣以爲書中"叶韻"，是朱子之孫朱鑒采取吳棫《毛詩補音》之説，而并非朱子所采。此説誤。朱子曾自稱自己的叶韻是"多用吳才老本，或自以意補入"，"又續添減之"（《朱子語類》卷八十）。而在詳本系統中，館臣對這一觀點進行了修正。

《詩集傳》各提要的撰寫時間是:《薈要》本（乾隆四十年十月）─文淵閣本（乾隆四十二年十月）─文溯閣本（乾隆四十七年四月）─《簡明目録》本（乾隆四十七年）─文津閣本（乾隆四十九年七月）─《總目》浙本、殿本（乾隆六十年）。

不難看出，《薈要》本完成時間最早，但比較簡略，且有訛誤，文溯閣、文津閣本從之。文淵閣本提要進行了大規模增補，浙本、殿本從之。兩相比較，詳本增改之處有: 1.版本問題上，詳本提要更爲細緻地梳理了《詩集傳》版本流變，并説明了引起《詩集傳》版本流變的原因，尤其是朱子《詩》學思想由"宗序"到"廢序"的轉變問題。2.在《詩集傳》所用"叶韻"的問題上，糾正了簡本的錯誤，已見上述。3.增補了對《詩集傳》文本的校勘。館臣耗費大量筆墨羅列了馮復京、陳啓源、史榮等學者對《詩集傳》經文和傳文的校勘，努力證明《詩集傳》是有問題的。4.論及《詩集傳》的影響，但僅限於"攻序"與"宗序"的争論。《簡明目録》祇有

〔1〕莫礪鋒：《朱熹〈詩集傳〉與〈毛詩〉初步比較》，《中國古典文學論叢》第二輯，人民文學出版社1985年版。

83 字，簡單説明了朱子從“宗序”到“廢序”的思想轉變過程，另外言及《詩集傳》的影響。與詳本提要不同，《簡明目録》極力强調《詩集傳》繼承鄭樵之説，以及後世遵用的情况：“自元延祐定科舉法，用以取士，遂承用至今”，涉及到《詩集傳》對元明清三代的深遠影響。這與繁本提要時時透露的“崇漢反宋”的傾向并不一致，也算是對《詩集傳》的一種有限度的回護。

周禮注疏四十二卷[1]

　　《周禮注疏》四十二卷（內府藏本）[2]，漢鄭玄注，唐賈公彥疏[3]。玄有《易注》，已著録。公彥，洺州永年人[4]，永徽中官至太學博士。事迹具《舊唐書·儒學傳》。

---

[1] 本校注以浙本《四庫全書總目》卷十九《周禮注疏》提要（1111字）爲底本，以殿本（1110字）、文淵閣本（1083字）爲校本。《周禮》，儒家"十三經"之一，記載周代典章制度的文獻。全書六篇，按六官（天官、地官、春官、夏官、秋官、冬官）分述，介紹周代多種職官的官名、爵等、員數、職掌等。

[2] "《周禮注疏》四十二卷（內府藏本）"，文淵閣本作："臣等謹按：《周禮注疏》四十二卷。"《周禮注疏》，又名《周禮正義》，漢鄭玄注，唐賈公彥疏。賈《疏》原作五十卷（《舊唐書》本傳），南宋人將其與經、注、音釋合刊，并爲四十二卷。

[3] 鄭玄，參見《毛詩正義》提要注。賈公彥，唐洺州永年（今河北邯鄲）人，經學家。唐高宗永徽中官至太學博士。精通三禮學，撰有《周禮義疏》《儀禮義疏》《孝經義疏》等。《舊唐書·儒學傳》有傳。

[4] 洺州，殿本作"洛州"，誤。

　　《周禮》一書，上自河間獻王[1]，於諸經之中，其出最晚，其真僞亦紛如聚訟，不可縷舉[2]。惟《橫渠語録》曰[3]："《周禮》是的當之書，然其間必有末世增入者。"鄭樵《通志》引孫處之言曰[4]："周公居攝六年之後，書成歸豐[5]，而實未嘗行。蓋周公之爲《周禮》，亦猶唐之《顯慶》《開元禮》[6]，預爲之以待他日之用，其實未嘗行也。惟其未經行，故僅述大略，俟其臨事而損益之。故建都之制，不與《召誥》《洛誥》合[7]；封國之制，不與《武成》《孟子》合[8]；設官之制，不與《周官》合[9]；九畿之制[10]，不與《禹貢》

---

[1] 河間獻王，即劉德，參見《毛詩正義》提要注。

[2] 朱彝尊《經義考》卷一百二十徵引宋代李覯、蘇轍、程伯子、孫之宏、王炎、朱子、陳汲、陳振孫、魏了翁、黄震、馬端臨等十餘家辨僞觀點，可以參看。

[3] 《橫渠語録》三卷，北宋理學家張載言論的彙集，已佚。張載（1020—1077），字子厚，世稱橫渠先生。《遂初堂書目·經部》《諸儒鳴道》著録，《朱子語類》、黄震《黄氏日鈔》、真德秀《讀書記》等皆有提及或徵引。

[4] 鄭樵，參見《毛詩正義》提要注。

[5] 豐，周文王曾在豐地（今陝西西安）建都。武王滅商後，遷都鎬京（今陝西西安），在豐地東北。

[6] 《顯慶》《開元禮》，唐代官修禮書。《顯慶禮》是唐高宗命長孫無忌在《貞觀禮》基礎上修訂的，因成書於顯慶年間，故稱。唐玄宗開元年間，又令徐堅等在《顯慶禮》基礎上重新撰寫，稱爲《開元禮》。

[7] 《召誥》《洛誥》，都是《尚書》篇名。《召誥》主要記録營建東都洛邑後，召公勸勉周成王勤修德政之語。《洛誥》記述洛邑建成後，周成王與周公商談治國方略，并延請周公留在洛邑治理東方之事。

[8] 《武城》，《尚書》篇名，記載武王伐紂的經過。《孟子》，參見《孟子正義》提要注。

[9] 《周官》，《尚書》篇名。成王既黜殷命，滅淮夷，還歸在豐，作《周官》。

[10] 九畿，古代自王城以外，每五百里爲一畿，分別爲侯、甸、男、采、衛、蠻、夷、鎮、藩九畿。

合”云云〔1〕。（案：此條所云，惟《召誥》《洛誥》《孟子》顯相舛異〔2〕，至《禹貢》乃唐虞之制，《武成》《周官》乃梅賾《古文尚書》〔3〕，《王制》乃漢文帝博士所追述〔4〕，皆不足以爲難。其説蓋離合参半。）其説差爲近之，然亦未盡也。

　　夫《周禮》作於周初，而周事之可考者，不過春秋以後。其東遷以前三百餘年，官制之沿革，政典之損益，除舊布新，不知凡幾。其初去成、康未遠〔5〕，不過因其舊章，稍爲改易，而改易之人，不皆周公也。於是以後世之法竄入之，其書遂雜。其後去之愈遠，時移勢變，不可行者漸多，其書遂廢。此亦如後世律令條格，率數十年而一脩〔6〕，脩則必有所附益。特世近者可考，年遠者無徵，其增删之迹，遂靡所稽，統以爲周公之舊耳。迨乎法制既更，簡編猶在，好古者留爲文獻，故其書閱久而仍存。此又如《開元六典》《政和五禮》，在當代已不行用，而今日尚有傳本，不足異也。使其作僞，何不全

---

〔1〕《禹貢》，《尚書》篇名，是我國最早的地理學著作。此篇分天下爲九州（冀、兗、青、徐、揚、荆、豫、梁、雍），并簡要叙述每區（州）的疆域、山脉、河流、植被、土壤、物産、貢賦、交通等。按：“鄭樵《通志》引孫處……云云”，此條引文實出自鄭樵《六經奧論》卷六《周禮經》，并不出自《通志》。館臣誤記。

〔2〕殿本“洛誥”下衍“武成”二字。

〔3〕殿本“周官”上奪“武成”二字。今按：有“武成”是。魏小虎《四庫全書總目彙訂》（一）稱：“（殿本）誤。《武成》古文有，今文無。”梅賾，參見《尚書正義》提要注。

〔4〕《王制》，《禮記》篇名，介紹我國古代君主治理天下的規章制度，涉及封國、職官、爵禄、祭祀、葬喪、刑罰、建城、選官、教育等。

〔5〕成、康，西周初的周成王姬誦與周康王姬釗。成、康時代天下安寧，不用刑罰，史稱“成康之治”。

〔6〕脩，殿本、文淵閣本作“修”，下同。

僞六官，而必闕其一，至以千金購之不得哉〔1〕！且作僞者必剟取舊文，借真者以實其贗，《古文尚書》是也。劉歆宗《左傳》〔2〕，而《左傳》所云"禮經"〔3〕，皆不見於《周禮》。《儀禮》十七篇〔4〕，皆在《七略》所載古經七十篇中〔5〕；《禮記》四十九篇，亦在劉向所録二百十四篇中〔6〕。而《儀禮·聘禮》賓行饔餼之物〔7〕，禾

〔1〕《隋書·經籍志》："漢時有李氏得《周官》。《周官》蓋周公所制官政之法，上於河間獻王，獨闕《冬官》一篇。獻王購以千金，不得，遂取《考工記》以補其處，合成六篇奏之。"

〔2〕劉歆（前50—23），字子駿，後改名秀，字穎叔，祖籍沛縣（今屬江蘇），西漢皇室。著名經學家、目録學家。王莽篡政，歆任國師。曾協助其父劉向校理群書，撰成《七略》。傳見《漢書》卷三十六。

〔3〕《左傳》，參見《春秋左傳正義》提要注。

〔4〕《儀禮》，參見《儀禮注疏》提要注。

〔5〕《七略》，目録學著作，七卷，是西漢劉歆在其父劉向《別録》二十卷的基礎上縮寫而成的，已佚。班固曾依據《七略》作《漢書·藝文志》，存其梗概。又，"古經七十篇"，《漢書·藝文志》："禮古經五十六卷，經七十篇。后氏、戴氏。"

〔6〕《禮記》，參見《禮記正義》提要注。劉向（前77—前6），本名更生，字子政，楚元王劉交四世孫，祖籍沛縣（今屬江蘇），西漢經學家、目録學家、文學家。成帝時受命主持校勘國家藏書，將所校之書分爲經傳、諸子、詩賦、兵書、數術、方技六大類。著有《劉子政集》《別録》《説苑》《新序》《列女傳》等。事迹略見《漢書·楚元王傳》附傳。《隋書·經籍志》經部禮類叙："至劉向考校經籍，檢得一百三十篇，向因第而叙之。而又得《明堂陰陽記》三十三篇，《孔子三朝記》七篇，《王史氏記》二十一篇，《樂記》二十三篇，凡五種，合二百十四篇。"所謂"劉向所録二百十四篇"，本此。

〔7〕饔餼，古代諸侯行聘禮時接待賓客的大禮。饔，指殺了的牲口；餼，是活的牲口。

米芻薪之數〔1〕，籩豆簠簋之實〔2〕，鉶壺鼎甕之列〔3〕，與《掌客》之文不同〔4〕。又《大射禮》天子、諸侯侯數侯制〔5〕，與"司射"之文不同〔6〕。《禮記·雜記》載子男執圭〔7〕，與《典瑞》之文不同〔8〕。《禮器》天子諸侯席數〔9〕，與《司几筵》之文不同〔10〕。如斯之類，與二《禮》多相矛盾。歆果贋托周公爲此書，又何難牽就其文，使與經傳相合，以相證驗，而必留此異同，以啓後人之攻擊？然則《周禮》一書，不盡原文，而非出依托，可概睹矣。

---

〔1〕芻薪，即柴草。

〔2〕籩豆，古代祭祀和宴會時使用的禮器，竹製爲籩，木製爲豆。簠簋，古代祭祀時盛稻粱黍稷的器皿，方曰簠，圓曰簋。

〔3〕鉶，古代一種祭祀器具，常用來盛羹。壺，古代一種圈足的圓形器皿，盛放水或者酒。鼎，古代的一種食器或禮器，圓鼎三足兩耳，方鼎四足兩耳。甕，一種盛水或酒的陶器。

〔4〕《掌客》，《周禮·秋官》篇名。今按：《周禮·掌客》記載諸侯國在接待公侯伯子男不同爵位的君主時，招待的禮數有所不同；而《儀禮·聘禮》記載諸侯國在接待其他國家的卿大夫時，所實行的外交禮儀。二者招待對象有別，不具有可比性。館臣如此比較，祇是爲了説明《周禮》不是僞書，没有混入其他確證文獻以使《周禮》看起來更加可信。

〔5〕《大射禮》，《儀禮》篇名，記載君主主持的諸侯或卿大夫射箭比賽的禮儀。

〔6〕司射，掌射儀禮節的官吏，見《周禮·夏官》。

〔7〕子、男，周代諸侯的爵位，在諸侯五等爵位（公侯伯子男）中地位較低。圭，一種玉器，古代天子或諸侯舉行祭祀典禮時所用。

〔8〕《典瑞》，《周禮·春官》篇名，典瑞之官掌玉瑞、玉器的收藏。

〔9〕《禮器》，《禮記》中的一篇，主要論述禮物、禮數與禮義的關係。

〔10〕《司几筵》，《周禮》篇名。司几筵之官，掌管几、席的用處與陳設。几，坐時用以憑倚安身之具。今按：《周禮·司几筵》記載天子、諸侯在不同場合下所用的席子名稱和席數，十分具體；而《禮記·禮器》稱"天子之席五重，諸侯之席三重，大夫再重"，乃是舉列最高規格，并不適合所有場合，不可拘泥。館臣拘泥，故以爲不合。

《考工記》稱"鄭之刀"〔1〕，又稱"秦無廬"，鄭封於宣王時，秦封於孝王時，其非周公之舊典，已無疑義。《南齊書》稱文惠太子鎮雍州〔2〕，有盜發楚王冢，獲竹簡書，青絲編，簡廣數分，長二尺有奇。得十餘簡，以示王僧虔〔3〕。僧虔曰："是科斗書《考工記》〔4〕。"則其爲秦以前書，亦灼然可知。雖不足以當《冬官》，然百工爲九經之一，共工爲九官之一〔5〕，先王原以制器爲大事，存之尚稍見古制。俞庭椿以下，紛紛割裂五官，均無知妄作耳〔6〕。

鄭《注》，《隋志》作十二卷；賈《疏》文繁，乃析爲五十卷，

---

〔1〕《考工記》，《周禮》中的一篇，主要記述百工技藝，包括木工、金工、皮革、染色、刮磨、陶瓷等 6 大類 30 個工種，可見中國當時的科技及工藝水平。

〔2〕《南齊書》，"二十四史"之一，南朝梁蕭子顯編撰，記述南朝蕭齊王朝 20 餘年間（479—502）歷史事件。文惠太子，即蕭長懋（458—493），字雲喬，小字白澤，南朝齊武帝蕭賾長子。雍州，九州之一，地域爲今寧夏、青海、甘肅、新疆部分、內蒙古部分，後改稱涼州。以下所言有盜發古冢得竹書事，見《南齊書·文惠太子列傳》，又見《南史·王僧虔傳》，文字略同。

〔3〕王僧虔(426—485)，字簡穆，琅邪臨沂（今屬山東）人。南朝齊書法家，著有《論書》《書賦》《筆意贊》等。

〔4〕科斗書，亦作"科斗文"或"蝌蚪文"，先秦古文字的一種，是篆字手寫體的俗稱。因字體狀如蝌蚪，故名。

〔5〕九經：儒家所謂治天下的九條原則。《中庸》第二十章："凡爲天下國家有九經，曰：修身也，尊賢也，親親也，敬大臣也，體群臣也，子庶民也，來百工也，柔遠人也，懷諸侯也。"九官，古代九種官職的總稱。據《尚書·舜典》："伯禹作司空，弃爲后稷，契作司徒，皋陶作士，垂爲共工，益作朕虞，伯夷作秩宗，夔爲典樂，龍爲納言。"

〔6〕俞庭椿，字壽翁，臨川（今屬江西）人。宋代孝宗年間進士，曾參與《周禮》考訂工作，以爲司空之官多散見於五官之屬，遂著《周禮復古編》，以考六官之訛誤。五官，指《周禮》中的《天官》《地官》《春官》《夏官》《秋官》，凡 5 篇。

新舊《唐志》并同〔1〕。今本四十二卷，不知何人所并。玄於三《禮》之學，本爲專門，故所釋特精。惟好引緯書〔2〕，是其一短。《歐陽脩集》有《請校正五經剳子》，欲删削其書。然緯書不盡可據，亦非盡不可據，在審別其是非而已，不必竄易古書也。又好改經字，亦其一失。然所注但曰"當作某"耳，尚不似北宋以後連篇累牘，動稱錯簡，則亦不必苛責於玄矣。公彦之《疏》亦極博核，足以發揮鄭學〔3〕，《朱子語録》稱："五經疏中，《周禮疏》最好。"〔4〕蓋宋儒惟朱子深於《禮》，故能知鄭、賈之善云〔5〕。

【比對一】
《薈要》本《周禮注疏》書前提要〔6〕

臣等謹案：《周禮注疏》四十二卷，漢鄭康成注，唐賈公彦

---

〔1〕 新舊《唐志》，即五代後晉劉昫《舊唐書·經籍志》和宋歐陽修等《新唐書·藝文志》的簡稱。

〔2〕 緯書，是相對於"經書"而言的，主要運用陰陽五行和天人感應等理論來附會儒家學說。

〔3〕 發揮，文淵閣本作"發明"。

〔4〕 所引文字，見黎靖德編《朱子語類》卷八十六："五經中，《周禮疏》最好，《詩》與《禮記》次之，《書》《易》疏亂道。"

〔5〕 文淵閣本提要之末有"乾隆四十二年三月恭校上"，凡11字。按，宋元明三代，學者大都視《周禮》爲僞書，罕有傳習。清乾隆十三年（1748）欽定《三禮義疏》之後，《周禮》研究纔趨於興盛，有王鳴盛《周禮軍賦説》、戴震《考工記圖》、段玉裁《周禮漢讀考》、孫詒讓《周禮正義》等五十餘種著述，而以孫著爲集大成之作。

〔6〕 本校注以《薈要》本《周禮注疏》書前提要（154字）爲底本，以文淵閣本（169字）、文津閣本（156字）爲校本。

疏〔1〕。《周官》在漢於諸經最爲晚出，傳之者惟劉歆、杜子春、鄭興、鄭衆、馬融數家〔2〕。康成兼采衆説，爲注多古文奇字，訓釋爲難。公彦博考而詳疏之。晁公武稱其“發揮鄭學，最爲詳明”，朱子亦謂“在諸經注疏中爲最佳”。後來雖有諸家，要不過敷暢義理，而制度必於是乎稽之。新舊《唐志》皆作五十卷，自宋即并爲四十二卷，今仍之。乾隆四十年五月恭校上〔3〕。

【比對二】
《簡明目録》本《周禮注疏》提要〔4〕

《周禮注疏》四十二卷，漢鄭玄撰〔5〕，唐賈公彦疏。《注》皆頗引緯書〔6〕，故深爲宋儒所病。然迨其考古，終不能不於鄭、賈取材。

---

〔1〕文溯閣本在“賈公彦疏”下有“公彦，洺州永年人，永徽中官至太學博士”，凡16字。

〔2〕文溯閣本缺“鄭興”二字。杜子春（約前30—約58），東漢經學家，河南緱氏（今河南偃師）人，曾爲《周禮》作傳，已佚。鄭興，東漢經學家，字少贛，河南開封人，光武帝時爲諫議大夫。治古文經學，有《周禮解詁》，佚。鄭衆（？—83），字仲師，鄭興之子。著有《春秋左氏傳條例》《春秋難記條例》《周禮解詁》等，已佚。馬融（79—166），字季長，扶風茂陵（今陝西興平）人，東漢經學家、文學家。博通經籍，對《周易》、《尚書》、《毛詩》、三《禮》等作注，大多亡佚。清人馬國翰輯有佚書。

〔3〕“乾隆四十年五月”，文溯閣本作“乾隆四十七年四月”，文津閣本作“乾隆四十九年閏三月”。

〔4〕本提要録自《四庫全書簡明目録》卷二，凡45字（計衍文）。

〔5〕“撰”，當作“注”。

〔6〕原文“引”字下衍一“引”字，删。

【評析】

《周禮》在"十三經"中出現最晚，本名《周官》，是一部關於周代政治制度的書。王莽時劉歆爲國師，始更《周官》爲《周禮》。漢末鄭玄爲其做注，遂與《儀禮》《禮記》并稱"三禮"。《漢書·景十三王傳》稱："（河間）獻王所得書，皆古文先秦舊書，《周官》《尚書》《禮》《禮記》《孟子》《老子》之屬，皆經傳説記，七十子之徒所論。"又《隋書·經籍志》載："漢時有李氏得《周官》。《周官》蓋周公所制官政之法，上於河間獻王。"可知該書是漢景帝（或武帝）時發現的，由河間獻王劉德進獻給朝廷。

漢鄭玄注、唐賈公彦疏《周禮注疏》四十二卷，是《周禮》研究史上的經典著作，被列入《十三經注疏》之中。《四庫全書·經部》收之，位居"禮類一"之首。館臣所撰提要，可以分爲詳本（浙本、殿本、文淵閣本）、簡本（《薈要》本、文溯閣本、文津閣本）、《簡明目錄》本三個系統。

一、詳本《周禮注疏》提要評析

詳本提要考察了《周禮》一書的注疏者生平、成書經過與真偽、《考工記》的性質、卷數變遷，并分析了鄭《注》、賈《疏》的優缺點。現擇要論之。

（一）《周禮》的成書及真偽考辨

館臣在介紹《周禮注疏》的卷數、注者、疏者後，緊接著就提出《周禮》的成書與真偽問題。對於其作者和成書年代，自古以來就説法不一，有所謂周公作、西周人作、東周初年作、春秋作、戰國作、秦代作、西漢劉歆偽作等各種説法，正如館臣所言："紛如聚訟，不可屢舉。"清朱彝尊《經義考》卷一百二十列有 10 多種意見；當代學者彭林《周禮主體思想與成書年代研究》歸納爲六種意見，并認爲成書於漢初[1]。這一問題，尚無定論。館臣并没有列舉前人歧説，衹是介紹了兩種比較穩妥的觀點：

張載《横渠語録》認爲：《周禮》不是僞書，但後人有增補。

鄭樵《六經奥論》卷六《周禮經》（館臣誤作《通志》）引用孫處説，認爲：《周禮》是周公所作，但書成後就被束之高閣，後來臨事改變而有所損益，故《周禮》中的部分内容與同時代其他古籍有相左之處。

第一種觀點認爲《周禮》的形成是一個過程，并非一時一人所作，而是不斷纍積而成，比較通達。至於第二種觀點，館臣撰寫案語加以辨析，指出此説亦有不可盡信之處：《周禮》雖然部分内容與《禹貢》《武成》《周官》《王制》不同，但《禹貢》産生的時代早於《周禮》，《武成》《周官》又是僞《古文尚書》中的篇目，而《王制》又是漢代博士所作。這些書的産生時間與《周禮》相比或早或晚，又或是僞書，故而《周禮》與這些書有差異并不能證實什麽，"皆不足以爲難"。館臣從衆多關於《周禮》真僞問題的觀點中衹挑選這兩條，大概是這兩個觀點相對穩妥，也符合館臣對《周禮》真僞問題的認知。

館臣認爲《周禮》作於周初，而周初的制度已不得而知，可以考察的也衹是春秋之後的事；後世對周初制度有沿襲，也有改易。而由於年代久遠，其中的增删之迹已不可稽考。時移世易，《周禮》中的内容漸漸地脱離實際，此書便擱置不用。但依然有人留存下來作爲文獻收藏，這與《開元六典》《政和五禮》十分相似。

將館臣的觀點與其引用的張載、周處的意見比對可知，他們都認爲《周禮》一書的形成有一個歷時纍積的過程，初次形成之後經過了後世的增删。這一觀點符合實際，比較通達。所不同的是，館

---

[1] 彭林：《周禮主體思想與成書年代研究》，中國社會科學出版社1991年版。

臣認爲《周禮》的主體内容成於周初，應爲周公所創，所論更爲具體。

對於《周禮》的真僞問題，館臣著力批判學術史上流行頗廣的"劉歆僞造"説。此説起於宋代，南宋胡宏《五峰集》卷四《皇王大紀論》稱："劉歆漢家賢宗室，向之子，附會王莽，變亂舊章，殘賊本宗，以趨榮利。"《朱子語類》卷八十六亦稱："《周禮》，胡氏父子以爲是王莽令劉歆撰。"此處"胡氏父子"，指的就是宋人胡安國、胡宏。宋代包恢、洪邁，近代康有爲等皆堅守此説。館臣駁之，理由如下：

1.《周禮》有六篇。史載河間獻王整理《周禮》時，缺《冬官》一篇，用千金徵求此篇而不得。如果真的是劉歆作僞，爲何不將《冬官》一并僞造？

2.作僞者常常剽竊舊文，以使自己的僞作看起來更真實。劉歆尊奉《左傳》，而《周禮》與《左傳》中引用的"禮經"不同。此外，劉歆在《七略》中著録有《儀禮》《禮記》，而《周禮》中的文字也往往與《儀禮》《禮記》的記載相矛盾。[1]可見，劉歆没有拿舊文充入《周禮》的行爲。如果劉歆作僞，那爲什麼不竊取《儀禮》《禮記》《左傳》的文字，做得更加逼真，却留下諸多紕漏，供後人批判？

所以館臣得出結論："然則《周禮》一書，不盡原文，而非出依托。"此外，《周禮·考工記》中有"鄭之刀"和"秦無廬"的記載，而鄭國、

---

[1] 館臣指出《周禮》的記載"與二《禮》多相矛盾"，甚有見地，但以此爲據證明《周禮》并非劉歆僞造，則是有問題的。三禮研究專家王鍔先生《〈四庫全書總目〉"周禮注疏"提要辯證》認爲："就《周禮·掌客》《射人》《典瑞》《司几筵》記載簠豆、侯制、圭璧、席數等名物制度，與《儀禮·聘禮》《大射》、《禮記·雜記下》《禮器》記載進行比較，確有差異。但《掌客》與《聘禮》名物禮數差别，《司几筵》與《禮器》記録天子、諸侯席數不同，因禮制有别，不應當相同，作爲《周禮》非'劉歆僞造'的旁證，没有説服力。《射人》記載司射之文與《大射》所記侯制、侯數、《典瑞》與《雜記下》所載子男諸侯所執瑞玉圭璧，確有不同，作爲《周禮》非'劉歆僞造'的證據，是有道理的。"（《中國典籍與文化論叢》2020年第2期，第134頁）

秦國的分封都在周公之後，所以館臣認爲《考工記》肯定不是周公時的舊典。

總之，館臣認爲：《周禮》成書於周初，後世有增删，不全是周公的手筆；《周禮》不是劉歆僞造的；《周禮·考工記》肯定不是周公舊典。以上觀點，皆能言之成理，至今仍有參考價值。

（二）《考工記》的價值地位

《考工記》是現存《周禮》中最後一篇，是後來補入的。《周禮》原本有 6 篇，但是在其初次被發現時，《冬官》一篇就已經亡佚了，河間獻王便用這篇《考工記》補入，以成 6 篇之數。既然《考工記》是補入的，其與《周禮》其他 5 篇的地位就有了不同。

館臣從撰寫時間和内容兩方面進行考察。首先引用《南齊書》中的一則材料，説明南朝曾經在戰國楚墓中出土蝌蚪文《考工記》，確認其撰寫年代當在先秦，價值不容低估。接著又指出《考工記》的内容是記述百工的，可以通過它來窺探古代制度。對於俞庭椿《周禮復古編》抛弃《考工記》，割裂"五官"内容以附會《冬官》之舉，館臣視爲"無知妄作"，予以徹底否定。

（三）《周禮注疏》的卷數與價值

首先説卷數。鄭玄《周禮注》凡十二卷。賈公彦在鄭玄《注》的基礎上做《疏》，内容浩博，遂增至五十卷。後人合并刊刻，析爲四十二卷。館臣稱："今本四十二卷，不知何人所并。"留下疑問。胡玉縉《四庫全書總目提要補正》認爲："賈《疏》本有圖，今本四十二卷者，蓋脱去圖八卷。詳黄以周《禮説略》。"[1]今按：胡説不確。其實，乾隆四十年撰寫的《薈要》本《周禮注疏》提要早已指出："自宋已并爲四十二卷。"《總目》提要却説"不知何人所并"，

---

[1] 胡玉縉：《四庫全書總目提要補正》（上），第 122 頁。

實爲倒退。據黃丕烈《百宋一廛賦注》所引，顧廣圻認爲"北宋本必經注自經注，疏自疏，南宋初始有注疏，又其後始有附釋音注疏"。就《周禮注疏》而言，賈公彥《疏》五十卷本來不含經文、注文，南宋兩浙東路茶鹽司刻本《周禮注疏》是最早的經、注、疏合刻本（後世稱"八行本"），以單疏本爲依托，故爲五十卷。後來福建建陽書商又將唐陸德明《經典釋文》的相關內容并入，出版了經、注、音、疏合刻本（後世稱"十行本"），大受歡迎。此本爲了顯示與"八行本"的區別，除了新增音釋之外，還努力維護各篇內容的完整性，於是對"八行本"的分卷進行了合并、調整，定爲四十二卷。此後的元刻、明刻、清刻本，大都沿襲這一分卷方式。館臣稱"不知何人所并"，崔富章以爲"當始於元大德間刊刻《十三經注疏》之時"[1]，王鍔經過考證，將時間大大提前，認爲："《周禮注疏》四十二卷，很可能也是南宋福建建陽劉叔剛合并者。"王說甚確，可從。

最後，館臣又對鄭《注》、賈《疏》進行評價，指出其優點與缺失。總的說來，鄭玄《周禮注》"所釋特精"，但缺點有二：1.喜好引用緯書；2.好改經書中用字。館臣認爲鄭玄在改變經書用字時注明"當作某"，有一定體例可循，還算嚴謹。至於賈公彥《疏》，館臣稱譽其"亦極博核，足以發揮鄭學"，并引用朱熹的話進行證實。

二、簡本、極簡本《周禮注疏》提要評析

相對於詳本提要而言，簡本提要字數大大減少，僅就《周禮》的傳授、鄭《注》、賈《疏》及其卷數問題作了簡要說明。

《周禮》進獻到皇宮後就被藏入秘府，後來劉歆整理皇家圖書時纔向天下公布。在王莽時期，劉歆曾力薦《周禮》，立於學官。後來王莽政權被推翻，《周禮》也自然被廢除。然而劉歆還是在私下

---

[1] 崔富章：《四庫提要補正》，第105頁。

傳授。館臣梳理其傳授源流如下：劉歆→杜子春→鄭興→鄭衆→馬融→鄭玄。漢末鄭玄《注》能够兼采衆説，注釋精當，賈公彦的《疏》又足以發揮鄭學。對鄭《注》、賈《疏》的評價，此本與詳本一致，并引用晁公武、朱熹的觀點加以佐證。至於《周禮》的卷數，简本論述極簡，但明確指出《周禮注疏》五十卷"自宋已并爲四十二卷"，所言甚確，優於《總目》提要。

極簡本寥寥數語，僅僅交代注者、疏者姓名，提及宋儒對鄭《注》中喜好引用緯書的不滿，并肯定《周禮注疏》對後世的重要影響。學術上没有突破。

各篇提要都對《周禮注疏》做了肯定性評價，但角度不同。比較而言，詳本提要重在考辨《周禮》一書的成書經過及真偽，简本則重在叙述《周禮》的傳授源流，各有側重。其中詳本提要考證精審，最見功力；但简本提要對《周禮》傳授源流的梳理，以及對《周禮注疏》四十二卷本出現時間的判斷，皆爲詳本所不及。二者可以互補。

《周禮注疏》提要各版本的撰寫時間如下：《薈要》本（乾隆四十年五月）—文淵閣本（乾隆四十二年三月）—文溯閣本（乾隆四十七年四月）—《簡明目録》本（乾隆四十七年）—文津閣本（乾隆四十九年閏三月）—《總目》浙本、殿本（乾隆六十年）。

儀禮注疏十七卷[1]

《儀禮注疏》十七卷（內府藏本）[2]，漢鄭玄注，唐賈公彥疏[3]。《儀禮》出殘闕之餘[4]，漢代所傳，凡有三本[5]：

---

[1] 本校注以浙本《四庫全書總目》卷二十《儀禮注疏》提要（675字）爲底本，以殿本（675字）、文淵閣本（685字）爲校本。《儀禮》，本名《禮》《士禮》，或《禮經》，儒家"十三經"之一，記載周代的冠婚、喪祭、鄉射、朝聘等各種禮儀，以士大夫的禮儀爲主。相傳爲周公（姬旦）所作，後屢有增益，大約成書於春秋時期。

[2] "《儀禮注疏》十七卷（內府藏本）"，文淵閣本作："臣等謹按：《儀禮注疏》十七卷"。今按，文淵閣《四庫全書》本《儀禮注疏》附有《考證》一卷，清周學健、李清植等撰。內府藏本，此處指清乾隆四年武英殿校刊《欽定十三經注疏》本《儀禮注疏》十七卷，卷首有《正義序》一卷《原目》一卷，每卷之末附有《考證》。

[3] 鄭玄，參見《毛詩正義》提要注。賈公彥，參見《周禮注疏》提要注。

[4] "闕"，殿本作"缺"，義同。殘闕之餘，指秦始皇焚書坑儒後殘存的文獻。

[5] "凡"，文淵閣本作"几"，誤。

一曰戴德本〔1〕，以《冠禮》第一，《昏禮》第二〔2〕，《相見》第三，《士喪》第四，《既夕》第五，《士虞》第六，《特牲》第七，《少牢》第八，《有司徹》第九，《鄉飲酒》第十，《鄉射》第十一，《燕禮》第十二，《大射》第十三，《聘禮》第十四，《公食》第十五，《覲禮》第十六，《喪服》第十七。

一曰戴聖本〔3〕，亦以《冠禮》第一，《昏禮》第二，《相見》第三，其下則《鄉飲》第四，《鄉射》第五，《燕禮》第六，《大射》第七，《士虞》第八，《喪服》第九，《特牲》第十，《少牢》第十一，《有司徹》第十二，《士喪》第十三，《既夕》第十四，《聘禮》第十五，《公食》第十六，《覲禮》第十七。

一曰劉向《別録》本〔4〕，即鄭氏所注，賈公彥《疏》謂："《別録》尊卑吉凶，次第倫序，故鄭用之；二戴尊卑吉凶雜亂，故鄭不從之也。"

其經文亦有二本：高堂生所傳者〔5〕，謂之"今文"〔6〕；魯恭

〔1〕戴德，字延君，梁國（今河南商丘）人，曾任信都王（劉囂）太傅。西漢今文禮學"大戴學"的開創者。與侄戴聖（小戴）一同師從后蒼習禮。編有《大戴禮記》85篇，今殘。

〔2〕"昏"，同"昏"，文淵閣本、殿本作"昏"。今按：字本作"昏"，唐代人爲避太宗李世民名諱，改"昏"爲"昏"，遂通行"昏"字。下同。

〔3〕戴聖，字次君，梁國（今河南商丘）人，戴德之侄。曾任九江太守。西漢今文"小戴學"的開創者。與叔父戴德（大戴）師從后蒼習禮，編有《小戴禮記》49篇，即今本《禮記》。

〔4〕劉向，參見《周禮注疏》提要注。

〔5〕高堂生，魯郡（今山東曲阜）人，秦漢之際今文經學家，專習禮，并以授《士禮》而揚名。《史記·儒林列傳》："及至秦焚書，書散……今獨有《士禮》，高堂生能言之。"據鄭玄《六藝論》，戴德和戴聖乃其五傳弟子。

〔6〕今文，參見《尚書正義》提要注。

王壞孔子宅〔1〕，得《亡儀禮》五十六篇〔2〕，其字皆以篆書之，謂之"古文"〔3〕。玄注參用二本。其從今文而不從古文者，則今文大書，古文附注〔4〕，《士冠禮》"闑西閾外"句注"古文闑爲槷，閾爲蹙"是也。從古文而不從今文者，則古文大書，今文附注，《士冠禮》醴辭"孝友時格"句注"今文格爲嘏"是也。

其書自玄以前，絕無注本；玄後有王肅《注》十七卷，見於《隋志》〔5〕。然賈公彥《序》稱："《周禮》注者，則有多門；《儀禮》所注，後鄭而已。"〔6〕則唐初肅書已佚也。爲之義疏者有沈重，見

〔1〕魯恭王，即劉餘（？—前128），漢景帝之子，受封淮陽王。七國之亂後，改封魯王。據《漢書·景十三王傳》，魯恭王欲廣其宮室，壞孔子宅，從壁中得古文經《尚書》《儀禮》《禮記》《論語》《孝經》等多種。

〔2〕"亡"，殿本作"古"，皆通。按，《儀禮·士冠禮》"布席於門中闑西閾外西面"句賈公彥《疏》稱："魯恭王壞孔子宅，得《古儀禮》五十六篇。其字皆以篆書，是爲古文也。"故當作"古"。

〔3〕古文，此處指戰國文字或篆文。清李調元《儀禮古今考》序曰："高堂生傳《儀禮》十七篇，是今文也。孔子宅得《亡儀禮》五十六篇，其字皆以篆書，是爲古文也。古文十七篇，與高堂生所傳者同，而字多不同；其餘三十九篇絕無師説，秘在於館。……余以爲《儀禮》，古禮經當從古文。蓋今文出於傳而古文出於篆，傳者口授或訛，而篆者古本猶存也。"

〔4〕清李調元《儀禮古今考》序曰："鄭注《儀禮》時，以古、今二字并之，或從今，或從古，皆逐意强者從之。若二字俱合義者，則兩見之。是今之《儀禮》，乃古、今文互出之雜本也。"

〔5〕王肅，參見《毛詩正義》提要注。《隋書·經籍志》載："《儀禮》十七卷，王肅。"

〔6〕《禮記·曲禮》稱："是《周禮》《儀禮》有體、履之別也。所以《周禮》爲體者，《周禮》是立治之本，統之心體，以齊正於物，故爲體。其《儀禮》但明體之所行，踐履之事。物唯萬體，皆同一履，履無兩義也。"故而注《周禮》者多，注《儀禮》者唯鄭玄而已。

於《北史》〔1〕；又有無名氏二家〔2〕，見於《隋志》。然皆不傳。故賈公彦僅據齊黄慶、隋李孟悊二家之疏〔3〕，定爲今本。

其書自明以來刻本，舛訛殊甚。顧炎武《日知録》曰〔4〕："萬曆北監本《十三經》中〔5〕，《儀禮》脱誤尤多。《士昏禮》脱'壻授綏，姆辭曰：未教，不足與爲禮也'一節十四字〔6〕，賴有長安石經〔7〕，據以補此一節，而其注疏遂亡。《鄉射禮》脱'士，鹿中，翿旌以獲'七字，《士虞禮》脱'哭止，告事畢，賓出'七字〔8〕，

---

〔1〕沈重，字子厚，吴興武康（今浙江德清）人。博覽群書，尤明《詩》《禮》及《左氏春秋》。北周武帝聞其名，詔令其討論"五經"、校定鐘律。北周建德末年回陳。著有《周禮義》《儀禮義》《周禮音》《儀禮音》《禮記音》《毛詩音》等。《北史》卷八十二《儒林列傳》："（沈）重學業該博，爲當世儒宗。至於陰陽圖緯、道經、釋典，無不通涉。著《周禮義》三十一卷、《儀禮義》三十五卷。"

〔2〕無名氏二家，《隋書·經籍志》稱："《儀禮義疏見》二卷，《儀禮義疏》六卷。"

〔3〕黄、李二人，均不見正史，唐賈公彦《儀禮義疏》卷一稱："《周禮》《儀禮》，發源是一，理有終始，分爲二部，并是周公攝政太平之書。……其爲章疏則有二家，信都黄慶者，齊之盛德；李孟悊（哲）者，隋日碩儒。"則可知黄慶爲南朝齊人，而李孟悊爲隋代人，賈公彦取此二家之長，以成其書。

〔4〕顧炎武(1613—1682)，原名絳，字寧人，改名炎武，號亭林，江蘇昆山人。明末清初大儒，治學重考證，開清代樸學風氣。著有《亭林詩文集》《日知録》《音學五書》《韻補正》等。其中《日知録》三十二卷是其"積三十餘年，乃成一書"的代表作。所引文字，見《日知録》卷十八"監本二十一史"條。

〔5〕"曆"，底本作"歷"，避乾隆帝弘曆諱，今改回。萬曆北監本，即萬曆十四年至二十一年（1586—1593）北京國子監刊刻之《十三經注疏》本，後世稱監本、北監本或萬曆本。

〔6〕"士昏禮"，文淵閣本作"以昏禮"，誤。

〔7〕長安石經，即開成石經，參見《周易注》提要注。

〔8〕"賓"，殿本作"實"，誤。

《特牲饋食禮》脱'舉觶者祭，卒觶，拜長者答拜'十一字〔1〕，《少牢饋食禮》脱'以授尸，坐取簞，興'七字〔2〕。此則秦火之所未亡，而亡於監刻矣"云云。蓋由《儀禮》文古義奥，傳習者少，注釋者亦代不數人。寫刻有訛，猝不能校，故紕漏至於如是也。今參考諸本，一一釐正，著於録焉〔3〕。

【比對一】

文津閣本《儀禮注疏》提要〔4〕

臣等謹案：《儀禮注疏》十七卷，漢鄭康成注，唐賈公彦疏。《儀禮》十七篇，漢時即行於世。較之淹中古禮〔5〕，雖非全經，而冠婚、喪祭、飲射、朝聘諸大禮，猶賴是書以得其端緒。

自康成有作〔6〕，而魏晋南北朝諸儒多用力于是經。公彦取黄慶、李孟悊兩家疏義，訂爲是書，最稱詳洽。宋時嘗詔邢昺是正之〔7〕，而不列學官，傳習或寡。馬廷鸞自謂生五十八年〔8〕，未嘗一讀《儀

---

〔1〕魏小虎《四庫全書總目彙訂》（一）稱："據《儀禮·特牲饋食禮》原文，'長者'當作'長皆'，此乃照録《日知録》卷十八'監本二十一史'條之誤。"

〔2〕"坐"，文淵閣本、殿本作"至"，誤。

〔3〕文淵閣本"著於録焉"下有"乾隆四十一年九月恭校上"，凡11字。

〔4〕本校注以文津閣本（229字）爲底本，以文淵閣本（230字）爲校本。

〔5〕淹中古禮，淹中是春秋魯國地名（今山東曲阜），古文《禮經》所出之處。《漢書·藝文志》："《禮古經》者，出於魯淹中。"顔師古注引蘇林曰："里名也。"又以此借指儒家學術中心。

〔6〕康成，即鄭玄，字康成。

〔7〕邢昺，參見《孝經正義》提要注。

〔8〕馬廷鸞（1222—1289），字翔仲，號碧悟，饒州樂平（今江西樂平）人。宋淳祐七年（1247）進士，官至宰相。曾參與編修《經武要略》，著有《六經集傳》《語孟會編》《楚辭補記》《洙泗裒編》等。

禮》，得公彦《疏》，而深服其學之博，蓋可知矣。明監本訛脱其多，濟陽張爾岐取關中石經[1]，悉爲校補，今刻本并采之[2]。又陸氏《釋文》[3]，舊刻多删削，今亦全載，尤爲詳備。公彦所定本五十卷[4]，明監本依古篇第，爲十七卷[5]，今本仍之。

乾隆四十九年閏三月恭校上[6]。

【比對二】

《簡明録》本《儀禮注疏》提要[7]

《儀禮注疏》十七卷，漢鄭玄注，唐賈公彦疏。"三禮"以鄭氏

---

[1] 張爾岐（1612—1678），字稷若，號蒿庵，山東濟陽人，明清之際著名經學家。一生博學，精研"三禮"。著有《蒿庵集》《蒿庵閒話》《周易説略》《老子説略》《儀禮鄭注句讀》等。關中石經，不詳，疑爲開成石經。關中指"四關"之内，即東潼關（函谷關）、西散關（大震關）、南武關（藍關）、北蕭關（金鎖關）之間的區域，包括現在西安、寶雞、咸陽、渭南、銅川、楊凌五市一區。開成石經原碑立於長安務本坊國子監内，宋時移至府學北墉，故以"關中石經"稱之。

[2] 今刻本，此處指清乾隆四年武英殿校刊《欽定十三經注疏》本《儀禮注疏》十七卷，即《四庫全書》底本。

[3] 《釋文》，即陸德明《經典釋文》，參見《經典釋文》提要注。

[4] 公彦所定本五十卷，胡玉縉《四庫全書總目提要補正》引丁丙《善本書室藏書志》云："注、疏合刻，起於南北宋之間，而《儀禮》又在乎其後。又宋人各經皆以注附疏，分卷即依疏之卷數，如《禮記注疏》七十卷是也。唯《儀禮》以疏附注，其分卷則依經注之卷數，故單疏五十卷，而注疏本轉十七卷也。"可知賈公彦所撰《儀禮義疏》五十卷，是單疏本；後人將疏附於注下，乃成十七卷本。

[5] "爲"下原脱"十七"二字，據文溯閣本補。今按："爲卷"亦通，但文意不顯。

[6] "四十九年閏三月"，文溯閣本作"四十七年四月"。

[7] 本段録自《四庫全書簡明録》卷二，共63字。

爲宗[1]，《儀禮》尤以鄭氏爲絶學。《注》文古奥，得《疏》乃明。數百年來，議禮者鑽研不盡。後來著述，皆此書之支流而已。

【評析】

《儀禮》是先秦"六經"之一，在"三禮"中時代最早，地位最尊，備受歷代學者重視。《儀禮注疏》十七卷是《儀禮》的權威注本，漢鄭玄注，唐賈公彦疏。該書作爲儒家"十三經注疏"之一，曾在明清時期被多次刊刻，廣爲流傳。《四庫全書·經部》收之，位居"禮類二"之首，卷前撰有提要。《儀禮注疏》提要可以劃分爲詳本（《總目》浙本、殿本、文淵閣本）、簡本（文溯閣本、文津閣本）和極簡本（《簡明目録》本）三個系統。

一、詳本《儀禮注疏》提要評析

詳本提要的内容最爲豐富，包括《儀禮》今文經三種傳本的目録順序、《儀禮》今古文傳本以及鄭玄注兼收今古文經之體例方法、六朝及隋唐時期的《儀禮》注本和義疏本、《儀禮注疏》的刊刻流傳、訛誤以及訂正情況等。提要實際上是一篇簡明的《儀禮》傳播與研究史。

---

[1] 三禮，即《周禮》（原名《周官》）、《儀禮》（又稱《士禮》《禮經》）、《禮記》。《周禮》所記乃周王朝及各諸侯國官制及制度；《儀禮》所記乃各種典禮的詳細儀式；《禮記》則内容駁雜，以解釋《儀禮》中之禮制、禮意，并記孔子及其弟子等的問答爲主。三禮偏重不同，皆是研究先秦禮制和社會的重要資料。西漢"五經"中的《禮經》僅指《儀禮》一書，東漢末鄭玄合注"三禮"，大行於世。

（一）漢代的《儀禮》傳播和研究

1.《儀禮注疏》基本情況

提要開篇，館臣首先交代《儀禮注疏》的卷數及注疏者情況：《儀禮注疏》共十七卷，漢鄭玄注，唐賈公彥疏。至於鄭玄、賈公彥二人之生平，已經分別在《周易鄭康成注》《周禮注疏》提要中出現過，故此處從略。

2. 今文經三種傳本的篇目次序

（1）《儀禮》今文經的三種傳本。所謂“今文經”，即秦火之後，儒生們口耳相傳，以當時流行的隸書抄録的經典；所謂“古文經”，則是漢初魯恭王壞孔子宅所得之書，又叫“壁中書”，因係以戰國古文字書寫，故時人稱之“古文經”。據館臣所言，今文經所傳《儀禮》版本有三，分別是戴德本、戴聖本、劉向《别録》本。此三本篇目一致，但順序各有不同。

（2）對比戴德、戴聖二本的篇目次序。兩種傳本的前三篇完全一致，自第四篇起始有差異。館臣將其悉數羅列，認爲此二本“尊卑吉凶雜亂”。今考戴德本之第四、第五、第六此三篇所記乃凶禮，間有它篇相隔，直到第十七篇纔是凶禮之四；而戴聖本的凶禮分布亦無序可言，分別位於第八、第九、第十三、第十四篇。此二本吉禮篇目的次序亦不一致，戴德本吉禮爲第七、第八、第九篇；而戴聖本則遠至第十、第十一、第十二篇。確實如館臣所言，二戴本的《儀禮》序目編排混亂。

（3）肯定《别録》本次序。劉向《别録》本《儀禮》“尊卑吉凶，次第倫序”，篇目間的編次比較合理，故鄭玄擇之以爲底本。館臣將戴氏叔侄的兩種《儀禮》目録加以羅列，并言説劉向《别録》本吉凶有序，旨在充分顯示戴氏二本錯亂駁雜之狀。劉向本次序即今本次序，衆人皆知，故館臣未録。

3.《儀禮》今古文傳本及鄭玄參用情況

（1）《儀禮》今古文。《儀禮》一書的結構可分爲經文和記文，經文爲正，記文是對經文的補充和説明，二者互爲表裏。按提要所言，《儀禮》的經文版本有二：一爲今文經學之傳本，溯其淵源，乃是秦漢之際的經學家高堂生；二爲古文經學之傳本，乃魯恭王壞孔子宅所得"《亡儀禮》五十六篇"。

（2）鄭玄《注》雜采今古文的體例和方法。漢代經學，最重師法、家法，抱殘守缺，互相攻訐。但鄭玄能够突破師法、家法之壁壘，兼收并蓄，擇善而從。館臣將其體例歸納成兩點：①從今文經時以今文爲主，今文字大，古文以附注的形式出現，例如《士冠禮》之"闑西闑外"句，附注"古文闑爲槷，闑爲蹷"；②從古文經時則以古文爲主，古文字大，今文以附注的形式出現，例如《士冠禮》醴辭"孝友時格"句，附注"今文格爲嘏"。由於鄭玄并不排斥任何經學流派，在注書時兼采今文經和古文經，遂能集今古文經學之大成，而成爲一代鴻儒，其經學成果亦被後世稱爲"鄭學"，影響極爲深遠。

（二）六朝、隋唐時人對《儀禮》作注、作疏情况

1.六朝的注疏情况

（1）《儀禮注》。相較於《周禮》，爲《儀禮》作注者少之又少。鄭玄以前絶無注本，鄭玄之後到晋之前，僅三國魏人王肅之注可考。《隋書·經籍志》稱："《儀禮》十七卷，王肅注。"王《注》因依托司馬氏的權威，在魏、西晋時一統天下，幾乎取代了鄭《注》，但在東晋後衰微。賈公彦言："《儀禮》所注，後鄭而已。"説明唐代初年的賈公彦祇見到鄭《注》，没見過王《注》。館臣據此推斷，王《注》於唐初散佚。崔富章則對此觀點表示反對，其《四庫提要補正》稱："明焦竑《國史經籍志》載'王肅注《儀禮》十七卷'，則肅書非佚於唐初也。今北京館藏《儀禮喪服》馬王注一卷，漢馬融、魏王肅撰，清臧鏞堂輯，清抄本。浙館藏《漢學堂叢書》本。

是蕭書未全佚，今日尚可窺見一斑。"〔1〕不過，焦竑的《國史經籍志》"叢抄舊目，無所考核，不論存亡，率爾濫載"（《四庫全書總目》卷八十七），撰寫十分草率，將許多已經亡佚的文獻也著録進來，所以不足爲據。王肅《儀禮注》的亡佚時間，很可能就在隋唐之際。至於王《注》佚文，除了崔先生所列外，國家圖書館還藏有《喪服要記》一卷（清王謨輯，清嘉慶三年刻漢魏遺書鈔本）、《喪服經傳王肅注》一卷（清同治十年皇華館書局刻本），看來王肅佚注，集中在《喪服》一篇。

（2）《儀禮疏》。比之作注者，爲《儀禮》做義疏之人較多，館臣稱有南北朝時沈重、無名氏二家、黃李二家。查《北史》卷八十二《儒林列傳》，可知北周沈重著有《儀禮義》三十五卷、《喪服經義》五卷、《儀禮音》一卷。考《隋書·經籍志》，又知無名氏二家分別撰有《儀禮義疏見》二卷、《儀禮義疏》六卷。但以上注疏本皆已佚失。另據賈公彦在《儀禮義疏》卷一所言，北齊人黃慶、隋人李孟悊二家均有義疏，因二家情況均不見於正史，僅賈《疏》中略有提及，故難知其詳。

2. 唐代的注疏情況

唐時僅有賈公彦爲《儀禮》作疏，乃《儀禮義疏》五十卷（《舊唐書》本傳作四十卷）。賈《疏》是在充分吸收南朝齊黃慶《儀禮疏》一卷、北周沈重《儀禮義》三十五卷、《喪服經義》五卷、《儀禮音》一卷、無名氏《儀禮義疏見》二卷、無名氏《儀禮義疏》六卷、隋李孟悊《儀禮疏》若干卷的基礎上，纔寫出《儀禮義疏》五十卷的，堪稱集六朝義疏之大成。崔富章先生稱："賈公彦《儀禮疏》五十卷，宋元明刻本皆不傳。今北京館藏清黃氏士禮居影抄宋景德本存四十四卷（一至三十一、三十八至五十）。復旦大學藏清嘉慶十一

---

〔1〕崔富章：《四庫提要補正》，第 121 頁。

年張敦仁刻本五十卷全。”〔1〕

（三）明清時期《儀禮注疏》刊刻、訛誤和訂正情況

詳本没有交代唐宋元時期的《儀禮》流傳與刊刻情況。今略作補充：唐賈公彦所撰《儀禮義疏》五十卷，唐代和北宋都是單疏本流傳，不含經文和鄭《注》。南宋人爲方便閱讀，將賈《疏》與經文、鄭《注》、陸德明《經典釋文》合并，内容更豐富，但卷數却依從鄭《注》，反而是十七卷本。正如清丁丙《善本書室藏書志》所云：“注、疏合刻，起於南北宋之間，而《儀禮》又在乎其後。又宋人各經皆以注附疏，分卷即依疏之卷數，如《禮記注疏》七十卷是也。唯《儀禮》以疏附注，其分卷則依經注之卷數，故單疏五十卷，而注疏本轉十七卷也。”

館臣以爲，自明代以來《儀禮注疏》刻本錯訛頗多，并徵引清初顧炎武《日知録》卷十八的論述，指摘明萬曆北監本《儀禮注疏》之脱誤。例證如下：

1.《士昏禮》中脱“壻授綏，姆辭曰：未教，不足與爲禮也”，共14字，幸憑《開城石經》而補之，蓋因《石經》上僅經書原文，故與所脱文字相關的注疏已亡佚不存；

2.《鄉射禮》中脱“士，鹿中，翿旌以獲”，共7字；

3.《士虞禮》中脱“哭止，告事畢，賓出”，共7字；

4.《特牲饋食禮》中脱“舉觶者祭，卒觶，拜，長者答拜”，共11字；

5.《少牢饋食禮》中脱“以授尸，坐取簟，興”，共7字。

凡46字。無怪乎顧氏嘆曰：“此則秦火之所未亡，而亡於監刻

---

〔1〕崔富章：《四庫提要補正》，第120頁。

矣！"〔1〕那麼，爲何《儀禮注疏》刻本會"紕漏至於如是"？賈公彦自序稱："至於《周禮》《儀禮》，發源是一，理有終始，分爲二部，并是周公攝政太平之書。《周禮》爲末，《儀禮》爲本；本則難明，末便易曉。是以《周禮》注者則有多門；《儀禮》所注，後鄭而已。"賈氏認爲《儀禮》比《周禮》難懂，故注者稀少。館臣亦説《儀禮》"文古義奥，傳習者少"，可勝任注釋之人不多，即使刻寫有誤，亦難以發現。此説差爲近之。

提要撰寫者之所以指摘明監本錯誤種種，不厭其煩，意在表彰館臣"參考諸本，一一釐正"的功勞。這種貶抑前代、自我表彰的語言，在《四庫提要》中比比皆是。

二、簡本、極簡本《儀禮注疏》提要評析

簡本提要的字數不及詳本之半，但信息量很大，幾乎涉及所有朝代，某些方面還可以彌補詳本之不足。

簡本提要仍然是簡述《儀禮》傳播和研究的歷史，而語言更爲凝練。館臣略去對漢代今文經與古文經的介紹，也略去對戴德本、戴聖本、劉向本目録順序的羅列與比較，直言："《儀禮》十七篇，漢時即行於世。"然後交代《儀禮》的内容、價值和作用，以爲："較之淹中古禮，雖非全經，而冠婚、喪祭、飲射、朝聘諸大禮，猶賴是書以得其端緒。"今按：《儀禮·士冠禮》"布席于門中闑西閾外西面"句賈公彦《疏》稱："魯恭王壞孔子宅，得《古儀禮》五十六篇。其字皆以篆書，是爲古文也。"説明古文經《儀禮》爲 56 篇，而今本《儀禮》祇有 17 篇，故稱"非全經"也。

對於漢魏六朝的《儀禮》注釋，館臣祇言時人多習鄭《注》，

---

〔1〕［清］顧炎武著、［清］黄汝成集釋：《日知録集釋》，上海古籍出版社 2014 年版，第 406 頁。

但是指出了賈公彦《疏》的學術來源，是黃慶、李孟悊兩家義疏，并肯定其"最爲詳洽"。對於宋代以下的《儀禮》研究史，簡本提要有三點值得重視：第一，交代了北宋邢昺曾經校訂《儀禮義疏》以及宋末元初馬廷鸞對《義疏》的褒獎，可以彌補詳本提要缺失宋元部分的遺憾。第二，在批評明監本錯誤甚多的同時，簡本提要指出："濟陽張爾岐取關中石經，悉爲校補，今刻本并采之。"説明武英殿刊刻之《儀禮注疏》乃至《四庫全書》本《儀禮注疏》皆充分吸收了清初張爾岐的校訂成果，淵源有自。這較之詳本所謂"今參考諸本，一一釐正"的籠統叙述，顯然更爲具體，也更尊重學術發展的實際。今按，清初張爾岐取《儀禮》明監本、石經本相互校讎，參定明監本及石經脱誤，并作《監本正誤》《石經正誤》，附於《儀禮鄭注句讀》書末。又，唐陸德明《經典釋文》一書，舊刻多有删削，館臣亦予以補足。這些内容均不見於詳本提要。第三，梳理《儀禮注疏》卷數的變遷，由古本的十七卷（劉向、鄭玄、王肅本卷數），到賈公彦《儀禮義疏》五十卷，再到後人（館臣以爲係明監本，實爲宋元刻本）將《經》《注》《疏》合刻，恢復古本的十七卷之數，甚爲清晰。

所以，簡本提要是對詳本提要的有效補充，二者可以互參。

《簡明目録》本内容最少，凡 63 字。僅僅保留了對《儀禮注疏》卷數、注疏者的簡要交代，而後肯定了鄭《注》、賈《疏》的價值地位。鄭《注》古奥，賈《疏》詳明，二者合刊而成的《儀禮注疏》，實爲後世《儀禮》研究之源頭。稱鄭《注》爲"絶學"，推崇可謂至矣。

各提要的撰寫時間是：文淵閣本（乾隆四十一年九月）—文溯閣本（乾隆四十七年四月）—《簡明目録》本（乾隆四十七年）—文津閣本（乾隆四十九年閏三月）—《總目》浙本、殿本（乾隆六十年）。

禮記正義六十三卷^{〔1〕}

　　《禮記正義》六十三卷（內府藏本）^{〔2〕}，漢鄭玄注，唐孔穎達疏。《隋書·經籍志》曰：“漢初，河間獻王得仲尼弟子及後學者所記一百三十一篇，獻之，時無傳之者。至劉向考校經籍，檢得一百三十篇，第而叙之。又得《明堂陰陽記》三十三篇，《孔子三朝記》七篇，《王史氏記》二十一篇，《樂記》二十三篇，凡五種，合二百十四篇。戴德刪其煩重^{〔3〕}，合而記之，爲八十五篇，謂之《大戴記》。而戴聖又刪大戴之書爲四十六篇，謂之《小戴記》。漢末，

──────────

〔1〕本校注以浙本《四庫全書總目》卷二十一《禮記正義》提要（803字，計衍文）爲底本，以殿本（801字）、文淵閣本（812字）爲校本。《禮記》，儒家“十三經”之一，是對《儀禮》進行闡發補充的儒家禮學文獻之彙編，大約成書於戰國末期。

〔2〕“《禮記正義》六十三卷（內府藏本）”，文淵閣本作“臣等謹按：《禮記正義》三十六卷”。今按：各本皆作“六十三卷”，文淵閣本《禮記注疏》目録、正文亦爲六十三卷。提要誤作“《禮記正義》三十六卷”。

〔3〕戴德、戴聖，參見《儀禮注疏》提要注。

馬融遂傳小戴之學[1]。融又益《月令》一篇[2]，《明堂位》一篇，《樂記》一篇[3]，合四十九篇"云云。其説不知所本。今考《後漢書・橋玄傳》云[4]："七世祖仁著《禮記章句》四十九篇[5]，號曰橋君學。"仁即班固所謂"小戴授梁人橋季卿"者，成帝時嘗官大鴻臚。其時已稱四十九篇，無四十六篇之説。又孔《疏》稱《別録》："《禮記》四十九篇，《樂記》第十九。"四十九篇之首，《疏》皆引鄭《目録》。鄭《目録》之末必云："此於劉向《別録》屬某門。"《月令》，《目録》云："此於《別録》屬《明堂陰陽記》。"《明堂位》，《目録》云："此於《別録》屬《明堂陰陽》。"[6]《樂記》，《目録》云："此於《別録》屬《樂記》。蓋十一篇，今爲一篇。"則三篇皆劉向《別録》所有，安得以爲馬融所增？《疏》又引玄《六藝論》曰[7]："戴德傳《記》八十五篇"，則《大戴禮》是也。"戴聖傳《禮》四十九篇"，則此《禮記》是也。玄爲馬融弟子，使三篇果融所增，玄不容不知，豈有以四十九篇屬於戴聖之理？況融所傳者，乃《周禮》。若小戴之學，一授橋仁，一授楊榮。後傳其學者，

---

[1] 馬融，參見《周禮注疏》提要注。

[2] "益"，《隋書・經籍志》中華書局點校本作"定"，校勘記云："原作足，據《通典・禮典序》改。"

[3] "《樂記》一篇"，文淵閣本作"《明堂》一篇"，誤。

[4] 橋玄（110—184），字公祖，東漢梁國睢陽（今河南商丘）人。曾平定邊境之亂，官至太尉。事迹見《後漢書・橋玄傳》。

[5] "著"，殿本、文淵閣本作"撰"。七世祖仁，即橋仁，字季卿，梁國睢陽（今河南商丘）人，西漢時期著名文學家，官至大鴻臚。曾與楊榮并受《禮》於戴聖。事迹見《後漢書・橋玄傳》。

[6] 底本"明堂"下有"記"字，據《禮記正義・明堂位》孔疏引鄭玄《三禮目録》原文和殿本、文淵閣本提要删。

[7] 《六藝論》，東漢鄭玄著，已佚。

有劉祐、高誘、鄭玄、盧植〔1〕。融絶不預其授受〔2〕，又何從而增三篇乎？知今四十九篇，實戴聖之原書，《隋志》誤也。

元延祐中，行科舉法，定《禮記》用鄭玄注。故元儒説禮，率有根據〔3〕。自明永樂中，勅修《禮記大全》〔4〕，始廢鄭注，改用陳澔《集説》〔5〕，禮學遂荒。然研思古義之士，好之者終不絶也。

爲之疏義者，唐初尚存皇侃、熊安生二家〔6〕。（案，明北監本以皇侃爲皇甫侃，以熊安生爲熊安，二人姓名并誤，足徵校刊之疏，謹附訂於此。）貞觀中，敕孔穎達等修《正義》，乃以皇氏爲本，以熊氏補所未備。穎達《序》稱：“熊則違背本經，多引外義，猶之楚而北行，馬雖疾而去愈遠。又欲釋經文，惟聚難義，猶治絲而棻之，手雖繁而絲益亂也。皇氏雖章句詳正，微稍繁廣，又既遵鄭氏，

〔1〕“祐”，殿本、文淵閣本皆作“佑”，誤。劉祐（？—169），字伯祖，東漢中山安國（今河北安國）人。曾任太守，事迹見《後漢書·黨錮列傳》。高誘，東漢涿郡涿縣（今河北涿州）人。著有《淮南子注》《吕氏春秋注》及《戰國策注》。盧植（139—192），字子幹，涿郡涿縣（今河北涿州）人，東漢末年經學家、將領。著有《尚書章句》《三禮解詁》等，今佚。事迹見《後漢書·吴延史盧趙列傳》。

〔2〕“預”，殿本作“豫”，誤。

〔3〕“據”，文淵閣本作“舉”，誤。

〔4〕《禮記大全》，《禮記》研究著作，明胡廣等撰，凡三十卷，成書於永樂十三年（1415）。此書以陳澔《禮記集説》爲藍本，又采綴諸家之説而成，定爲科舉考試的範本，影響有明一代。朱彝尊、顧炎武等皆力詆此書之非。

〔5〕陳澔（1260—1341），字可大，號雲住，南康路都昌縣（今江西都昌）人。宋末元初著名理學家、教育家。創辦雲住書院，并講學其中。著有《禮記集説》十卷。

〔6〕皇侃，參見《論語義疏》提要注。熊安生（約499—578），字植之，長樂阜城（今河北阜城）人，北朝經學家。撰有《周禮》《禮記》《孝經》諸義疏，均佚。

乃時乖鄭義〔1〕，此是木落不歸其本〔2〕，狐死不首其丘〔3〕。此皆二家之弊〔4〕，未爲得也。"故其書務伸鄭注，未免有附會之處。然采掇舊文，詞富理博，説禮之家，鑽研莫盡。譬諸依山鑄銅，煮海爲鹽。即衛湜之書〔5〕，尚不能窺其涯涘，陳澔之流，益如莛與楹矣〔6〕。

【比對一】
《薈要》本《禮記注疏》提要〔7〕

臣等謹案:《禮記注疏》六十三卷，漢鄭康成注，唐孔穎達疏。《禮記》多傳於漢儒，大半爲釋《儀禮》之義而作，而三代遺制，亦錯出其中。康成深於《周官》《儀禮》，故其注《戴記》，獨能得經之指歸。孔氏作疏，更爲明暢。衛湜謂: "晋宋而下傳禮學者，南

---

〔1〕 "乃"，殿本、文淵閣本皆作"又"。今按，孔《序》作"乃"，殿本及文淵閣本誤。

〔2〕 "木落不歸其本"，殿本作"木落不歸其根"，文淵閣本作"本落不歸其根"。今按:據孔《序》，殿本、文淵閣本誤。

〔3〕 "丘"，底本作"邱"，避孔子名諱。今回改。

〔4〕 "此皆二家之弊"，殿本、文淵閣本無"此"字，孔《序》有之。

〔5〕 衛湜，字正叔，南宋吴郡（今江蘇蘇州）人。官武進令，終寶謨閣直學士，學者稱櫟齋先生。著有《禮記集説》一百六十卷。

〔6〕 文淵閣本"益如莛與楹矣"下有"乾隆四十二年八月恭校上"，凡11字。

〔7〕 本校注以《薈要》本《禮記注疏》書前提要（334字）爲底本，以文淵閣本（334字）、文津閣本（334字）爲校本。

人有賀循、賀瑒、庾蔚、崔靈恩、沈重、范宣、皇侃等〔1〕，北人有徐遵明、李業興、李寶鼎、侯聰、熊安生等〔2〕，何止數十家？《正義》實據皇侃以爲本，而以熊安生補其所不備。"信如湜言，則穎達當推尊兩家之不暇，何轉譏侃以"木落不歸其本"，譏安生以"之楚而北行"乎？今侃與安生之書，久佚不可考，是湜所云，實與不實，未可知也。

明初陳澔《集説》，與孔《疏》并列學官，繼乃專主陳氏。論者終以爲不如孔《疏》之雅奧，洵非虛美矣。

是書明刻本訛闕甚多，乾隆四年校刊并爲訂正，惟《檀弓》《曾子問》《禮運》《禮器》《坊記》《中庸》《大學》等篇闕文，間

---

〔1〕賀循（260—319），字彦先，會稽山陰（今浙江紹興）人。曾任吳國內史、軍諮祭酒、太常等職。事迹見《晋書》卷六十八。賀瑒（452—510），字德璉，會稽山陰（今浙江紹興）人。任齊爲太學博士、太常丞。入梁，復官太常丞，兼五經博士，著有《喪服譜》《喪服要記》、文集等，已佚。庾蔚（之），字季隨，穎川（今屬河南）人。仕宋，任員外常侍。著有《禮記略解》，今佚。崔靈恩，清河東武城（今河北衡水）人，南朝梁經學家。官至步兵校尉，兼國子博士。著有《集注毛詩》《集注周禮》《三禮義宗》等，今佚。沈重，參見《儀禮注疏》提要注。范宣（292—345），字宣子，陳留（今河南開封）人，晋經學家。著有《禮論難》《易論難》，皆佚。皇侃，參見《論語義疏》提要注。

〔2〕徐遵明（475—529），字子判，華陰（今屬陝西）人。北魏儒家學者，經學家。終身未仕，講學二十餘年。撰有《春秋義章》，已佚。又，江慶柏以爲當作"徐道明"。見江氏《四庫全書薈要總目提要》（人民文學出版社2009年版，第182頁）。李業興（484—549），上黨長子（今屬山西）人。北魏天文學家，曾任騎兵參軍、征虜將軍、中散大夫等職，著有《戊子元曆》。事迹見《北史·列傳》。李寶鼎，渤海阜城（今屬河北）人，曾授熊安生以《禮》，任國子博士。

仍其舊。今以何煌、惠棟等所勘北宋殘本[1]，并南宋《纂圖》諸本[2]，考訂流傳，可資采據，因悉取以補完云。乾隆三十九年四月恭校上[3]。

【比對二】

《簡明目録》本《禮記正義》提要[4]

《禮記正義》六十三卷，漢鄭玄注，唐孔穎達疏。元延祐中行科舉法，定《禮記》用鄭注。至明永樂中修《禮記大全》，始改用陳澔《集説》，鄭注遂廢。然終爲説禮家之根柢也。

【評析】

《禮記》是對《儀禮》（亦稱《士禮》《禮經》）17 篇進行闡發補充的儒家禮學文獻之彙編，主要有《大戴禮記》及《小戴禮記》

---

[1] "何煌"，文津閣本作"何焞"，誤。何煌（1668—1745），字心友，號小山，江蘇長洲（今江蘇蘇州）人。何焯弟。清代藏書家、校勘學家。阮元校刊《十三經注疏》，《公羊》《穀梁》等書均據何煌校本。惠棟（1697—1758），字定宇，號松崖，江蘇元和（今江蘇蘇州）人。清代經學家、校勘學家。治經以漢儒爲宗，尤精於易學。著有《後漢書補注》《九經古義》《明堂大道録》《松崖文鈔》等。

[2] 《纂圖》，指《纂圖互注禮記》，宋佚名編，凡二十卷。其書卷首有《禮記舉要圖》，列十五圖并配有《禮記》文字；其後爲《記》文 49 篇，每篇有題解、正文、漢鄭玄注、唐陸德明音義等。

[3] "乾隆三十九年四月"，文溯閣本作"乾隆四十七年四月"，文津閣本作"乾隆四十九年八月"。

[4] 本提要録自《四庫全書簡明目録》卷二，凡 62 字。

兩個傳本。西漢武帝時期，戴德與侄子戴聖一同向禮學家后倉問禮，各自選輯儒家論禮篇章，史稱大小戴。戴德所傳《大戴禮記》85 篇，散佚嚴重，今僅存 39 篇。戴聖所傳《小戴禮記》49 篇，皆存，爲今本《禮記正義》所據底本。

《禮記》之於禮學的獨特價值，在於闡述經義之外，更記載了舊時禮制以便參考。今本二戴記從禮、學、政、時等多個方面保存了儒家禮學之要旨。在禮類文獻方面，有《曲禮》《檀弓》《冠義》《昏義》等闡釋禮節條文的專篇；學類文獻方面，有《學記》《中庸》《大學》《曾子十篇》等論述儒家諸子哲學的篇目；政類文獻方面，有《王制》《月令》《明堂位》《文王官人》等記録制度和政令的文字；時類文獻方面，則有記録傳統農事的曆書《夏小正》一篇，存儲有古老的天文曆法知識，是時令類文章的開山之作[1]。《禮記》一方面豐富了《禮經》的義理内涵，一方面增强了禮學的事例骨架，使形而上的經義增强了流傳的便利條件。

二戴記既爲同宗同源的雙生文本，也保留了藕斷絲連的傳習脉絡，但其地位却有雲泥之别。《小戴記》自鄭玄作注後便長期列於學官，爲之疏義者有皇侃、熊安生、孔穎達等數十家，其中尤以孔穎達《禮記正義》影響最著。自宋元時期位列“五經”，地位及通行程度甚至超過《儀禮》，而成爲科舉考試的指定文本。而《大戴記》則因無巨儒作注而傳授者寥寥，兼之散佚過半，錯訛甚多，不免走向没落，直到清朝纔迎來研究小高潮，出現了武英殿排印戴震精校本，以及汪照《大戴禮注補》、孔廣森《大戴禮記補注》、王聘珍《大戴禮記解詁》等研究專著。

《四庫全書》收録《禮記正義》（又名《禮記注疏》）六十三卷，編在“經部”禮類三之首。四庫館臣爲《禮記正義》所撰寫的提要，

---

[1] 參見甘良勇：《〈大戴禮記〉研究》，浙江大學博士論文，2012 年，第64—170 頁。

主要有 7 個版本，其中浙本、殿本、文淵閣本較爲詳細，且内容基本相同。詳本提要大致可分爲三個部分：《禮記》49 篇的形成——鄭《注》興廢簡史——對孔《疏》的評價。

一、《禮記》49 篇的形成

提要徵引《隋書·經籍志》關於《禮記》49 篇定篇過程的記載，并對其中東漢馬融增補 3 篇的觀點提出反駁。論據有四：第一，據《後漢書·橋玄傳》，小戴後學橋仁著有《禮記章句》49 篇，説明早在西漢成帝時期，《禮記》已稱 49 篇；第二，根據孔《疏》、鄭玄《目録》與劉向《別録》的對應關係，《禮記》中《月令》《明堂位》兩篇及《樂記》分屬劉向《別録》中的《明堂陰陽》與《樂記》，而劉向是西漢人，可知此 3 篇并非東漢馬融後增；第三，鄭玄《六藝論》中有"戴聖傳《禮》四十九篇"之説，倘若馬融曾增補 3 篇，身爲其弟子的鄭玄理應知曉，不會將此 3 篇誤歸於戴聖名下；第四，提要認爲馬融傳《周禮》，不在《小戴禮記》的傳承之列，故馬融并未增補 3 篇。基於以上理由，館臣排除了馬融增補《禮記》3 篇的可能性。需要説明的是，據《後漢書·馬融傳》，馬融注過"三禮"，所以館臣稱他僅傳《周禮》（即《周官》），不通《禮記》，此條不確，但前三條證據已極富説服力，足以反駁《隋書·經籍志》的觀點。

《禮記》的篇數問題歷來爭議頗多。晋人陳邵《周禮論·序》云："戴德删古禮二百四篇爲八十五篇，謂之《大戴禮》。戴聖删《大戴禮》爲四十九篇，是爲《小戴禮》。"[1]《隋書·經籍志》附益之，稱："戴聖又删大戴之書，爲四十六篇，謂之《小戴記》。漢末馬融遂傳小戴之學。融又定《月令》一篇、《明堂位》一篇、《樂記》一篇，合四十九篇。"可見《隋志》沿用了陳邵"戴聖删《大戴禮》"的觀點，

---

[1]［清］嚴可均輯：《全晋文》，商務印書館 1999 年版，第 829 頁。

但變《小戴禮記》49 篇爲 46 篇，并演繹出馬融補足 3 篇的説法。除館臣外，戴震、錢大昕、陳壽祺等對此亦有反駁，戴震指出："《隋志》以前，未有謂小戴删大戴之書者，則《隋志》不足據也。"〔1〕錢大昕曰："謂大戴删《古禮》二百四篇爲八十五篇，小戴又删爲四十九篇，其説始於晋司空長史陳邵，而陸德明引之，《隋志》又附益之。然《漢書》無其事，不足信也。"〔2〕陳壽祺亦認可戴震對"戴聖删戴德、馬融增三篇"觀點的反駁，稱"邵言微誤"〔3〕。

二、鄭《注》興廢簡史

鄭玄在注書過程中一改古注繁冗之弊，平衡群經歧異，擇善而從，《後漢書》贊其"括囊大典，網羅衆家，删裁繁誣，刊改漏失"。鄭《注》以其簡約明暢，歷來被奉爲禮學正宗，僅有兩個時期地位下降，一是魏晋之際尊王學而抑鄭學，二是慶曆以後宋儒興起反漢之風〔4〕。元儒雖尊崇宋學，但於《禮記》却仍奉鄭《注》，據《元史·選舉一·科目》載，元仁宗皇慶二年（1313）十月頒布的"考試程式"中規定："《詩》以朱氏爲主，《尚書》以蔡氏爲主，《周易》以程氏、朱氏爲主，已上三經，兼用古注疏。《春秋》許用《三傳》及胡氏《傳》，《禮記》用古注疏。"所謂"古注疏"，當然指鄭玄注、孔穎達疏。故館臣在提要中指出："元儒説禮，率有根據。"

明洪武起，科舉仍沿元代之舊，使用鄭《注》，直至永樂年間

---

〔1〕［清］戴震：《戴震全集》第三册《大戴禮記目録後語一》，清華大學出版社 1994 年版，第 1254 頁。

〔2〕［清］錢大昕：《廿二史考異》，鳳凰出版社 2008 年版，第 109 頁。

〔3〕范文瀾：《范文瀾全集》卷一《群經概論》，河北教育出版社 2002 年版，第 207 頁。

〔4〕楊天宇：《鄭玄三禮注研究》，天津人民出版社 2007 年版，第 171—178 頁。

始改用陳澔《禮記集説》。《明史·選舉二》載："永樂間，頒《四書五經大全》，廢《注》《疏》不用。其後，《春秋》亦不用張洽《傳》，《禮記》止用陳澔《集説》。"明永樂十二年（1414），胡廣等人奉敕修《五經大全》，顧炎武評價其"僅取已成之書，抄謄一過，上欺朝廷，下誑士子……而制義初行，一時人士盡弃宋、元以來所傳之實學，上下相蒙，以饗禄利而莫之問也。嗚呼！經學之廢，實自此始"[1]，點明其書質量低下給明代儒學帶來的惡劣影響。《五經大全》中的《禮記大全》兼收四十二家諸説，以陳澔《集説》爲主，《集説》從此列於學官。皮錫瑞指出："元以宋儒之書取士，《禮記》猶存鄭注；明并此而去之，使學者全不睹古義，而代以陳澔之空疏固陋，《經義考》所目爲兔園册子者。故經學至明爲極衰時代。"[2]所謂"兔園册子"，意指村塾教學之書，後引申爲應試俗書。《經義考》對《集説》一書極爲不滿，批評其"於度數品節，擇焉不精，語焉不詳；禮云禮云，如斯而已乎"[3]。《集説》之弊，主要在其淺近。爲教學方便，陳澔删孔《疏》中喪、祭等節文度數的考證解釋，故館臣有"用爲蒙訓則有餘，求以經術則不足"的評價。

三、對孔《疏》的評價

唐朝儒學振興，唐太宗詔孔穎達等撰《五經義疏》以裁定異説。後經修訂，該書於永徽四年（653）以《五經正義》之名頒行天下，成爲明經考試所用的定本。其於《三禮》中獨收《禮記》，延續了

---

[1] ［清］顧炎武著、［清］黄汝成集釋：《日知録集釋》，上海古籍出版社 2006 年版，第 1043 頁。

[2] ［清］皮錫瑞著、周予同注釋：《經學歷史》，中華書局 2004 年版，第 210 頁。

[3] ［清］朱彝尊著、許維萍等點校：《點校補正經義考》，"中央研究院"中國文哲研究所 2004 年版，第 860 頁。

北朝尤尊《禮記》的脈絡，確定了此後《禮記》獨盛的格局。提要指出，《禮記正義》取材於南儒皇侃的《禮記義疏》《禮記講疏》及北儒熊安生的《禮記義疏》，整合了南北禮學的闡釋成果，也反映出隋唐一統後經學思想的合流。孔穎達認爲"熊則違背本經，多引外義"，鮮明地體現出"北學深蕪，窮其枝葉"（《北史·儒林傳序》）的特點；而皇侃"章句詳正"，則反映出"南人約簡，得其英華"（同上）的優勢。但孔氏仍不滿於皇氏"微稍繁廣""時乖鄭義"，認爲其徵引過廣，沒有忠實於鄭《注》。

孔氏以"時乖鄭義"爲皇氏之弊，館臣却以"疏不破注"爲孔氏之弊，指出"其書務伸鄭《注》，未免有附會之處"，可謂一針見血。"疏不破注"作爲一條重要的治經原則，既方便了對經義的學習理解，也存在承襲錯誤、穿鑿附會的缺陷。同時，館臣高度肯定了孔疏"采摭舊文，詞富理博，説禮之家，鑽研莫盡"的價值與影響力，不僅直言其與陳澔《禮記集説》有著天壤之別，更將其置於有"禮家之淵海"之稱的衛湜《禮記集説》之上，可見對孔氏《禮記正義》的推崇。

《薈要》本、文溯閣本、文津閣本三個版本的《禮記注疏》書前提要基本相同，但篇幅遠遠小於《總目》本，字數爲 334 字。其内容與繁本頗有差異：1. 簡要梳理《禮記》的注疏過程，沒有提及關於 49 篇形成經過和關於卷數的爭議。2. 對衛湜"《正義》實據皇侃以爲本，而以熊安生補其所不備"的説法提出質疑，但因皇氏、熊氏之書久佚不可考，而將此問題擱置。3. 交代了陳澔《集説》與孔《疏》的地位變化，未提及鄭《注》的興廢歷史。4. 對校勘、補録情況進行了明確的工作彙報，相比繁本而言，内容更爲清晰明了。可見，簡本提要與繁本提要的内容大相徑庭，沒有淵源關係。

《禮記正義》提要中有若干明顯的知識性錯誤，需要引起重視。

1.《禮記正義》六十三卷。

浙本、殿本如此。文淵閣本提要作"禮記正義三十六卷"，書名、卷數兩誤。今考文淵閣本、文溯閣本、文津閣本《四庫全書》俱作《禮記注疏》六十三卷，不作“正義”。據《舊唐書·經籍志》和《新唐書·藝文志》，孔穎達《禮記正義》原本七十卷，今國家圖書館藏宋紹熙三年（1192）兩浙東路茶鹽司刻宋元遞修本可證。附有陸德明音釋者改爲六十三卷，今上海圖書館藏宋福建刻本《附釋音注疏禮記》六十三卷可證。元刻、明崇禎間毛氏汲古閣刻、清乾隆四年（1739）武英殿校刻之《十三經注疏》，皆爲《禮記注疏》六十三卷。《四庫全書》各庫本以殿本爲據抄入，當然是《禮記注疏》六十三卷。崔富章先生稱：“是庫書繕録乾隆四年校刊《禮記注疏》六十三卷《正義序》一卷《原目》一卷《傳述》一卷，每卷後附《考證》（校刊記）。《總目》從《唐志》改題‘正義’，卷數則從‘注疏’本，首鼠兩端，不足據也。”〔1〕

2. 融又益《月令》一篇，《明堂位》一篇，《樂記》一篇，合四十九篇。

今考《隋書·經籍志》，書中作“融又定《月令》一篇、《明堂位》一篇、《樂記》一篇”，中華書局點校本校勘記云：“定，原作‘足’，據《通典·禮典序》改。”今按《通典》云：“馬融亦傳小戴之學。又定《月令》《明堂位》，合四十九篇。”《隋書》原本用“足”字而非“定”字，認爲馬融對《禮記》有增補之功而非審定之功，館臣轉引時誤記爲“益”，加深了這一錯訛。有研究者以對校、理校法考察了傳世文獻關於“融又益《月令》一篇”句中“定”“足”“益”“增”“附”“取”“補”七種説法的記載，指出“定”字出現最早且其涉及的書目皆爲欽定和官修，準確性較高〔2〕。

---

〔1〕崔富章著：《四庫提要補正》，第 132 頁。

〔2〕王志翔：《四庫全書總目提要〈禮記正義〉考辨一則》，《古籍整理研究學刊》2018 年第 5 期。

3. 況融所傳者，乃《周禮》。若小戴之學，一授橋仁，一授楊榮。後傳其學者，有劉祐、高誘、鄭玄、盧植。融絶不預其授受，又何從而增三篇乎？

據《後漢書·馬融傳》，馬融"注《孝經》、《論語》、《詩》、《易》、三《禮》"，所以館臣稱他僅傳《周禮》，不通《禮記》，此條不確，"融絶不預其授受"的結論也過於武斷。

4. 今以何煌、惠棟等所勘北宋殘本，并南宋《纂圖》諸本，考訂流傳，可資采據，因悉取以補完云。

"何煌"，文津閣本作"何焯"，爲訛字。何焯、何煌兄弟皆爲清代著名校讎家，阮元撰《校勘記》，便據何煌及惠棟所校宋刻本，文津閣本之錯應爲館臣抄寫時筆誤所致。

儘管提要有一些錯誤，但畢竟瑕不掩瑜。館臣梳理了《禮記》成書經過，回答了關於《禮記》篇數的疑問，同時對《禮記》多種注疏版本進行了較爲公允的評價，可供研究者參考。

各提要的撰寫時間是：《薈要》本（乾隆三十九年四月）—文淵閣本（乾隆四十二年八月）—文溯閣本（乾隆四十七年四月）—《簡明目録》本（乾隆四十七年）—文津閣本（乾隆四十九年八月）—《總目》浙本、殿本（乾隆六十年）。

大戴禮記十三卷〔1〕

《大戴禮記》十三卷（江西巡撫采進本）〔2〕，漢戴德撰〔3〕。《隋書·經籍志》曰：“《大戴禮記》十三卷，漢信都王太傅戴德撰。”《崇文總目》云：“《大戴禮記》十卷三十五篇〔4〕，又一本三十三篇。”《中興書目》云〔5〕：“今所存止四十篇。”晁公武《讀書志》云：“篇目自三十九篇始，無四十三、四十四、四十五、六十一，四篇。有

〔1〕本校注以浙本《四庫全書總目》卷二十一《大戴禮記》提要（684 字）爲底本，以殿本（684 字）、文津閣本（692 字）爲校本。

〔2〕“《大戴禮記》十三卷（江西巡撫采進本）”，文津閣本作“臣等謹案：《大戴禮記》十三卷”。《大戴禮記》原有 85 篇，現存 39 篇。本書與《禮記正義》所據底本《小戴禮記》同爲禮經之兩翼，是研究中國早期儒家禮學的重要資料。

〔3〕戴德，參見《儀禮注疏》提要注。

〔4〕“十卷三十五篇”，殿本作“十三卷十五篇”，誤。參見《玉海》卷三九《藝文·三禮》引《崇文總目》。

〔5〕《中興書目》，即《中興館閣書目》七十卷，宋陳騤編。該書成於淳熙四年（1177），分 52 門，著録南宋國家藏書四萬餘卷，每書均有解題。已佚。

兩七十四。”而韓元吉、熊朋來、黄佐、吳澄并云兩七十三〔1〕，陳振孫云兩七十二〔2〕。蓋後人於《盛德》第六十六别出《明堂》一篇爲六十七，其餘篇第，或至《文王官人》第七十一改爲七十二，或至《諸侯遷廟》第七十二改爲七十三，或至《諸侯釁廟》第七十三改爲七十四，故諸家所見不同。蓋有新析一篇，則與舊有之一篇篇數重出也。漢許慎《五經異義》論《明堂》，稱《禮》戴説、《禮·盛德記》〔3〕，即《明堂篇》語。《魏書·李謐傳》《隋書·牛弘傳》俱稱《盛德篇》〔4〕，或稱《泰山盛德記》，知析《盛德篇》爲《明堂篇》者，出於隋唐之後。又鄭康成《六藝論》曰：“戴德傳《記》八十五篇。”司馬貞曰〔5〕：“《大戴禮》合八十五篇，其四十七篇亡，存三十八篇。”蓋《夏小正》一篇多别行，隋唐間録《大戴禮》者，或闕其篇，是以司馬貞云然。原書不别出《夏小正》篇，

---

〔1〕韓元吉（1118—1187），字無咎，開封雍邱（今河南開封）人，南宋詞家。以蔭補龍泉縣主簿，累官吏部尚書，封潁川郡公。有《南澗甲乙稿》《南澗詩餘》。熊朋來（1246—1323），字與可，豫章（今江西南昌）人。曾任福清州判官。事迹見《元史》卷一百九十。黄佐（1490—1566），字才伯，廣東香山（今廣東中山）人。曾掌南京翰林院，擢南京國子祭酒。著有《論學書》《論説》《樂典》等。事迹見《明史》卷二百八十七。吳澄（1249—1333），字幼清，撫州崇仁（今屬江西）人。元代理學家、教育家。曾任國史編修、國子監丞、經筵講官等職。著有《五經纂言》《草廬精語》《道德經注》《三禮考注》。事迹見《元史》卷一百七十一。

〔2〕陳振孫，參見《周易注》提要注。

〔3〕“《禮》戴説、《禮·盛德記》”，殿本、文津閣本作“戴記禮説盛德記”。許慎，參見《説文解字》提要注。

〔4〕牛弘，底本作“牛宏”，避諱字回改。隋代政治家、學者。開皇三年（583）拜禮部尚書，請修明堂，定禮樂制度。又奉敕修撰《五禮》百卷。

〔5〕司馬貞（679—732），字子正，河内（今河南沁陽）人。唐代史學家。開元間官至朝散大夫，弘文館學士等。主管編纂、撰述和起草詔令等。著《史記索隱》三十卷，世號“小司馬”。

實闕四十六篇〔1〕，存者宜爲三十九篇。《中興書目》乃言存四十篇，則竄入《明堂》篇題，自宋人始矣。

書中《夏小正》篇最古，其《諸侯遷廟》《諸侯釁廟》《投壺》《公冠》，皆《禮》古經遺文。又《藝文志》：“《曾子》十八篇，久逸〔2〕。”是書猶存其十篇，自《立事》至《天圓》篇，題上悉冠以“曾子”者是也。

書有注者八卷，餘五卷無注，疑闕逸，非完本。朱子引《明堂篇》鄭氏注云：“法龜文。”殆以注歸之康成〔3〕。考注内徵引，有康成、譙周、孫炎、宋均、王肅、范甯、郭象諸人〔4〕，下逮魏晋之儒。王應麟《困學紀聞》指爲盧辯注〔5〕。據《周書》，辯字景宣，官尚書右僕射，以《大戴禮》未有解詁，乃注之。其兄景裕謂曰：“昔侍中注《小戴》，今爾注《大戴》，庶續前修矣。”王氏之言，信而有徵。

---

〔1〕 “闕”，殿本作“缺”，意同。

〔2〕 “久”，文津閣本作“文”，誤。

〔3〕 “殆以注歸之康成”，文津閣本同，殿本作“始以注歸之鄭康成”。

〔4〕 殿本無“有”字。康成，即鄭玄。譙周（201—270），字允南，巴西西充國（今四川閬中）人。三國蜀漢儒學家、史學家。曾任典學從事，後遷光禄大夫。撰有《古史考》《法訓》《五經論》等。事迹見《三國志》卷四十二。孫炎，字叔然，樂安（今山東博興）人。三國魏經學家。著《周易春秋例》，注《毛詩》《禮記》《春秋三傳》等，均佚。宋均（10—76），字叔庠，南陽安衆（今河南南陽）人。曾任東海諸侯國相、尚書令、司隸校尉及河内太守等職。事迹見《後漢書》卷四十一。王肅，參見《毛詩正義》提要注。范甯（339—401），字武子，南陽順陽（今河南淅川）人。東晋經學家。歷任餘杭令、臨淮太守、中書侍郎、豫章太守等職，著有《春秋穀梁傳集解》。郭象（252—312），字子玄，河南洛陽人。西晋玄學家。官至黃門侍郎、太傅主簿。著有《莊子注》。事迹見《晋書》卷五十。

〔5〕 “困學紀聞”，殿本作“困學記聞”，誤。王應麟，參見《周易注》提要注。盧辯（？—557），字景宣，范陽郡涿縣（今河北涿州）人。曾任太學博士。所注《大戴禮記》是今見最早的《大戴禮記》注本。事迹見《周書》卷二十四。

是書正文并注，僞舛幾不可讀〔1〕，而《永樂大典》內散見僅十六篇。今以各本及古籍中摭引《大戴禮記》之文，參互校訂，附案語於下方。史繩祖《學齋佔畢》〔2〕，言《大戴記》列之十四經中，其説今不可考。然先王舊制，時有徵焉，固亦《禮經》之羽翼爾〔3〕。

【比對一】
文淵閣本《大戴禮記》提要〔4〕

臣等謹案：《大戴禮記》十三卷，漢戴德撰。《隋書·經籍志》云："《大戴禮記》十三卷，漢信都王太傅戴德撰。梁有《謚法》三卷，後漢安南太守劉熙注〔5〕，亡。"《崇文總目》云："《大戴禮記》十卷三十五篇，又一本三十三篇。"《中興書目》云："今所存止四十篇。"晁公武《讀書志》云："篇目自三十九篇始，無四十三、四十四、四十五、六十一四篇，有兩七十四。"而韓元吉、熊朋來、黃佐、吳澄并云兩七十三，陳振孫云兩七十二。蓋後人於《盛德》第六十六，別出《明堂》一篇爲六十七，其餘篇第，或至《文王官人》第七十一改爲七十二，或至《諸侯遷廟》第七十二改爲七十三，或

---

〔1〕"僞舛"，殿本、文津閣本作"訛舛"。今按："訛舛"義勝。

〔2〕史繩祖（1192—1274），字慶長，宋眉州眉山（今屬四川）人。官至朝請大夫。撰有《孝經解》《學齋佔畢》等。

〔3〕文津閣本"固亦禮經之羽翼爾"下有"乾隆四十九年二月恭校上"，凡11字。

〔4〕本校注以文淵閣本《大戴禮記》提要（961字）爲底本，以文溯閣本（962字）爲校本。

〔5〕劉熙，字成國，北海（今山東昌樂）人。東漢經學家、訓詁學家。官至安南太守。著有《謚法注》《釋名》。

至《諸侯釁廟》第七十三改爲七十四，故諸家所見不同。因有新析一篇，則與舊有之一篇篇數重出也〔1〕。漢許慎《五經異義》論《明堂》稱《戴記禮説》《盛德記》，即《明堂》篇語。《魏書·李謐傳》《隋書·牛宏傳》俱稱《盛德》篇，或稱《泰山盛德記》，知析《盛德》篇爲《明堂》篇者，出於隋唐之後。又鄭康成《六藝論》曰："戴德傳《記》八十五篇。"司馬貞曰："《大戴禮》合八十五篇，其四十七篇亡，存三十八篇。"蓋《夏小正》一篇多別行，隋唐間録《大戴禮》者或闕其篇，是以司馬貞云然。原書不別出《夏小正》篇，實闕四十六篇，存者宜爲三十九篇。《中興書目》乃言存四十篇，則竄入《明堂》篇題，自宋人始矣。

《隋志》又曰："戴聖删大戴之書爲四十六篇，馬融足《月令》《明堂位》《樂記》合爲四十九篇。"今考孔穎達義《疏》，於《樂記》云："按《別録》，《禮記》四十九篇，《樂記》第十九。"然則《樂記》篇第，劉向列之《別録》，即與今不殊。《後漢書·橋玄傳》云："七世祖仁著《禮記章句》四十九篇，號曰橋君學。"仁即班固所説"小戴授梁人橋仁季卿者"也。劉向當成帝時校理秘書，橋仁親受業小戴之門，亦成帝時爲大鴻臚。劉、橋所見篇數已爲四十有九，而融遠在後漢之季，小戴書不待融足三篇甚明。康成嘗受學於融者，其《六藝論》亦但曰"戴聖傳《禮》四十九篇"。作《隋書》者徒附會《大戴》闕篇，以爲即小戴所録，而尚多三篇不符，遂漫歸之融耳。然因是而知隋唐間《大戴》闕篇，與今本無異。故今本卷數，適同《隋志》卷數也。

書中《夏小正》篇最古，其《諸侯遷廟》《諸侯釁廟》《投壺》《公冠》皆《禮》古經遺文。又《藝文志》："《曾子》十八篇，久逸。"是書猶存其十篇，自《立事》至《天圓》篇，題上悉冠以"曾子"者是也。

---

〔1〕"因"，文淵閣本作"蓋"。

書有注者八卷，五卷無注，疑闕逸，非完書[1]。朱子引《明堂》篇鄭氏注云"法龜文"，殆以注歸之康成。考注内徵引，有康成、譙周、孫炎、宋均、王肅、范甯、郭象諸人，下逮魏晋之儒。王應麟《困學紀聞》指爲盧辯注。據《周書》，辯字景宣，官尚書右僕射，以《大戴禮》未有解詁，乃注之。其兄景裕謂曰："昔侍中注《小戴》，今爾注《大戴》，庶纘前修矣。"王氏之言，信而有徵。

是書正文并注，訛舛幾不能成誦。而《永樂大典》内散見僅十六篇。今以各本及古籍中摭引《大戴禮記》之文參互校訂[2]，附案語於下方。史繩祖有言："《大戴記》列之十四經。"其説今不可考。然先王舊制，時有徵焉，固亦《禮經》之羽翼也。乾隆四十七年四月恭校上[3]。

【比對二】
《簡明目録》本《大戴禮記》提要[4]

《大戴禮記》十三卷，漢戴德撰，周盧辯注[5]。世有刊本，而舛不可讀。今以《永樂大典》所載宋本重爲校正。戴德書爲戴聖删削之餘，凡八十五篇，《隋志》所録已佚其四十七篇，盧辯注亦僅存八卷，無從校補，今悉仍其舊。

---

〔1〕"非完書"，文淵閣本脱"書"字。

〔2〕文淵閣本"今以"下多"與"字。

〔3〕"乾隆四十七年四月"，文淵閣本作"乾隆四十七年十一月"。

〔4〕本提要録自《四庫全書簡明目録》卷二，凡81字。

〔5〕"盧辯"，底本訛作"盧辨"，據浙本提要改。

【評析】

《大戴禮記》十三卷，漢戴德輯，北周盧辯注，位居《四庫全書·經部》禮類三。本書提要現有6個不同的版本。其中浙本、殿本、文津閣本提要的内容基本相同，皆出自《四庫全書·經部》主持人、著名學者戴震之手，684字。該提要可分爲四個部分：《大戴禮記》篇目次序——各篇價值——注者考辨——參互校訂之功。

一、《大戴禮記》篇目次序

提要首先討論《大戴禮記》的篇目次序問題。館臣引《隋書·經籍志》《崇文總目》《中興書目》等目録學著作及晁公武、陳振孫等學者的觀點，對《大戴記》篇數重出的問題進行了合理推測，并點出了前人對《盛德篇》（即《明堂篇》）的重複計算之謬。今參照《隋志》等典籍記載，將《四庫》本《大戴禮記》篇目次序情況列表如下，以便更清晰地展示提要内容。

文淵閣《四庫全書》本《大戴禮記》篇目篇次表

篇次	文淵閣《四庫全書》本《大戴禮記》篇名	校訂本卷數	相關記載
第一至第三十八	（佚）		
第三十九	王言（一作主言）	卷一	晁公武《讀書志》：篇目自三十九篇始，無四十三、四十四、四十五、六十一，四篇。有兩七十四。
第四十	哀公問五儀（一作義）		
第四十一	哀公問於孔子		
第四十二	禮三本		
第四十三至第四十五	（佚）		
第四十六	禮察	卷二	
第四十七	夏小正		戴震：《夏小正》一篇多别行。
第四十八	保傅	卷三	

第四十九	曾子立事	卷四	戴震：《藝文志》："《曾子》十八篇"，久逸。是書猶存其十篇，自《立事》至《天圓》篇，題上悉冠以"曾子"者是也。
第五十	曾子本孝		
第五十一	曾子立孝		
第五十二	曾子大孝		
第五十三	曾子事父母		
第五十四	曾子制言上	卷五	
第五十五	曾子制言中		
第五十六	曾子制言下		
第五十七	曾子疾病		
第五十八	曾子天圓		
第五十九	武王踐阼	卷六	
第六十	衛將軍文子		
第六十一	（佚）		晁公武：無六十一
第六十二	五帝德	卷七	
第六十三	帝繫		
第六十四	勸學		
第六十五	子張問入官	卷八	本來係一篇，名"盛德"。隋唐後分出《明堂篇》。
第六十六	盛德		
（第六十七）	明堂（從《盛德》篇析出）		
第六十七（第六十八）	千乘	卷九	《千乘》《四代》《虞戴德》《誥志》《小辨》《用兵》《少間》，被稱爲《孔子三朝記》7篇，有單行本。
第六十八（第六十九）	四代		
第六十九（第七十）	虞戴德		
第七十（第七十一）	誥志		
第七十一（第七十二）	文王官人	卷十	
第七十二（第七十三）	諸侯遷廟		陳振孫：兩七十二。
第七十三（第七十四）	諸侯釁廟		韓元吉等：兩七十三。
第七十四	小辨	卷十一	晁公武：有兩七十四。
第七十五	用兵		
第七十六	少間		
第七十七	朝事	卷十二	
第七十八	投壺		
第七十九	公冠（一作公符）	卷十三	
第八十	本命		
第八十一	易本命		
第八十二至第八十五	（佚）		

　　由上表可知，所佚共 46 篇，分別是第一至第三十八（佚篇38），第四十三至第四十五（佚篇 3），第六十一（佚篇 1）以及第八十二至第八十五（佚篇 4）。今考《六藝論》《隋書·經籍志》《史記索隱》《崇文總目》《中興書目》等書所記，可知《大戴禮記》在唐宋時期已損失過半。據《崇文總目》云"《大戴禮記》十卷三十五篇，又一本三十三篇"，《中興書目》云"今所存止四十篇"，可見南宋刻本相較北宋更爲完善。高明先生《大戴禮記今注今譯自序》中考證稱："淳熙二年，穎川韓元吉在建安郡齋所刻的《大戴禮記》，就是十三卷、四十篇本。《中興書目》所載，大概就是韓元吉刻本。"〔1〕此外，高明先生還推測韓本是將有注和無注的兩種殘本糅合爲一本，所以篇數、卷數相較《崇文總目》反有增長，且《崇文總目》的兩種殘本正是韓元吉刊刻時的底本。此説頗有道理。

　　至於篇數重出問題，戴震引晁公武《郡齋讀書志》"有兩七十四"的意見與韓元吉、熊朋來諸家對比，他在提要中已就此作出總結，即諸家觀點貌似衝突，其實一致。篇目重叠的關鍵點在於：宋人從《盛德》第六十六中析出《明堂》一篇，位列六十七，導致原書篇次依次遞增。他在《提要》中已解釋過這一點，祇是叙述稍顯模糊。孫猛考《雅雨堂叢書》本戴震校書跋總結稱："唐、宋以前本，無《明堂篇》，《明堂篇》屬《盛德篇》。《盛德》原爲第六十六，《千乘》當屬第六十七，依次而至八十一，原無重出；其後析出《明堂》，居六十七，以下篇次遞改而又未改至末，故中間重出一篇，至晁、陳、韓所記重出者各異，蓋所見不同：公武所見改至第七十四，振孫所見改至第七十二，元吉所見改至第七十三。"〔2〕按戴震的推論，從《千乘》第六十七到末篇《易本命》

〔1〕高明：《大戴禮記今注今譯·自序》，臺北商務印書館股份有限公司1977 年版，第 3 頁。

〔2〕［宋］晁公武撰、孫猛校證：《郡齋讀書志校證》，第 73 頁。

第八十一都應受篇數重出之影響，但這個謬誤的範圍實際僅限《文王官人》第七十一到《諸侯釁廟》第七十三凡三篇。更具體來看，晁、陳、韓諸家之所見，因其所本不同，謬誤範圍分別爲三篇、一篇、兩篇，故雖篇次有異，而本質實同。高明先生則進一步指出，《四部叢刊》本"從卷首的目次來看，第七十二是重複的；從内容來看，重複的不是第七十二，而是第七十四，這就是韓元吉本的原貌。陳振孫的《直齋書録解題》説'今本有兩七十二'，大概是據韓元吉本的目次而記載的；晁公武的《郡齋讀書志》説'重第七十四'，大概是就内容説的"〔1〕。這個觀點從版本源流層面比對考察，將篇數重出的問題進一步歸因爲卷首目次與内容的差異，亦頗可信。

辨出《明堂篇》屬《盛德篇》之餘，戴震還將概念混淆的源頭追溯至宋朝。提要稱："知析《盛德》篇爲《明堂》篇者，出於隋唐之後。"另據其《目録後語二》，"朱子稱引《明堂》，不稱《盛德》，自唐、宋間已分合竄易，非復前人之舊舉若斯矣"〔2〕。

除所佚46篇外，《大戴禮記》的存篇數量也有異議，戴震在提要中給出了實存39篇的結論。《史記索隱》言存38篇，是因隋唐間録《大戴禮》者多將《夏小正》（第四十七）一篇別出單行，故戴震没有批判司馬貞的説法。《中興書目》言存40篇，乃是在不別出《夏小正》的基礎上重複計算了《盛德》篇與《明堂》篇的結果。因此，按照既不多析《明堂》一篇，亦不別出《夏小正》一篇的正確計算法，《大戴禮記》的準確存篇數量實爲39篇。

二、各篇價值

戴震於本段著意闡述了《大戴禮記》中所存各篇的價值。首先，

---

〔1〕高明：《大戴禮記今注今譯·自序》，第4頁。
〔2〕［清］戴震著、趙玉新點校：《戴震文集》，中華書局1980年版，第17頁。

《夏小正》是以十二月爲序記録古代星象物候的篇章，凡 400 餘字，當中保存了豐富的古代天文曆算知識，是時令類文獻的濫觴。近代梁啓超先生總結前人曰："兩《記》最古之篇，共推《夏小正》，謂與《禹貢》同爲夏代遺文。"[1]據吕思勉先生考證，《隋志》中首見"《夏小正》一卷，戴德撰"的説法[2]，即該篇至晚在隋時已出現别行本，這與戴震所言"蓋《夏小正》一篇多别行，隋唐間録《大戴禮》者，或闕其篇"相合。至於别出原因，或是其内容專記物候天象，與其他禮學篇章主旨有所差異。

至於涉及古代禮制的《諸侯遷廟》《諸侯釁廟》《投壺》《公冠》四篇，可引近人吕思勉先生的意見佐證戴震遺文之説。廖平、康有爲及吕思勉等人皆贊同"今之《禮記》實集諸經之傳及儒家諸子而成"[3]，吕氏進一步引鄭注推斷："今《禮記》中之《奔喪》《投壺》，鄭皆謂與《逸禮》同，則《逸禮》一類之書，二戴固非不見也。"[4]此説强調了《逸禮》與二戴《記》之淵源，是戴震稱以上四篇爲《禮》之遺文的有力佐證。

《曾子》十篇與《大戴禮記》的關係，已見於前人論述，戴震著意點出，是爲强調《大戴記》對曾子學説的保存之功。錢大昕亦推崇《大戴記》之價值，云："而《孔子三朝記》七篇、《曾子》十篇，皆古書之僅存者，實賴斯《記》以傳，必軒彼而輕此，非通論也。"[5]另一方面，朱熹、方孝孺、梁啓超等學者却有"《大戴》所載十篇，文字淺薄，不似春秋末的曾子所作，反似漢初諸篇"的

---

[1] 梁啓超：《梁啓超國學要籍研讀法四種》，吉林人民出版社 2013 年版，第 396 頁。

[2] 吕思勉：《經子解題》，華東師範大學出版社 1995 年版，第 59 頁。

[3] 同上，第 46 頁。

[4] 同上。

[5] ［清］錢大昕：《潛研堂文集》第七册，四部叢刊本，第 54 頁。

質疑〔1〕。宋晁公武《郡齋讀書志》考察《曾子》一書有言：“今此書亦二卷，凡十篇，蓋唐本也。視漢亡八篇，視隋亡目一篇。考其書已見於《大戴禮》。”戴震更進一步給出確論：《大戴記》中的《曾子》十篇保留“曾子”篇題，便是原《曾子》十八篇的古經遺文。陳振孫、王應麟、蔣伯潛、皮錫瑞等均持此論。又有劉光勝等一批學者通過上博簡《內禮》及郭店簡等出土文獻與《曾子》十篇進行比較研究，以此證明《曾子》十篇確爲曾子語録〔2〕，可知戴震所言非虛。

三、注者考辨

此段戴震否定了朱子“鄭注大戴”的意見，證實了《大戴記》的真實注者爲盧辯。并以知人論世之法詳加考訂。

今本《大戴禮記》共十三卷，無注者爲卷一、卷二、卷七、卷九、卷十二。當代學者黃懷信於其所著《〈大戴禮記〉傳本源流考》中提出“十三卷亦盧氏自釐”的觀點〔3〕，可備一説。關於注本的闕逸及刊刻情況，上文已引高明先生韓本糅合説，在此不再贅述。戴震於提要中否定了朱子《儀禮經傳通解》中混淆盧注爲鄭注的看法，而肯定了王氏的意見。他在《目録後語二》中語氣更爲確斷：“注中徵引漢、魏、晋之儒，有康成、譙周、孫炎、宋均、王肅、范甯、郭象及楊孚《異物志》，然則爲景宣注甚明。”〔4〕

---

〔1〕梁啓超：《古書真僞及其年代》，中華書局 1936 年版，第 40 頁。
〔2〕劉光勝：《出土文獻與〈曾子〉十篇比較研究》，上海古籍出版社 2016 年版。
〔3〕黃懷信：《〈大戴禮記〉傳本源流考》，《中國典籍與文化》2005 年第 1 期。
〔4〕［清］戴震著、趙玉新點校：《戴震文集》，第 17 頁。

四、參互校訂之功

　　戴震於本段中首先叙述了自己參互校訂之事，然或因受篇幅所限，未及展開。今查《戴震文集》及《東原年譜》，對其多次校注之細節與流程做出補充。

　　於《戴震文集》中可查，早在乾隆二十二年（1757），戴震就已開始了對《大戴記》的校訂工作。他在《目録後語二》自述曾於坊間尋到五部舊本，又與盧文弨之校本參互校正，改訂數字。此時《雅雨堂叢書》本《大戴記》是由盧、戴兩人合作勘正，而戴震所訪得的五部古本助力不少。另據段玉裁《戴東原先生年譜》：“是年（乾隆二十五年）冬，有《與盧侍講紹弓書》，論校《大戴禮》事，云《大戴禮記》刻後印校俗字太多恐傷板，所有誤字靐未覈出，姑正其甚者。”〔1〕又云：“是年（乾隆二十六年）夏，有《再與盧侍講書》，論校《大戴禮》事。蓋《大戴禮》一書訛舛積久，殆於不可讀，先生取雅雨堂刻一再讎校，然後學者始能從事。”〔2〕可知五年間戴震一直致力核定此書，中有兩次致書盧文弨（紹弓），敦促糾誤，可謂深爲用心。據《戴東原先生年譜》，乾隆三十八年，經紀昀等薦，戴震以舉人之身奉特召入四庫館擔任纂修官，“取舊説及新知悉心覈訂，其書上於先生既殁後一月，自後曲阜孔廣森太史因之作補注”〔3〕。其中，“舊説”當指其多年研究所得，“新知”便爲宮中所藏《永樂大典》等珍貴古籍，彙成了學術成就極高的武英殿聚珍本。據戴震卒年推知，《大戴禮記》戴校本及提要最晚成於乾隆四十二年。正是在戴震精心厘定《大戴記》并將之恢復到可讀的面貌之後，纔有汪照《大戴禮注補》、孔廣森《大戴禮記補注》

---

〔1〕［清］戴震著、趙玉新點校：《戴震文集》，第 3399 頁。

〔2〕同上，第 3400 頁。

〔3〕同上。

和王聘珍《大戴禮記解詁》等一批大戴禮學史上的著作問世。可以説，戴震是掀起清代大戴禮學研究高潮的領軍人物。

戴震於本段還引介了史繩祖"十四經"的説法。今考《學齋佔畢》，史氏云"《大戴記》一書雖列之十四經"〔1〕，"十四經"之説，遍檢無所得，朱彝尊《經義考》亦祇是沿用附和其説而未追溯其源。〔2〕又據歷來通行的經學著作可知，"十三經"纔是向來應用最廣、地位最尊的概念。周予同先生引顧炎武《日知録》及皮錫瑞《經學歷史》之考證，論述了唐時立"十二經"，宋時增列《孟子》一經，即今之"十三經"。〔3〕雖則"十四經"之説原亦不具普遍性，史氏觀點孤掌難鳴，然正如戴震所言，《大戴記》仍不失爲保存古篇舊制的重要典籍，其與《小戴禮記》同宗同源，縱無"十四經"之名却有"十四經"之實，仍然值得研究者悉心探究。

需要指出的是，文淵閣本、文溯閣本《大戴禮記》提要的字數多於浙本、殿本、文津閣本，當係後來的增補。這在《四庫提要》中是十分罕見的現象。大而觀之，增補本系統多出"《隋志》又曰戴聖刪大戴之書爲四十六篇……故今本卷數適同《隋志》卷數也"一段，凡257字，論及大小戴記及傳習問題。根據四庫館的編纂規則，一書書成之後，還需經紀昀、陸錫熊及其他總目協勘官之手筆削補充。今考《戴震全集》中《大戴禮記十三卷提要》并未收録本段，兼之大量語句與《禮記正義》提要高度重疊，疑爲總纂修官後增。本段所闡釋的《禮記》成書及傳習問題，大致不出《禮記正義》提要内

---

〔1〕［宋］史繩祖：《學齋佔畢》，中華書局1985年版，第64頁。

〔2〕《經義考》卷一百三十八云："學齋史氏繩祖其論説亦不取大戴，然由其説推之，則《大戴記》在宋日曾列之於經，故有十四經之目，此亦學者所當知也。"參見《曝書亭集》卷四十二《跋大戴禮記》，四部備要本，第338頁。

〔3〕周予同：《中國經學史講義》，上海人民出版社2012年版，第15頁。

容評析範圍，可與之對照參看。浙本、殿本《總目》付梓時皆已删去該段，恢復了戴著原貌。

此外，浙本引《隋志》曰："《大戴禮記》十三卷，漢信都王太傅戴德撰。"而增補本則多引了後一句："梁有《謚法》三卷，後漢安南太守劉熙注，亡。"與主題無關，有贅疣之嫌。

《簡明目録》本《大戴禮記》提要不僅篇幅簡短（衹有 81 字），且内容粗劣，訛誤迭出。錯訛之一爲"戴德書爲戴聖删削之餘"句。小戴删大戴之説見於《隋志》，已爲館臣反駁；大戴書爲小戴"删削之餘"説，更是信口雌黄。戴德在先，戴聖在後，豈有前者掇拾後者之理？又"隋志所録已佚其四十七篇"一句，《大戴禮記》實佚 46 篇，戴著提要中分辨甚明，又可證《簡明目録》本提要與文津閣本、浙本及殿本提要脱節。

各提要的撰寫時間是：文淵閣本（乾隆四十七年四月）—文溯閣本（乾隆四十七年十一月）—《簡明目録》本（乾隆四十七年）—文津閣本（乾隆四十九年二月）—《總目》浙本、殿本（乾隆六十年）。

將《禮記正義》提要與《大戴禮記》提要對讀，我們會發現一些有趣的現象。首先，由於《禮記正義》長期列於官學，其重要性自不待言，館臣（執筆者不詳）乃重點梳理其傳習起落過程及諸家注的風格特徵；而《大戴禮記》聲名不顯，篇目次序錯亂不堪，故戴震的書寫重心在於釐清錯誤認知，并強調《大戴禮記》獨到的學術價值。其次，同爲評論前儒，兩篇提要的寫作風格却存在較大差異。《禮記正義》提要對歷代研究成果的學術價值有明確評價，論及明朝廢鄭注改用陳澔《集説》一事，則以"禮學遂荒"四字予以否定。與之相比，戴震所著《大戴禮記》提要則有所避諱，態度溫和，但亦蘊含著尊漢抑宋的價值傾向，反映時代風尚。此外，戴震以考據名家的身份入館，在考辨篇目、梳理版本源流方面展現了不俗的功力，所撰提要質量上乘，令人歎絶。

兩篇提要都很好地貫徹了"抉奧提綱，溯源徹委"（阮元《研經室三集・紀文達公集序》）的宗旨，合讀即可勾勒出一顯一隱的兩條禮學傳習脉絡，并呈現兩部書地位遷異之原因。兩書同宗同源，多處能够互相印證。如《大戴禮記》提要中"《夏小正》篇最古"的觀點，即可找到《小戴記・禮運》中鄭注稱夏時存者有《夏小正》來確認。又合讀兩篇提要可知，無論是"小戴删大戴"還是"大戴删小戴"之説都不正確。《大戴禮記》增補本提要有一大段抄自《禮記正義》提要，對成書過程進行了細緻的分析。從地位上來看，《小戴禮記》的歷代研究成果甚夥，而《大戴禮記》因未得鄭注，故不列於經，長期無人問津，甚至祇能作爲《小戴禮記》的附録補充於《四庫全書・經部・禮類三》之末。任松如《四庫全書答問》中答"《大戴禮記》《夏小正戴氏傳》何以附録於禮記類之末"一條便解釋道："《大戴》所記，未加經號，不易配隸。夫《禮記》，《小戴》之書也。二書同源，附録於末，從其類耳。"[1]可見其地位之卑微。當然，經戴震考校之後的《大戴禮記》地位已經有了明顯提升，時人阮元有言："今學者皆舉《十三經》之目，《十三經》之外宜亟治者，惟《大戴禮記》矣。"

---

[1] 任松如：《四庫全書答問》，上海科學技術文獻出版社2016年版，第108頁。

春秋左傳正義六十卷 [1]

《春秋左傳正義》六十卷（內府藏本），周左丘明傳 [2]，晋杜預注 [3]，唐孔穎達疏。自劉向、劉歆、桓譚、班固，皆以《春秋傳》

---

[1] 本校注以浙本《四庫全書總目》卷二十六《春秋左傳正義》提要（962字）爲底本，以殿本（960字）爲校本。今按:《春秋左傳》，也叫《春秋左氏傳》《左氏春秋》，簡稱《左傳》，儒家"十三經"之一，是中國古代第一部叙事完備的編年體史書。記載了自魯隱公元年（前722）迄魯哀公二十七年（前468）的歷史事件，也有解釋《春秋經》的文字。研究者可以參考清洪亮吉《春秋左傳詁》（中華書局1987年版）、楊伯峻《春秋左傳注》（中華書局1990年版）。

[2] 左丘明（前502—前422），春秋末期魯國都君莊（今山東肥城）人，著名史學家、文學家、軍事家。相傳左丘明曾著《左氏春秋》和《國語》兩書。生平事迹見楊伯峻《春秋左傳注》前言。傳，古代闡釋經典的一種體式，例如《左傳》《公羊傳》《穀梁傳》等都以各自的方式闡釋《春秋經》。

[3] 杜預（222—285），字元凱，京兆杜陵（今陝西西安）人。西晋時期著名政治家、軍事家。歷官曹魏尚書郎、河南尹、度支尚書、鎮南大將軍、當陽縣侯，官至司隸校尉。他是滅吳統一戰爭的統帥之一，功成之後耽思經籍，多有建樹。有"左傳癖"，著有《春秋左氏經傳集解》及《春秋釋例》等。生平事迹見《晋書》卷三十四。

出左丘明，左丘明受《經》於孔子〔1〕。魏晋以來儒者，更無異議。至唐趙匡，始謂左氏非丘明〔2〕。蓋欲攻《傳》之不合《經》，必先攻作《傳》之人非受《經》於孔子，與王柏欲攻《毛詩》〔3〕，先攻《毛詩》不傳於子夏〔4〕，其智一也。宋元諸儒，相繼并起。王安石有《春秋解》一卷，證左氏非丘明者十一事，陳振孫《書録解題》謂出依托〔5〕。今未見其書，不知十一事者何據。其餘辨論，惟朱子謂"虞不臘矣"爲秦人之語〔6〕，葉夢得謂紀事終於智伯〔7〕，當爲

〔1〕按：此説始於漢初，不始於劉向。司馬遷《史記·十二諸侯年表》云："魯君子左丘明懼弟子人人異端，各安其意，失其真，故因孔子史記具論其語，成《左氏春秋》。"自此，學者一貫認爲《左傳》係左丘明所撰。左丘明與孔子同時。

〔2〕趙匡的觀點來自其老師啖助，《新唐書》卷二百《啖助傳》："（助以）丘明者，蓋如史佚、遲任者。又《左氏傳》《國語》，屬綴不倫，序事乖剌，非一人所爲。蓋左氏集諸國史以釋《春秋》，後人謂左氏，便傳著丘明，非也。助之鑿意多此類。助門人趙匡、陸質，其高第也。"

〔3〕王柏（1197—1274），字會之，婺州金華（今屬浙江）人。南宋學者，以教授爲業，曾受聘主麗澤、上蔡等書院。著有《詩疑》《書疑》《甲寅稿》等，已佚。後人輯有《魯齋王文憲公文集》二十卷。生平事迹見《宋史》卷四百三十八。

〔4〕子夏（前507—?），姓卜，名商，字子夏，春秋末晋國温（今河南温縣）人。孔子弟子，"孔門十哲"之一，學識淵博。前人以爲《毛詩序》爲子夏所作，王柏《詩疑》對此進行質疑。

〔5〕陳振孫《直齋書録解題》卷三："《左氏解》一卷，專辨左氏爲六國時人，其明驗十有一事。題王安石撰，實非也。"

〔6〕"之"，殿本無。朱熹言論見《朱子語類》卷八十三。今按：《左傳·僖公五年》載晋侯假道於虞以伐虢，宮之奇曰："虞不臘矣，在此行也，晋不更舉矣。"臘，祭名，古時歲終的一種祭祀。

〔7〕葉夢得（1077—1148），字少蘊，號石林居士，蘇州吳縣（今江蘇蘇州）人。宋紹聖四年（1097）進士。曾任翰林學士、户部尚書、江東安撫制置大使等職。著有《石林詞》《石林燕語》。生平事迹見《宋史》卷四百四十五。

六國時人，似爲近理〔1〕。然考《史記·秦本紀》稱："惠文君十二年始臘。"〔2〕張守節《正義》稱："秦惠文王始效中國爲之。"〔3〕明古有臘祭，秦至是始用，非至是始創。閻若璩《古文尚書疏證》亦駁此説曰〔4〕："史稱秦文公始有史以記事，秦宣公初志閏月，豈亦中國所無，待秦獨創哉？"則臘爲秦禮之説，未可據也。《左傳》載預斷禍福，無不徵驗，蓋不免從後傅合之。惟《哀公九年》稱趙氏其世有亂，後竟不然，是未見後事之證也。《經》止獲麟，而弟子續至孔子卒。《傳》載智伯之亡，殆亦後人所續。《史記·司馬相如傳》中有揚雄之語〔5〕，不能執是一事，指司馬遷爲後漢人也〔6〕。則載及智伯之説，不足疑也。今仍定爲左丘明作，以袪衆惑。

---

〔1〕 參見葉夢得《春秋考》卷三《論〈左傳〉的作者》。今按：《左傳》所載最晚之事爲晉國智伯之亡（前453），已經進入戰國時期（前475—前221）。

〔2〕 惠文君，即秦惠文王（前356—前311），嬴姓，趙氏，名駟，秦孝公之子，前337—前311年在位。

〔3〕《史記正義》卷五《秦本紀》正義："秦惠文王始效中國爲之，故云初臘。獵禽獸，以歲終祭先祖，因立此日也。"

〔4〕 閻若璩，參見《尚書正義》提要注。又，引文見《古文尚書疏證》卷四。

〔5〕 司馬相如（約前179—前118），字長卿，蜀郡成都人。西漢辭賦家，被譽爲"賦聖"。揚雄（前53—18），西漢末年辭賦家，作賦效法司馬相如。參見《方言》提要注。《史記·司馬相如列傳》太史公曰："揚雄以爲靡麗之賦，勸百風一，猶馳騁鄭衛之聲，曲終而奏雅，不已虧乎？"這一段顯然是後人在傳抄時誤增的文字。葉大慶《考古質疑》卷一云："遷在武帝時，揚雄生於漢末，今《相如傳》後且引揚雄以爲靡麗之賦勸百諷一，此班固作贊曉然矣。"

〔6〕 司馬遷（前145—？），字子長，夏陽（今陝西韓城）人。漢武帝時任太史令。著有中國第一部紀傳體通史《史記》，被後世尊稱爲史聖。

　　至其作《傳》之由，則劉知幾“躬爲國史”之言[1]，最爲確論。《疏》稱：“大事書於策者，《經》之所書；小事書於簡者，《傳》之所載。”[2]觀晋史之書趙盾[3]，齊史之書崔杼及甯殖[4]，所謂載在諸侯之籍者，其文體皆與《經》合。《墨子》稱《周春秋》載杜伯[5]，《燕春秋》載莊子儀，《宋春秋》載祒觀辜[6]，《齊春秋》載王里國中里。覈其文體，皆與《傳》合。《經》《傳》同因國史而修，斯爲顯證。知説《經》去《傳》，爲捨近而求諸遠矣。

----

〔1〕劉知幾（661—721），字子玄，徐州彭城（今江蘇徐州）人。唐代大臣、史學家。永隆元年（680）中進士，授狄嘉縣主簿。後任著作左郎兼修國史，旋遷左史，撰起居注。著有《史通》49篇，是我國第一部史學評論專著。生平事迹見《舊唐書》卷一百一，《新唐書》卷一百三十二。今按：劉知幾《史通·申左篇》：“丘明既躬爲太史，博總群書，至如《檮杌》《紀年》之流，《鄭書》《晋志》之類，凡此諸籍，莫不畢觀。其《傳》廣包他國，每事皆詳。”

〔2〕“簡”，殿本作“傳”，誤。杜預《〈春秋左傳〉序》：“周禮有史官，掌邦國四方之事，達四方之志，諸侯亦各有國史，大事書之於策，小事簡牘而已。”

〔3〕趙盾（前655—前601），即趙宣子，名盾，謚號宣。春秋時期晋國卿大夫。著名政治家。

〔4〕崔杼（？—前546），又稱崔子、崔武子，春秋時齊國大夫。執政二三十年，先後立莊公、景公，大肆殺戮，造成政局動盪。甯殖，又稱甯惠子，衞國大夫。曾聯合其他諸侯國圍宋、侵鄭、伐許。

〔5〕《墨子》，墨家代表著作，是墨子（墨翟）弟子及其再傳弟子對其言行的記録。提倡兼愛、非攻、尚賢、明鬼、非命、非樂、節葬、節用等，内含一些先秦的科學技術成就。

〔6〕“祒”，諸本同，李學勤等點校《十三經注疏·春秋左傳正義》作“祒”，誤。《墨子間詁》卷八：“昔者，宋文君鮑之時，有臣曰祒觀辜，固嘗從事於厲。”孫詒讓據《論衡·祀義篇》云“祝曰夜姑”，認爲“祒”即“祝”之訛，又作“射姑”，皆爲人名。《墨子》下文皆獨呼“觀辜”，是“觀辜”爲人名。則“祒”爲從事祭祀之職名當無疑，字當從“示”。《論衡校注》作“祒”，誤（參見李玉嬌：《阮刻本〈春秋左傳正義〉校勘札記》，南京師範大學碩士學位論文，2013年，第8頁）。

《漢志》載："《春秋古經》十二篇，《經》十一卷。"注曰："公羊、穀梁二家。"則左氏《經》文，不著於録。然杜預《集解序》稱："分《經》之年與《傳》之年相附，比其義類，各隨而解之。"陸德明《經典釋文》曰："舊夫子之《經》與丘明之《傳》各異[1]，杜氏合而釋之。"則《左傳》又自有《經》。考《漢志》之文，既曰《古經》十二篇矣，不應復云《經》十一卷。觀公、穀二《傳》皆十一卷，與《經》十一卷相配，知十一卷爲二《傳》之《經》，故有是注[2]。徐彦《公羊傳疏》曰："《左氏》先著竹帛，故漢儒謂之古學。"[3]則所謂《古經》十二篇，即《左傳》之《經》[4]，故謂之"古"，刻《漢書》者誤連二條爲一耳。今以《左傳》《經》文與二《傳》校勘，皆《左氏》義長，知手録之本確於口授之本也。

言《左傳》者，孔奇、孔嘉之説[5]，久佚不傳；賈逵、服虔之説[6]，亦僅偶見他書。今世所傳，惟杜《注》、孔《疏》爲最古。

---

[1] "各"，殿本作"相"，誤。參見《經典釋文》卷十五《春秋音義之一》"春秋經傳集解"句注。

[2] 陳尚君等《四庫提要精讀》稱："《春秋》載魯隱公至哀公共十二公之史事，《左傳》以十二公各爲一篇，故爲十二篇。而《公羊傳》與《穀梁傳》合莊公、閔公爲一卷，故僅十一卷。因此提要言《漢志》所載《春秋古經》十二篇爲《左氏》所傳之經，而《經》十一卷爲《公羊》《穀梁》所傳之經，是非常有見地的。"

[3] 徐彦《公羊傳疏》曰："《左氏》先著竹帛，故漢時謂之古學；《公羊》漢世乃興，故謂之今學。"古學是研究古文經、古文字的學問。漢武帝末年，魯恭王劉餘拆除孔子後代住宅，得《尚書》《禮》《論語》《孝經》等古文經，於是有古文經學一脉。

[4] "左傳"，殿本作"所傳"，誤。

[5] "孔奇、孔嘉之説"，漢孔奇作《春秋左傳删》，孔嘉作《左氏説》。

[6] "賈逵、服虔之説"，漢賈逵作《春秋左氏解詁》三十卷，服虔作《春秋左氏傳解誼》三十一卷。賈逵（30—101），字景伯，扶風平陵（今陝西咸陽）人。東漢著名經學家、天文學家。著有《春秋左氏傳解詁》《國語解詁》《春秋左氏長傳》等。

杜《注》多强《經》以就《傳》，孔《疏》亦多左杜而右劉（案，劉炫作《規過》以攻杜《解》，凡所駁正，孔《疏》皆以爲非）[1]，是皆篤信專門之過，不能不謂之一失。

然有《注》《疏》而後《左氏》之義明，《左氏》之義明而後二百四十二年内善惡之迹一一有徵。後儒妄作聰明、以私臆談褒貶者[2]，猶得據《傳》文以知其謬。則漢晋以來藉《左氏》以知《經》義，宋元以後更藉《左氏》以杜臆説矣。《傳》與《注》《疏》，均謂有大功於《春秋》可也。

【比對一】

文津閣本《左傳注疏》提要[3]

臣等謹案：《左傳注疏》六十卷[4]，晋杜預注，唐陸德明音義，孔穎達疏[5]。預，字元凱，京兆杜陵人，官至鎮南大將軍，都督荆州諸軍事，爵當陽侯，嘗自稱有《左傳》癖。《左氏傳》出於漢初而立於學官最晚，其於釋《經》則義略而事詳。預爲《經傳集解》，分《經》之年與《傳》之年相附[6]，世稱左氏功臣。鄭樵

---

[1] “左杜而右劉”，《四庫提要精讀》稱：“所謂‘左杜右劉’之説本於孔穎達《春秋正義序》。孔氏言劉炫規杜預之失一百五十餘條，多所錯亂，故孔氏往往申杜説而貶劉説。”

[2] “臆”，殿本作“意”，皆通。

[3] 本校注以文津閣本（243字）爲底本，以《薈要》本（165字）、文淵閣本（164字）、文溯閣本（246字）爲校本。

[4] “左傳注疏”，《薈要》本、文淵閣本、文溯閣本作“春秋左氏傳注疏”。

[5] 《薈要》本、文淵閣本“唐”下無“陸德明音義”5字，本句之下無“預，字元凱，京兆杜陵人，官至鎮南大將軍，都督荆州諸軍事，爵當陽侯，嘗自稱有《左傳》癖”一段，凡34字。

[6] 《薈要》本、文淵閣本無“分《經》之年與《傳》之年相附”10字。

謂左氏未經杜氏之前凡幾家，一經杜氏之後，後人不能措一詞，推重可謂至矣〔1〕。其後沈文阿、蘇寬、劉炫皆據杜説〔2〕。沈氏義例粗可〔3〕，蘇氏惟攻賈、服，劉氏好規杜失。穎達參取沈、劉之説，兩義俱違則斷以己意，務引《經》稽《傳》，以曲暢《集解》之旨，蓋又杜氏之功臣也。明刻本多訛，如韓原之戰誤以陸氏《釋文》混於杜《注》，今刻本悉正之。乾隆四十九年十月恭校上〔4〕。

【比對二】
《簡明目録》本《春秋左傳正義》提要〔5〕

《春秋左傳正義》六十卷，周左丘明撰，晋杜預注，唐孔穎達疏。左氏褒貶或不確，而所述事迹則皆徵國史。不明事迹之始末而臆斷是非，雖聖人不能也。故説《春秋》者，必以是書爲根柢。杜《注》於《傳》，孔《疏》於《注》，雖不能無所回護，然讀《經》憑《傳》，讀《傳》憑《注》，讀《注》憑《疏》，均不容以小疵廢也。

---

〔1〕 “世稱左氏功臣”之下，《薈要》本、文淵閣本無“鄭樵謂左氏未經杜氏之前凡幾家，一經杜氏之後，後人不能措一詞，推重可謂至矣”一段，凡 33 字。

〔2〕 南朝陳沈文阿治《三禮》《三傳》，有《春秋左氏經傳義略》。蘇寬撰有《春秋左傳義疏》。隋劉炫撰有《春秋攻昧》《春秋述議》，事迹參見《毛詩正義》提要注。

〔3〕 孔穎達《春秋左傳述義》稱：“（沈文阿）於義例粗可，於經傳極疏。”

〔4〕 “乾隆四十九年十月”，《薈要》本作“乾隆三十八年十二月”，文淵閣本作“乾隆四十一年五月”，文淵閣本作“乾隆四十七年九月”。

〔5〕 録自《四庫全書簡明目録》卷三，凡 106 字。

【評析】

晋杜預注、唐孔穎達疏《春秋左傳正義》六十卷（又名《春秋左傳注疏》），是關於《左傳》最權威的注本，影響極爲深遠。《四庫全書》收之，位居經部春秋類之首。浙本、殿本《春秋左傳正義》提要的内容基本相同，約960字，涉及《春秋左傳》學史四個方面的内容：

一、《左傳》的作者與成書年代

對於《左傳》作者與成書年代，提要列出了學術史上的兩種主要觀點：第一是漢代劉向、劉歆、桓譚、班固等人以至魏晋以來諸儒主張的"左丘明説"；第二是唐代以降趙匡、王安石、陳振孫、朱熹、葉夢得等人主張的"非左丘明説"。

"左丘明説"始於《史記·十二諸侯年表》，流傳甚廣。中唐之前諸儒皆認爲左丘明受《春秋經》於孔子，然後創作《左傳》，其成書當稍晚於孔子"删定六經"，在春秋末年。對此問題，唐代之前皆無異議。

"非左丘明説"自唐趙匡開始提出。他認爲《左氏傳》中的"左氏"并不是與孔子同時代的左丘明，將"左氏"認定爲"左丘明"乃是出於附會。此説在宋元時期影響巨大。舊題王安石之《春秋解》就通過十一條例證來證明"左氏"不是左丘明，而是"六國時人"；葉夢得就《左傳》記事終於智伯，也推斷《左傳》的作者是"六國時人"；朱熹則就"虞不臘矣"推斷《左傳》作者爲秦人。總而言之，"非左丘明説"的證據越來越多，認識不斷深化，學者們開始認定《左傳》作者不是左丘明，甚至透過各種細節推斷《左傳》作者是"秦人"或"六國時人"，但具體係何人仍無法確定。

提要贊同"左丘明説"。館臣認爲：趙匡説"左氏非丘明"，與王柏説"《毛詩》不傳於子夏"的目的、手法完全一樣："蓋欲攻《傳》之不合《經》，必先攻作《傳》之人非受《經》於孔子，與王柏欲攻《毛詩》，先攻《毛詩》不傳於子夏，其智一也。"在歐陽修《毛詩本義》提要中，館臣如此評價王柏："至於王柏之流，乃并疑及聖經，使《周南》《召南》俱遭删竄，則變本加厲之過。"筆觸相當犀利。其對趙匡的態度，自然於此相近。因《春秋解》已經散佚，不知道《春秋解》"證左氏非丘明者十一事"的具體細節，提要未能辯駁。而針對朱熹的觀點，館臣舉出《史記·秦本紀》"惠文君十二年始臘"句張守節《正義》語："秦惠文王始效中國爲之。"説明臘祭自古就有，秦國在這時是初次采用，而非始創。同時提要再引用閻若璩《古文尚書疏證》來駁斥："秦文公始有史以記事，秦宣公初志閏月，豈亦中國所無，待秦獨創哉？"以此來論證朱熹"臘爲秦禮"之説没有依據，建立在此説之上的"《左傳》作者爲'秦人'"也就不攻自破了。與此同時，提要認爲，《左傳》中載有很多應驗的預言，但值得注意的是，《哀公九年》中"趙氏其世有亂"的"預言"没有應驗，《左傳》作者一定没有見到"預言"的結果，故有此疏漏。既然作者"未見後事"（引者按：指三家分晋），那他必然是春秋末年人。對於葉夢得的觀點，提要指出孔子"删定"的《春秋經》以"西狩獲麟"收尾，後來孔門弟子又把《經》續寫到了孔子去世，那麽據此可以推測《傳》記載到了"智伯之亡"，可能也是後人續寫。提要又舉一個類似的例子來支持這一推斷：《史記·司馬相如傳》中引用了揚雄的話，但不能據此認定司馬遷是東漢人。因此不能因爲《左傳》記載到了"智伯之亡"，就認定其作者是"六國時人"。在一一批駁完"非左丘明説"後，提要最終仍舊認定《左傳》的作者爲左丘明，成於春秋末期。這一觀點是比較穩妥的。

二、《左傳》的史料來源問題與《經》《傳》關係

關於左丘明作《傳》的緣由，提要認爲劉知幾《史通》的説法最爲準確，即：左丘明"躬爲國史"，爲傳達孔子"删定"《春秋》的"微言大義"而作《左傳》。《左傳》的史料自然來源於國史。那麼既然《春秋經》與《左傳》的史料皆來源於國史，二者又有何區分？爲何《經》文簡練而《傳》文翔實？提要援引孔《疏》之語："大事書於策者，《經》之所書；小事書於簡者，《傳》之所載。"《經》文記録的是大事，《傳》文記録的是細節。

提要試圖從兩方面證明《經》《傳》同出於國史。晉史所載趙盾之事，齊史所載崔杼與甯殖之事，與其他諸侯國史書中的記載，全部都與《春秋經》相合，可證《經》出於國史。《墨子》中援引《周春秋》的杜伯之事、《燕春秋》的莊子儀之事、《宋春秋》祏觀辜之事、《齊春秋》王里國中里之事，都和《傳》文相合，據此證明《傳》也出於國史。因此可以得知《經》《傳》都來自國史，都是真實可信的。《春秋經》與《左傳》可以互相佐證，不可以去《傳》説《經》。

三、從《漢志》看今古文經與《經》《傳》關係

《漢書・藝文志》記載："《春秋古經》十二篇，《經》十一卷（公羊、穀梁二家）。"館臣援引杜預《春秋經傳集解序》和陸德明《經典釋文》，證明《春秋經》與《左氏傳》本來各自單行，杜預按照年月，將《經》《傳》内容合并起來，一同隨文做注。

爲何《漢書・藝文志》已言"《春秋古經》十二篇"，又説"《經》十一卷"呢？館臣考察了《公羊傳》與《穀梁傳》，發現兩《傳》都是十一卷，剛好與《漢志》中的"《經》十一卷"相合，因此推斷："《經》十一卷"是《公羊傳》《穀梁傳》兩傳所本的今文《春秋經》，所以纔會在注解中特意標明"公羊、穀梁二家"。提要又徵引徐彦《公

羊傳疏》：“《左氏》先著竹帛，故漢儒謂之古學。”據此推斷“《春秋古經》十二篇”，就是《左傳》所依本的古文《春秋經》，所以纔被刻意稱之“古經”。提要指出：刻印《漢書》者誤把“《春秋古經》十二篇”與“《經》十一卷（公羊、穀梁二家）”二條信息當作了一條，纔造成後人誤解。原本應該如下：

《春秋古經》十二篇。

《經》十一卷。注：公羊、穀梁二家。

“《春秋古經》十二篇”爲《左傳》所本，而“《經》十一卷”則爲《公羊傳》《穀梁傳》所本。館臣對校古文經《左氏傳》與今文經《公羊傳》《穀梁傳》中的《經》部分，發現《左氏傳》所本的《春秋古經》質量更好，於是得出手録之本比口授之本更加準確的結論。

四、《左傳》注疏的特點與價值

漢魏時期研究《左傳》者十餘家，其中孔奇《春秋左氏删》、孔嘉《左氏説》等已佚，賈逵《春秋左氏解詁》、服虔《春秋左氏傳解誼》也未能全本流傳，祇能在其他書的引用中偶見殘句。今日所見，以杜預《春秋左氏經傳集解》和孔穎達《春秋左傳正義》爲最古。提要認爲：杜預《注》總是强解《經》文來遷就《傳》文。劉炫曾著《春秋規過》來糾正杜預之失，但孔穎達“左杜而右劉”，凡是劉炫駁斥杜預的地方，孔《疏》都支持杜預。提要認爲杜預、孔穎達二人偏執篤信，有違客觀。館臣認爲，《左傳》可以幫助讀者閱讀、理解《春秋經》，具有“知《經》義”“杜臆説”兩大功能；而杜《注》孔《疏》又可以幫助後人讀懂《左傳》，它們都是《春秋經》的功臣。這一評價頗爲精到。

　　簡本提要 4 種（《薈要》本、文淵閣本、文溯閣本、文津閣本書前提要）皆言簡意賅，前兩種尤簡，祇有 100 多字。簡本提要條理了《左傳》學發展的大體進程，其內容有：第一，介紹《左傳》的大致情況：出現於西漢初年，但最晚立於學官。該書在經文義理的闡釋上較爲簡略，而對歷史事件的記述十分詳細。第二，高度評價杜預《經傳集解》，還介紹了沈文阿、蘇寬、劉炫等人的《左傳》注解，認爲沈文阿義例粗具，蘇寬專注於攻難賈逵、服虔的學說，劉炫多規正杜預的失誤。第三，介紹孔穎達《疏》的來源和傾向性。孔穎達參考取用了沈文阿和劉炫的說法，二者都不正確時，則自己下判斷，在判斷時務必做到徵引《經》《傳》，以洞悉杜預作《集解》的旨意，堪稱"杜氏之功臣"。第四，指出明刻本多有訛誤，如"韓原之戰"一段，誤把陸德明的《釋文》混入杜預《注》中，今本（《四庫》本）皆加以改正。以上內容，與繁本提要頗有不同，可以互補。

　　由於《薈要》本（乾隆三十八年）、文淵閣本（乾隆四十一年）提要甚簡，文溯閣本（乾隆四十七年）、文津閣本（乾隆四十九年）略有增補，但仍然祇有 200 多字，跟《春秋左傳正義》這部卷帙巨大、影響深遠的經學著作很不相稱。所以紀昀等在編彙《四庫全書總目》時，完全弃書前提要而不顧，重新撰寫了近千字的提要。《總目提要》的學術價值，遠遠在書前提要之上。至於《簡明目錄》提要，篇幅更短，內容更簡，祇陳述結論而已。

　　儘管《總目》提要考述細緻，觀點精湛，但仍有一些瑕疵，今略作枚舉。

　　1.《春秋左傳正義》六十卷（內府藏本）。

　　浙本、殿本皆如此。但諸閣本提要或作《春秋左傳注疏》，或作《左傳注疏》，無有作"正義"者。今按：《新唐書·藝文志》著錄："《春秋正義》三十六卷，孔穎達、楊士勛、朱長才奉詔撰。"今國家圖書館藏宋慶元六年（1200）紹興府刻《春秋左傳正義》三十六卷本，8 行 16 字，小字雙行 22 字，白口，左右雙邊。此爲單疏本，卷數與《唐志》

相符。而國家圖書館又藏宋劉叔剛刻《附釋音春秋左傳注疏》六十卷殘本，10 行 16 至 17 字，小字雙行 23 字，細黑口，左右雙邊。此爲傳、注、音、疏合并本，拆分爲六十卷。元明清刊本，皆爲六十卷本。清乾隆四年（1739）武英殿刊刻之《十三經注疏》本亦作《附釋音春秋左傳注疏》六十卷，《四庫全書》各閣本皆據此謄寫，故皆爲"注疏"，而不是"正義"。《總目》提要使用了《唐志》的書名、殿本的卷數，造成兩者錯位。崔富章先生稱："《總目》所取書名亦與庫書不響應。目録之作，貴在實録，俾讀者因目求書，得相應之版本，方能考鏡源流。《總目》於此，頗多疏失，反不及庫書卷前《提要》明切。"〔1〕鑒於閣本書俱作"春秋左傳注疏"，故提要中"正義"當改爲"注疏"。

2. 自劉向、劉歆、桓譚、班固，皆以《春秋傳》出左丘明。

"左丘明説"并不出自西漢末年的劉向，而出自西漢前期的司馬遷。其《史記·十二諸侯年表》云："魯君子左丘明懼弟子人人異端，各安其意，失其真，故因孔子史記具論其語，成《左氏春秋》。"此後劉向、劉歆、東漢桓譚、班固等皆從其説。

3. 至唐趙匡，始謂左氏非丘明。

"非左丘明説"目前可追溯的源頭也不是趙匡，而是趙匡的老師啖助。《新唐書·啖助傳》載，啖助喜愛《公羊傳》《穀梁傳》，以左氏解義多謬，認爲"蓋左氏集諸國史以釋《春秋》，後人謂'左氏'便傅著丘明，非也"。

4. 則臘爲秦禮之説，未可據也。……《經》止獲麟，而弟子續至孔子卒。《傳》載智伯之亡，殆亦後人所續。

對朱熹"秦人語"的説法，提要反駁頗爲有力。但可以證明《左傳》作者不是"秦人"，并不代表其作者一定是"左丘明"，這是提要的一個邏輯錯誤。而反駁葉夢得説法的理由則没有説服力。《春秋經》被後人續寫至孔子去世，不能證明《傳》記載到"智伯之亡"

---

〔1〕崔富章：《四庫提要補正》，第 146 頁。

也是後人續寫，二者之間没有必然的聯繫，“後人續寫”祇能説是館臣推測。而《史記·司馬相如列傳》引用揚雄之語，是後人將《漢書》中的一段話抄進了《史記》而産生了版本校勘問題，并不是先秦古書“後人續寫”的遞修問題。兩者不在同一層面，故不可作爲反駁葉夢得説法的例證。

館臣采用的利用預言輔助斷代的方法無疑給後人以啓迪。根據《左傳》中預言的靈驗與否，今人認爲《左傳》大概成書於公元前375年至公元前343年之間[1]。這已至戰國時代。當然，先秦古書大都有一個不斷增益的過程，常常不是一時一人之作。考證出《左傳》形成定本的時間，也不能否定左丘明的首創之功。《左傳》的主體部分，仍有可能出自春秋末年的左丘明。故筆者以爲，“左丘明”説是可信的，館臣的基本立場没有問題。

5. 劉知幾“躬爲國史”之言，最爲確論。

劉知幾《史通·申左》云：“丘明既躬爲太史，博總群書，至如《檮杌》《紀年》之流，《鄭書》《晋志》之類，凡此諸籍，莫不畢覩。”并非“躬爲國史”，蓋爲館臣筆誤。

6. 言《左傳》者，孔奇、孔嘉之説，久佚不傳；賈逵、服虔之説，亦僅偶見他書。

《隋書·經籍志》著録漢魏六朝時期研究、注釋《左傳》的著作，有服虔、鄭玄、鄭衆、李軌、賈逵、徐邈、王肅、董遇、孫毓、王朗、嵇康、高貴鄉公、曹耽、荀訥、王述之、干寶、何始真、吳略、崔靈恩、劉炫、沈文阿、何休等20餘家，30餘種。館臣所舉四家，并非代表性成果。《四庫提要精讀》稱：“孔奇、孔嘉之説，遠非其重要者，館臣蓋自朱彝尊《經義考》卷一七二隨意抄入。”[2]書前提要云：“其後沈文阿、蘇寬、劉炫皆據杜説。沈氏義例粗可，蘇氏惟攻賈、服，

---

〔1〕趙伯雄：《春秋學史》，山東教育出版社2004年版，第13—17頁。

〔2〕陳尚君、張金耀等：《四庫提要精讀》，第50頁。

劉氏好規杜失。穎達參取沈、劉之説，兩義俱違則斷以己意，務引《經》稽《傳》，以曲暢《集解》之旨，蓋又杜氏之功臣也。"論及諸家特色，并追索孔《疏》的學術來源，顯然比《總目》提要更爲具體。

提要各版本撰寫時間如下：《薈要》本（乾隆三十八年十二月）—文淵閣本（乾隆四十一年五月）—文溯閣本（乾隆四十七年九月）—《簡明目録》本（乾隆四十七年）—文津閣本（乾隆四十九年十月）—《總目》浙本、殿本（乾隆六十年）。

孝經正義三卷^{〔1〕}

《孝經正義》三卷（内府藏本）^{〔2〕}，唐玄宗明皇帝御注^{〔3〕}，

---

〔1〕本校注以浙本《四庫全書總目》卷三十二《孝經正義》提要（843字）
爲底本，以殿本（843字）、文淵閣本（852字）爲校本。《孝經》是儒家“十三
經”之一，比較集中地闡述了儒家孝道和倫理觀念。僅有1903字，在“十三
經”中篇幅最短。大約成書於秦漢之際。

〔2〕“《孝經正義》三卷（内府藏本）”，文淵閣本作“臣等謹按：《孝
經正義》三卷”。今按：所謂《孝經正義》三卷，當爲單疏本。文淵閣《四
庫全書》所收之書，實爲經、注、疏合刻本《孝經注疏》九卷。

〔3〕唐玄宗，即李隆基（685—762），也稱唐明皇。唐睿宗李旦第三子，
先天元年（712）登基稱帝。前期勵精圖治，開創開元盛世，後期耽於聲色，
重用閹宦和外戚，導致“安史之亂”。生平事迹見《舊唐書》卷八、卷九，
《新唐書》卷五。“唐玄宗明皇帝御注”，文淵閣本作“唐玄宗御注”。

宋邢昺疏〔1〕。案《唐會要》〔2〕："開元十年六月，上注《孝經》，頒天下及國子學。天寶二年五月〔3〕，上重注，亦頒天下。"《舊唐書·經籍志》："《孝經》一卷，玄宗注。"《唐書·藝文志》："今上《孝經制旨》一卷"，注曰："玄宗。"其稱"制旨"者，猶梁武帝《中庸義》之稱"制旨"〔4〕，實一書也。趙明誠《金石錄》載《明皇注孝經》四卷〔5〕。陳振孫《書錄解題》亦稱家有此刻，爲四大軸。蓋天寶四載九月，以御注刻石於太學，謂之"石臺孝經"〔6〕。今尚在西安府學中，爲碑凡四，故拓本稱四卷耳。

玄宗《御製序》末稱："一章之中，凡有數句；一句之內，義

---

〔1〕 邢昺（932—1010），字叔明，曹州濟陰（今山東曹縣）人。北宋經學家。太平興國初擢九經及第。歷任國子監丞、國子博士、諸王府侍講、國子祭酒、翰林侍講、工部尚書、禮部尚書等職。曾奉敕與孫奭等校訂唐人《九經正義》。撰有《論語注疏》《孝經注疏》《爾雅注疏》，均收入《十三經注疏》中。傳見《宋史》卷四百三十一《儒林傳》。

〔2〕 引文見《唐會要》卷三十六。今按：《唐會要》一百卷，我國第一部斷代典制體史籍，五代王溥撰。該書記述了唐代各項典章制度沿革變遷，不少事爲兩《唐書》和《通典》所無，是研究唐代典章制度的重要資料。

〔3〕 "天寶二年五月"，殿本作"天寶二年二月"，誤。

〔4〕 梁武帝，即蕭衍（464—549），字叔達，小字練兒，南蘭陵（今江蘇常州）人。南朝梁建立者，502—549年在位。擅長詩文，與沈約、謝朓等人并稱"竟陵八友"。今存《梁武帝御製集》。事迹見《梁書》本傳。梁武帝《中庸義》，已佚。《隋書·經籍志》著錄梁武帝《中庸講疏》一卷，《梁書·張綰傳》著錄《制旨禮記中庸義》，三者同書異名。

〔5〕 趙明誠（1081—1129），字德父，密州諸城（今山東諸城）人。北宋末年金石家、學者。曾出任萊州、淄州知州。所著《金石錄》三十卷，是中國最早的金石學目錄和研究專著之一，著錄從上古三代至隋唐五代以來鐘鼎彝器的銘文款識和碑銘墓志等石刻文獻。生平事迹見《容齋四筆》卷五。

〔6〕 石臺孝經，儒家經典刻石，由唐玄宗李隆基作序、作注，并以隸書書寫，於天寶四年（745）九月刊立。現藏於西安碑林博物院。碑身爲由4塊青石圍繞拼成的方柱體，四面刻字，碑身下有3層方形石臺基座，故稱石臺孝經。

有兼明。具載則文繁,略之則義闕。今存於疏,用廣發揮。"《唐書·元行沖傳》稱[1]:"玄宗自注《孝經》,詔行沖爲疏,立於學官。"《唐會要》又載天寶五載詔:"《孝經書疏》雖虧發明,未能該備,今更敷暢,以廣闕文,令集賢院寫頒中外。"是《注》凡再修,《疏》亦再修。其《疏》,《唐志》作二卷,《宋志》則作三卷,殆續增一卷歟?宋咸平中,邢昺所修之《疏》,即據行沖書爲藍本。然孰爲舊文,孰爲新説,今已不可辨别矣。

《孝經》有今文、古文二本。今文稱鄭玄注,其説傳自荀昶[2],而《鄭志》不載其名[3]。古文稱孔安國注,其書出自劉炫[4],而《隋書》已言其僞。至唐開元七年三月,詔令群儒質定。右庶子劉知幾主古文[5],立十二驗以駁鄭。國子祭酒司馬貞主今文[6],摘《閨門章》文句凡鄙,《庶人章》割裂舊文[7],妄加"子曰"字,及注中"脱衣就功"諸語以駁孔。其文具載《唐會要》中[8]。

---

[1] 元行沖(653—729),名澹,字行沖,河南洛陽人。唐高宗時進士,官至太常少卿,又拜太子賓客、弘文館學士,封常山郡公。於開元九年(721)完成《群書四録》。生平事迹見《舊唐書》卷一百二、《新唐書》卷二百。

[2] 荀昶,字茂祖,潁川潁陰(今河南許昌)人。以文才官至南朝宋中書郎。著有《集議孝經》一卷、《孝經注》二卷、文集十五卷,均亡佚。生平事迹見《宋書》卷六十、《南史》卷三十三。

[3] 《鄭志》,三國魏鄭小同編,凡三卷。該書記載了鄭玄與門人問答之詞,以及對經傳疑義的闡釋。已亡佚,《古經解彙函》有輯本。

[4] 孔安國、劉炫,參見《尚書正義》提要注。

[5] 劉知幾,參見《春秋左傳正義》提要注。

[6] 司馬貞,參見《大戴禮記》提要注。

[7] "裂",殿本、文淵閣本作"製",誤。

[8] 見《唐會要》卷七十七"論經義"條。

厥後今文行，而古文廢。元熊禾作《董鼎孝經大義》序[1]，遂謂："貞去《閨門》一章，卒啓玄宗無禮無度之禍。"明孫本作《孝經辨疑》[2]，并謂："唐宮闈不肅，貞削《閨門》一章乃爲國諱。夫削《閨門》一章，遂啓幸蜀之衅[3]。"使當時行用古文，果無天寶之亂乎？唐宮闈不肅誠有之，至于《閨門章》二十四字，則絶與武、韋不相涉[4]。指爲避諱，不知所避何諱也。況知幾與貞兩議并上，《會要》載當時之詔，乃鄭依舊行用。孔注傳習者稀，亦存繼絶之典。是未因知幾而廢鄭，亦未因貞而廢孔[5]。迨時閱三年，乃有御注太學刻石，署名者三十六人，貞不預列。御注既行，孔、鄭兩家遂并廢，

[1] 熊禾（1247—1312），字去非，號勿軒，建陽（今屬福建）人。著名理學家。宋咸淳十年（1274）進士，授汀州司户参軍，頗有政績。宋亡不仕。著有《四書標題》《四書小學集疏》《易經講義》等。生平事迹見《宋史翼》卷三十四。《孝經大義》一卷，元董鼎撰。該書對朱熹《孝經刊誤》所保留的經傳文字進行注音、答釋、解説、議論和補充。

[2] 《孝經辨疑》，書名有誤，據《鄭堂讀書記》卷一，當爲《孝經釋疑》，明孫本撰。該書凡一卷，設爲問答，一疑一釋，以闡發其義，而破俗儒之惑，凡十八條。孫本，字初陽，錢塘（今浙江杭州）人。曾任深州知州。生平事迹略見《杭州府志》卷一百三十四。

[3] 幸蜀之衅，即安史之亂。唐天寶十四年（755）年，安禄山叛亂，京城危在旦夕。唐玄宗前往成都避難，諱稱"幸蜀"。至德二年（757）十二月亂平後返回長安。

[4] 武，即武則天（624—705），名武曌，祖籍并州文水縣（今屬山西）。本爲唐太宗才人，後爲唐高宗皇后。天授元年（690）廢睿宗李旦，自稱聖神皇帝，改國號爲周，史稱武周。生平事迹見《新唐書》卷七十六。韋，即韋皇后（？—710），名不詳，京兆萬年（今陝西西安）人。爲唐中宗李顯的皇后。景龍四年（710）韋皇后與安樂公主合謀毒殺中宗，立温王李重茂爲帝。後被李隆基與太平公主誅殺。生平事迹見《新唐書》卷六十七。

[5] "未"，殿本、文淵閣本作"不"，皆通。

亦未聞貞更建議廢孔也。禾等徒以朱子《刊誤》偶用古文〔1〕，遂以不用古文爲大罪〔2〕。又不能知唐時典故，徒聞《中興書目》有"議者排毀、古文遂廢"之語，遂沿其誤説〔3〕，憒憒然歸罪于貞。不知以《注》而論，則孔佚鄭亦佚。孔佚罪貞，鄭佚又罪誰乎？以經而論，則鄭存孔亦存，古文并未因貞一議亡也，貞又何罪焉？今詳考源流，明今文之立，自玄宗此《注》始；玄宗此《注》之立，自宋詔邢昺等修此《疏》始。衆説喧呶，皆揣摩影響之談，置之不論不議可矣〔4〕。

【比對一】
《薈要》本《孝經注疏》提要〔5〕

臣等謹案：《孝經注疏》九卷，唐明皇御注，宋邢昺等疏。至

---

〔1〕《刊誤》，即《孝經刊誤》一卷，南宋朱熹撰。該書取古文《孝經》分爲經一章、傳十四章，刪舊文223字，故名之"刊誤"。朱子，即朱熹，參見《詩集傳》提要注。

〔2〕"遂以不用古文爲大罪"，文淵閣本作"遂不以不用古文爲大罪"，誤。

〔3〕《中興書目》，參見《大戴禮記》提要注。"遂沿其誤説"，文淵閣本作"遂沿其説説"，誤。

〔4〕此句下，文淵閣本有"乾隆四十一年五月恭校上"。

〔5〕本提要以《薈要》本（164字）爲底本，以文淵閣本（165字）、文津閣本（165字）爲校本。

道二年〔1〕，判監李玉請命李沆、杜鎬纂《孝經正義》〔2〕，從之。咸平初，以昺代領其事〔3〕，取元行沖疏，約而修之。《崇文總目》云〔4〕："行沖疏外餘家尚多，皆猥俗鄙陋，不足行遠。昺等據元氏本增損之，是也。其後司馬光有《古文孝經指解》〔5〕，多《閨門》一篇，蓋本顏芝所傳〔6〕。朱子則有《孝經刊誤》，謂此經多由後人附益。而考證詳博，則共推《正義》焉。明刻本不載《釋文》〔7〕，今本皆補入〔8〕。乾隆四十年二月恭校上〔9〕。

〔1〕"至道二年"，文淵閣本、文津閣本爲"三年"，誤。

〔2〕李玉，誤，當爲李至。李至（947—1001），字言幾，真定（今河北正定）人。太平興國初年進士，任翰林學士，拜參知政事。淳化年間兼判國子監。生平事迹見《宋史》卷二百六十六。李沆（947—1004），字太初，洺州肥鄉（今河北邯鄲）人。太平興國五年（980）進士，官至尚書右僕射。著有《河東先生集》。生平事迹見《宋史》卷二百八十二。杜鎬（938—1013），字文周，常州無錫（今屬江蘇）人。官至給事中、禮部侍郎。咸平年間編《館閣圖籍目録》《太清樓書目》，與修《太宗實録》《册府元龜》。生平事迹見《宋史》卷二百九十六。

〔3〕"領"，文淵閣、文津閣作"理"。

〔4〕《崇文總目》，參見《周易注》提要注。

〔5〕《古文孝經指解》，北宋司馬光、范祖禹撰，凡一卷。該書是現存最早的關於《古文孝經》的舊注，對認識今古文《孝經》之爭有重要價值。司馬光（1019—1086），字君實，陝州夏縣（今屬山西）人。宋寶元元年（1038）進士，歷仕仁、英、神、哲四朝。宋神宗時，反對王安石變法，主持編撰《資治通鑒》。哲宗時任宰相，主持朝政，廢除新法。卒後追贈太師、溫國公，謚文正。生平事迹見《宋史》卷三百三十六。

〔6〕顏芝，秦漢之際河間（今河北獻縣）人。藏有《孝經》十八章，後由其子顏貞獻出。

〔7〕《釋文》，即陸德明《經典釋文》，參見《經典釋文》提要注。

〔8〕"本"，文津閣作"文"，誤。

〔9〕"四十年二月"，文淵閣本作"四十七年九月"、文津閣本作"四十九年九月"。

【比對二】

《簡明目錄》本《孝經正義》提要[1]

　　《孝經正義》三卷，唐玄宗明皇帝御注，宋邢昺疏。《孝經》有鄭玄注今文、孔安國注古文二本。自玄宗此注用今文，而古文遂晦。然《唐會要》載當時之詔，乃鄭注依舊行用，孔注傳習者希，亦存繼絕之典。則玄宗初未嘗廢古文，特後漸不用耳。宋《中興藝文志》謂"玄宗廢古文"[2]，蓋瞀說也。

【評析】

　　《孝經正義》又稱《孝經注疏》，唐玄宗李隆基注，宋邢昺疏。四庫館臣爲《孝經正義》所寫的提要，主要有7個版本，可將其分爲三個系統：詳本系列3種（《總目》浙本、殿本、文淵閣本）、簡本系列3種（《薈要》本、文溯閣本、文津閣本）、極簡本1種（《簡明目錄》本）。

一、詳本《孝經正義》提要評析

　　詳本提要3種，其內容基本相同，主要介紹《孝經注疏》的成書過程、今古文《孝經》的興廢、司馬貞刪《閨門章》問題以及本書之價值。

---

[1] 本提要録自《四庫全書簡明目録》卷三，凡106字。

[2] 《中興藝文志》，即《中興國史藝文志》，南宋官修史志目録，著録南宋高宗、孝宗、光宗、寧宗四朝的藏書。已佚。

（一）《孝經注疏》的成書過程

第一，唐玄宗《御注孝經》的成書。提要稱，唐玄宗於開元十年（722）六月注《孝經》，頒布天下及國子學。天寶二年（743）五月重注《孝經》，亦頒行天下。天寶四年九月，以《御注》刻石於太學，稱之"石臺孝經"。提要又引《舊唐書·經籍志》《新唐書·藝文志》，説明玄宗《孝經注》亦名《孝經制旨》，凡一卷。引趙明誠《金石録》及陳振孫《直齋書録解題》，指出所謂《石臺孝經》四卷，乃係碑身四面的拓本，爲四大軸之意。

關於《孝經制旨》與《孝經注》是否爲同書異名，一直以來都頗有爭議。南宋陳振孫《直齋書録解題》卷三"唐玄宗《御注孝經》"條云："《唐志》作《孝經制旨》。"認爲二者爲同一部書。清朱彝尊《經義考》卷二百二十四"唐明皇《孝經注》"條下注："《唐志》作《孝經制旨》。"畢沅《關中金石記》卷三"石臺孝經"條亦云："《唐書·藝文志》有《今上孝經制旨》一卷，應即是書。"均沿用此説。但也有認爲《孝經制旨》與《孝經注》不是同一部書的，清人王昶《金石萃編》卷八十七云："考《唐書·藝文志》，《今上孝經制旨》注'玄宗'，二字下又載元行沖《御注孝經疏》二卷，然則《注》與《制旨》各自爲書。"馬國翰《玉函山房輯佚書》卷四十云："行沖奉詔作《疏》，故述《注》意稱《制旨》。"余嘉錫也認爲二書非同一部書，但他不同意馬國翰以《制旨》爲元行沖《疏》的觀點，其《四庫提要辯證》卷一云："可見《制旨》與《注》非一書，亦可見元行沖《疏》中特存有《制旨》之意，而非即《制旨》也。"〔1〕當代學者大都認爲兩者非同一部書。

元行沖《御注孝經疏》的成書。唐玄宗認爲自己的注不够完備，需要再作補充説明，但"具載則文繁，略之則義闕"，於是詔令元行沖作疏，進行闡釋和發揮。元行沖作疏的時間應當在天寶二年玄

---

〔1〕余嘉錫：《四庫提要辯證》，第61頁。

宗重注之後、天寶五年重修《注》《疏》之前。《新唐志》記載元行沖作《疏》二卷，《舊唐志》《宋志》都記載爲三卷，後人一般認爲是三卷。《御注孝經疏》原貌今已不見，但邢昺《疏》三卷就是以元行沖《疏》爲藍本修訂而成，尚可推知其大概。

據《宋史·邢昺傳》，宋真宗咸平二年(999)邢昺任翰林侍講學士，後受詔與杜鎬等校定三禮、三傳、《孝經》《論語》《爾雅》等義疏。咸平四年（1001）撰成，并下杭州刊版。但這時刊版的是單疏本《孝經義疏》三卷，而非後來的經、注、疏合刻本九卷。

（二）今、古文《孝經》的興廢

《孝經》有今、古文之分。西漢初年，《今文孝經》由河間人顔芝的兒子顔貞獻出，用當時通行的隸書寫成，共十八章。漢武帝時，魯恭王壞孔宅而得《古文孝經》，全書用戰國文字寫成，共二十二章。兩種版本的《孝經》篇目不同。從數量上看，《古文孝經》比《今文孝經》多出四章。但從實際内容上看，《古文孝經》僅多出《閨門章》。原因在於，《古文孝經》的《孝平章》與《庶人章》在《今文孝經》中合爲《庶人章》，《古文孝經》的《父母生績章》《孝優劣章》《聖治章》在《今文孝經》中合爲《聖治章》。西漢末年，劉向在整理圖書時，以《今文孝經》爲主，參照《古文孝經》，最終定爲十八章，後人因之。這一時期的今、古文《孝經》之爭，以《今文孝經》的勝利暫時結束。

漢代以來，除了官學與非官學之爭，今、古文《孝經》之爭還體現在各自的注本上。東漢鄭玄爲《今文孝經》作注，名爲《孝經鄭氏解》，但這個注本受到質疑。《隋書·經籍志》："鄭氏注，相傳或云鄭玄，其立義與玄所注餘書不同，故疑之。"陸德明指出："檢《孝經注》與康成注五經不同，未詳是非。"相傳西漢孔安國有《古文孝經傳》，《隋書·經籍志》載："《古文孝經》一卷，孔安國傳。梁末亡逸，今疑非古本。"真僞亦不可知。與此同時，仍有衆多注本不斷問世。《古文孝經孔傳》梁末散佚，隋代又出現，劉炫受命校書，作《古文孝經述議》。隋文帝今古文并重，他下令將劉炫校定的《古文孝經》與鄭玄注的《今文孝經》都著於官籍，頒行天下。

唐開元七年（719）三月，玄宗下詔令群儒質定《尚書》《孝經》今、古文本和鄭注、孔傳的異同優劣。劉知幾主古文，列出十二條理由證明《今文孝經》鄭注非鄭玄所作，力主行孔廢鄭。他認為今傳《古文孝經》孔傳來歷可考，且"經文盡正，傳義甚美"，與今文鄭注相比"雲泥致隔"。司馬貞主今文，他認為《古文孝經》的《閨門章》將妻子比於徒役，文句凡鄙，不合經典。又分《庶人章》從"故自天子"以下別為一章，加"子曰"二字。這是後人妄開此等數章，以應二十二章之數。不但經文不真，傳習也淺偽，如"用天之時因地之利"一句，注曰："脫衣就功，暴其肌體，朝暮從事，露髮塗足，少而習之，其心安焉。"這句話雖出自諸子，但引之為注，語言庸俗粗鄙。最終，唐玄宗認可了司馬貞的觀點，以《今文孝經》為底本，對文本內容進行正定。玄宗兩次作注，并令元行沖作疏，頒行天下。《今文孝經》在唐代再次勝出。

（三）對司馬貞刪《閨門章》的評議

司馬貞主今文，今文無《閨門章》。元代熊禾認為司馬貞刪去《閨門章》，導致唐玄宗行無禮無度之事，即父奪子妻、荒廢朝政。明代孫本進一步認為，司馬貞削《閨門》一章，最終導致了安史之亂，還說司馬貞為武則天和韋皇后淫亂後宮、禍亂朝政之事避諱。四庫館臣反對這種說法，認為安史之亂的發生并不是因為司馬貞刪《閨門章》。如果當時行用的是古文，那麼安史之亂仍舊會發生。且唐朝宮闈本來就放縱不肅，刪去《閨門章》絕不是為了避諱，與武則天、韋皇后毫不相關。據《唐會要》記載，唐玄宗雖然以《今文孝經》為底本正定經文，但司馬貞建議鄭玄注與孔氏傳并行，無論是唐玄宗還是司馬貞，都沒有廢除《古文孝經》和孔傳。不過，唐玄宗御注頒行天下後，學習鄭注、孔傳的學者逐漸減少，這纔是兩家《注》并廢的原因。熊禾等人將《古文孝經》的消亡歸罪於司馬貞，顯然是不公允的，館臣糾正了這一偏見。

最後，館臣作出結論：今文之立始自玄宗《注》，玄宗《注》之立始於宋邢昺《疏》。有了邢《疏》，《今文孝經》和唐玄宗《注》都獲得了經典的地位。

二、簡本、極簡本《孝經注疏》提要評析

簡本系統提要有3種，都是書前提要，内容相近。簡本提要雖簡，亦有詳本所不具者。

簡本提要首先叙述了邢昺作《疏》始末，而没有提及唐玄宗《注》、元行沖《疏》的撰寫。宋太宗至道二年（996），判監李至請命李沆、杜鎬等校定《周禮》《儀禮》《穀梁傳》疏，及別纂《孝經》《論語》正義。宋真宗咸平初年，由邢昺代替李至，取元行沖《孝經疏》，約而修之。館臣引用《崇文總目》，解釋了選擇元行沖《疏》的原因。

簡本提要提出“司馬光有《古文孝經指解》，多《閨門》一篇，蓋本顏芝所傳”這一説法，而詳本没有。今按：《古文孝經》二十二章有《閨門章》，司馬光《古文孝經指解》自然也有此章；但顏芝所傳爲《今文孝經》，《今文孝經》十八章是没有《閨門章》的，館臣爲何説司馬光“蓋本顏芝所傳”呢？筆者認爲，這也許是今、古文《孝經》出現了融合。《隋書·經籍志》載“漢初，芝子貞出之，凡十八章，長孫氏、博士江翁……皆名其學”，又載“長孫有《閨門》一章”。若《隋志》所言爲真，漢代長孫氏傳自顏芝的《今文孝經》有《閨門章》，那麼到底是顏芝補進了《閨門章》，還是長孫氏補進了《閨門章》？這些問題，都有待進一步考證。

最後，簡本提要借用朱熹之語，稱讚《孝經注疏》“考證詳博”；順便還批評明刻本不載陸德明《經典釋文》。抨擊明人荒陋，是館

臣的一貫作風。

《簡明目録》本提要最爲簡短，但也交代了今、古文《孝經》的興衰更替，認爲古文消亡是學術發展的結果，批評了"玄宗廢古文"的謬論。

三、各版本《孝經正義》提要之比較

浙本、殿本、文淵閣本和《簡明目録》本題"《孝經正義》三卷"，《薈要》本、文溯閣本、文津閣本則題爲"《孝經注疏》九卷"。書名、卷數都不一致。崔富章先生指出，《四庫全書》所收録的并非三卷本《孝經正義》（此爲單疏本），而是"乾隆四年武英殿校刻《欽定十三經注疏》内《孝經注疏》九卷《傳述人》一卷《注疏序》一卷《原序》一卷，各卷末附《考證》"[1]。故當以"《孝經注疏》九卷"爲是。

從内容上看，詳本系統與簡本系統《簡明目録》本的差異也很大。詳本提要語言整飭，考證細密，其中關於《孝經注疏》的成書過程，包括唐玄宗《注》、元行沖《疏》、邢昺《疏》的撰寫，都引用不少史料加以説明，信實可靠。簡本提要則省略該部分，僅簡單叙述邢昺作《疏》始末。詳本還梳理了今、古文《孝經》的興廢，并批評了所謂"司馬貞删《閨門章》廢古文"的觀點，簡本則完全没有提到這些内容。《簡明目録》本最簡，僅指明玄宗《注》出，今文興而古文晦，言簡意賅。

各提要的撰寫時間是：《薈要》本（乾隆四十年二月）—文淵閣本（乾隆四十一年五月）—文溯閣本（乾隆四十七年九月）—《簡明目録》本（乾隆四十七年）—文津閣本（乾隆四十九年九月）—《總目》浙本、殿本（乾隆六十年）。

---

[1] 崔富章：《四庫提要補正》，第187頁。

經典釋文三十卷〔1〕

《經典釋文》三十卷（内府藏本）〔2〕，唐陸元朗撰〔3〕。元朗字德明，以字行，吳人。貞觀中官國子博士，兼太子中允。事迹具《唐書》

---

〔1〕本校注以浙本《四庫全書總目》卷三十三《經典釋文》提要（499字）爲底本，以殿本（499字）、文淵閣本（508字）、文溯閣本（506字）、文津閣本（509字）爲校本。《經典釋文》三十卷，唐陸德明撰，是一部重要的語言文字學著作。該書對《周易》《尚書》《毛詩》《周禮》《儀禮》《禮記》《春秋左傳》《公羊傳》《穀梁傳》《孝經》《論語》《老子》《莊子》《爾雅》等14部經典文獻分別標注音讀，揭示異文，間有釋義，保存漢魏六朝音韻訓詁資料十分豐富，具有重要的文獻價值和語言研究價值。

〔2〕"《經典釋文》三十卷（内府藏本）"，文淵閣、文溯閣、文津閣本作"臣等謹案：《經典釋文》三十卷"。

〔3〕陸元朗（約550—630），字德明，以字行，蘇州吳縣（今屬江蘇）人。唐代經學家、訓詁學家。南朝陳太建中入承光殿。隋煬帝時爲秘書學士，授國子助教。秦王李世民辟爲文學館學士，補國學博士。唐貞觀初年遷國子博士，兼太子中允，封吳縣男。撰有《周易注》《周易兼義》《經典釋文》等。生平事迹見《舊唐書》卷一百八十九、《新唐書》卷一百九十八。

本傳。此書前有《自序》云〔1〕："癸卯之歲，承乏上庠〔2〕，因撰集《五典》《孝經》《論語》及《老》《莊》《爾雅》等音〔3〕。古今并録，經注畢詳，訓義兼辯〔4〕，示傳一家之學。"考癸卯爲陳後主至德元年〔5〕，豈德明年甫弱冠〔6〕，即能如是淹博耶〔7〕？或積久成書之後〔8〕，追紀其草創之始也。

首爲《序録》一卷，次《周易》一卷、《古文尚書》二卷、《毛詩》三卷、《周禮》二卷、《儀禮》一卷、《禮記》四卷、《春秋左氏》六卷、《公羊》一卷、《穀梁》一卷、《孝經》一卷、《論語》一卷、《老子》一卷、《莊子》三卷、《爾雅》二卷〔9〕。其列《老》《莊》於經典，而不取《孟子》〔10〕，頗不可解。蓋北宋以前，

〔1〕 "此書前有《自序》云"，文溯閣本作"嘗自稱"。

〔2〕 癸卯，此處指陳後主至德元年（583）。承乏，任職，這是謙虛的説法。上庠，古代的大學，參見《禮記·王制》。

〔3〕 五典，傳説中的上古五部典籍，孔安國《尚書傳序》云："少昊、顓頊、高辛、唐、虞之書，謂之五典。"此處當指《五經》，即《周易》《尚書》《詩經》《儀禮》《春秋》。《孝經》《論語》，分別見《孝經正義》《論語義疏》提要注。《老子》，又稱《道德經》《道德真經》《五千言》《老子五千文》，春秋末年老聃撰，是道家哲學思想的經典著作。《莊子》又名《南華經》，戰國中期莊周及其後學所著。主要反映了莊子的批判哲學、藝術、美學、審美觀等。《爾雅》，參見《爾雅注疏》提要注。

〔4〕 "辯"，文淵閣、文溯閣本作"辨"。

〔5〕 陳後主，即陳叔寶（553—604），字元秀，陳宣帝長子，582年至589年在位，南北朝時期陳朝最後一位皇帝。

〔6〕 弱冠，男子20歲稱弱冠。據《儀禮·士冠禮》，古代男子20歲爲成人，行加冠禮。因20歲時身體尚未强壯，故名。

〔7〕 殿本無"耶"字。

〔8〕 殿本"或"上有"抑"字。

〔9〕 以上所列，除了道家著作《老子》《莊子》外，其餘12種皆爲儒家經典，在儒家"十三經"之列。

〔10〕《孟子》，參見《孟子正義》提要注。《孟子》居儒家"十三經"之末，宋代纔正式進入"十三經"之列，故陸氏《釋文》不含《孟子》。

《孟子》不列於經，而《老》《莊》則自西晋以來，爲士大夫所推尚。德明生於陳季，猶沿六代之餘波也。

其例：諸經皆摘字爲音，惟《孝經》以童蒙始學，《老子》以衆本多乖，各摘全句原本。音經者用墨書，音注者用朱書，以示分別。今本則經、注通爲一例，蓋刊版不能備朱墨〔1〕，又文句繁夥，不能如《本草》之作陰陽字，自宋以來，已混而并之矣。

所采漢魏六朝音切凡二百三十餘家〔2〕，又兼載諸儒之訓詁，證各本之異同。後來得以考見古義者，注疏以外，惟賴此書之存。真所謂殘膏賸馥，沾溉無窮者也。自宋代監本注疏，即析附諸經之末，故《文獻通考》分見各門後〔3〕。又散附注疏之中，往往與注相淆〔4〕，不可辨別〔5〕。此爲通志堂刻本，猶其原帙。何焯點校《經解目録》〔6〕，頗嗤顧湄校勘之疏〔7〕。然字句偶訛，規模自在，研經之士，終以是爲考證之根柢焉〔8〕。

---

〔1〕 "版"，文淵閣、文津閣、文溯閣本作"板"。
〔2〕 "二百三十餘家"，文淵閣、文津閣本作"二百六十餘家"，誤。
〔3〕 《文獻通考》，參見《詩集傳》提要注。
〔4〕 文淵閣、文津閣本奪"注"字。
〔5〕 "辨"，文津閣本作"辯"。
〔6〕 何焯（1661—1722），字潤千，改字屺瞻，號義門，江蘇長洲（今江蘇蘇州）人。清康熙四十二年（1703）進士。後於皇八子府當侍讀，兼任武英殿纂修。通經史百家之學，長於考據之學。著有《何義門集》《詩古文集》《語古齋識小録》《道古録》《義門讀書記》等。《經解目録》，指《通志堂經解目録》，是對納蘭性德《通志堂經解》所收 138 種著作的目録提要。
〔7〕 顧湄，字伊人，號抱山，清太倉（今江蘇蘇州）人。長於經史，絕意仕進。曾應徐乾學聘，助之校刊《通志堂經解》。
〔8〕 文淵閣、文津閣本奪"柢"字。此句下，文淵閣本有"乾隆四十五年五月恭校上"，文溯閣本作"乾隆四十七年四月恭校上"，文津閣本作"乾隆四十九年閏三月恭校上"。

【比對一】

《薈要》本《經典釋文》提要[1]

臣等謹案[2]：《經典釋文》三十卷，唐陸元朗撰。元朗，吳人，字德明，以字行。《唐書》言其論撰甚多[3]，又《徐曠傳》言[4]："世稱《左氏》有文遠，《禮》有褚徽，《詩》有魯達，《易》有陸德明，皆一時冠。"[5] 今所著書皆不傳，僅是編存耳。

德明《自序》云[6]："癸卯之歲，承乏上庠，因撰集《五典》《孝經》《論語》及《老》《莊》《爾雅》等音[7]。古今并錄，經注畢詳，訓義兼辯，示傳一家之學。"考癸卯爲陳後主至德元年，豈德明年甫弱冠，即如是之淹博歟[8]？或積久成書之後，追紀其草創之始也。

---

[1] 以《薈要》本（407字）爲底本，以初目本（297字）爲校本。

[2] 初目本無"臣等謹按"4字。

[3] 《唐書》，指《舊唐書》。初目本"多"字下有"今皆不傳，僅此書尚存"9字，無"又《徐曠傳》言"至"僅是編存耳"一段。

[4] 徐曠，字文遠，洛州偃師（今屬河南）人。唐初經學家。博覽《五經》，尤精《春秋左氏傳》，竇威、楊玄感、李密皆從其受學。隋開皇中官至太學博士。著有《左傳音》《義疏》等。事迹參見《舊唐書》卷一百八十九。

[5] 《舊唐書·徐文遠傳》："（大業初）禮部侍郎許善心舉文遠與包愷、褚徽、陸德明、魯達爲學官，遂擢授文遠國子博士，愷等并爲太學博士。時人稱文遠之《左氏》、褚徽之《禮》、魯達之《詩》、陸德明之《易》，皆爲一時之最。文遠所講釋，多立新義，先儒異論，皆定其是非，然後詰駁諸家，又出己意，博而且辨，聽者忘倦。"褚徽，隋開皇中太學博士，詔與漢王諒授經。魯達，即魯世達，餘杭（今浙江杭州）人。隋煬帝時爲國子助教，撰《毛詩章句義疏》四十二卷。

[6] "德明"，初目本作"前有"。

[7] 初目本"撰"上有"因"字。

[8] "即如是之淹博歟"，初目本作"即能如是淹博"。

其體例[1]：於諸經皆摘字爲音，惟《孝經》《老子》録全句。凡漢魏六朝以來爲音訓者二百三十餘家，皆采摭菁華，使後人於舊籍散佚之餘尚能得其梗概，厥功甚偉。惟《孟子》無音，而乃有《老》《莊》二子，蓋自唐以前《孟子》不列於經，而《老》《莊》二子則自晋以來爲士大夫所推尚[2]。德明狃當時之習，不足怪也。書中《易》《書》《詩》《三禮》《春秋三傳》《論語》《爾雅》等音義，宋以來刻注疏者已散入各經句下[3]。然分裂改竄，多非其元文[4]，且有溷於注中不能分別者[5]。此本仍德明之舊文，殊可寶也[6]。

德明原例，凡音釋經文者以墨標之，凡音釋注文者則以朱標之。自宋代刻本已一例改爲墨字，不復區分。既無關於宏旨，今亦姑從舊刻，不復更張焉。乾隆四十一年三月恭校上[7]。

【比對二】

《簡明目録》本《經典釋文》提要[8]

《經典釋文》三十卷，唐陸德明撰。采輯諸經音義及文字異同，依經傳第編次。考證精博，至今談經之士，鑽仰不窮。惟列《老子》

---

[1] 初目本無“體”字。

[2] 初目本無“二子”二字，“晋”上有“西”字。

[3] 初目本“經”下無“句”字。

[4] “多非其元文”，初目本作“多非原文”。

[5] 初目本“有”作“或”，“別”下無“者”字。

[6] “此本仍德明之舊文，殊可寶也”，初目本作“惟此本尚仍德明原文之舊云”。

[7] “德明原例”至“恭校上”一段，初目本無。今按：蓋初目本在先，《薈要》本略作增補而成。

[8] 本提要録自《四庫全書簡明目録》卷三，凡95字。

《莊子》於經典，而不列《孟子》，頗爲乖舛。蓋宋熙寧以前，《孟子》不列於經，《老子》《莊子》則六朝之所競尚，德明生於陳代，猶沿積習也。

【評析】

《經典釋文》三十卷，唐陸德明撰，位居《四庫全書·經部》五經總義類第三。四庫館臣爲《經典釋文》所撰寫的提要，主要有 7 個不同的版本，可以分爲詳本（《總目》浙本、殿本、文淵閣本、文溯閣本、文津閣本）、簡本（《薈要》本、初目本）、極簡本（《簡明目録》本）三類。其中詳本提要内容最爲豐富，主要論及以下幾個方面。

一、作者生平及成書年代

提要首先簡介陸元朗（字德明）的字號、籍貫及其生平事迹，指出《舊唐書》有傳，可以參看。根據當代學者研究，其生卒年大約爲556—627（一説550—630），經歷了陳、隋、唐三個朝代。接著，館臣又徵引《經典釋文》作者自序，據以考證其撰寫時間。《自序》稱："癸卯之歲，承乏上庠。"今考陸氏一生歷經過兩個癸卯年，一爲陳至德元年癸卯（583），一爲唐貞觀十七年癸卯（643），究竟何者爲是？錢大昕、臧鏞堂、吳承仕認爲陸德明於至德元年"年近三十"，已經有著書能力；若貞觀癸卯則年近九十，不能再作此書。則《釋文》一書應作於至德癸卯（583）[1]。《總目》提要則認爲："豈德明年甫弱冠，即能如是淹博耶？或積久成書之後，追紀其草創之始也。"認爲"至德癸卯"作者年紀尚輕，學問尚淺，應該是該書草創之年，

---

[1] 吳承仕：《經典釋文序録疏證》，中華書局 1984 年版，第 1–4 頁。

而不是完成之年。這一推測較爲合理，但尚嫌粗略。

近有孫玉文《〈經典釋文〉成書年代新考》、王弘治《〈經典釋文〉成書年代釋疑》等也認爲此書始撰於至德癸卯，而考論更爲細緻；至於成書下限，孫玉文認爲是王世充僭位時期，王弘治則認爲是隋大業三年（607）之後、入唐（618）之前。他們主要從古地名沿革、避諱和引書等方面進行論證，頗有說服力。[1]

二、《經典釋文》的主要内容

館臣詳細羅列《經典釋文》所注 14 部典籍的名稱、次序和相應《釋文》的卷數。今按：《序録》一卷十分重要，館臣却没有强調。《序録》包括《序》《條例》《次第》《注解傳述人》和《目録》，這是全書總論，綜述了經學傳授的源流，逐一介紹 14 部經典的經傳起源、傳授本末、注家姓名，對漢魏以來的學術史做了系統總結。《序録》首次依據問世早晚的順序排列經典，還詳細梳理了經典注釋與傳授的歷史，具有重要的經學史意義，對後世有深遠影響。其對經典的排序被《隋書·經籍志》《新唐書·藝文志》《宋史·藝文志》《通志·藝文略》等所仿效。

提要指出："其列《老》《莊》於經典而不取《孟子》，頗不可解。蓋北宋以前，《孟子》不列於經，而《老》《莊》則自西晋以來，爲士大夫所推尚。德明生於陳季，猶沿六代之餘波也。"雖屬猜測，亦頗爲精到。《孟子》的核心思想是"民貴君輕"，把倫理和政治緊密結合起來，强調道德修養是治國之本，這對於風雨飄摇、戰争不斷的陳、隋兩代顯然是不切實際的，故没有受到重視。此外，自

---

[1] 參見孫玉文：《〈經典釋文〉成書年代新考》，《中國語文》1998 年第 4 期；王弘治：《〈經典釋文〉成書年代釋疑》，《語言研究》2004 年第 2 期。

魏晉以來，談玄之風興盛，老莊思想頗受歡迎，流風及於唐代。唐高宗甚至於乾封元年（666）追封老子（李耳）爲太上玄元皇帝，尊崇到了極點。受時代風氣影響，陸德明重視《老子》《莊子》也就不足爲怪了。

三、《經典釋文》的體例及其流傳

提要大致説明了《釋文》的體例：1.《釋文》所釋經書大都不録原文，“摘字爲音”，祇有《孝經》與《老子》摘録全句；2. 凡音釋經文者以墨標之，凡音釋注文者則以朱標之，以示分別，但宋代刻本已一律改爲墨字，不復區分；3. 采漢魏六朝音切凡二百三十餘家，又兼載諸儒之訓詁，證各本之異同，使後人於舊籍散佚之餘尚能得其梗概，貢獻巨大；4. 自宋代監本注疏，將《釋文》内容加以拆分，附於諸經之末，故《文獻通考》分見各門後。又散附注疏之中，往往與注相淆，不可辨别。

其實在《序録》中，陸德明已對全書體例作了明確交代，今略作補充：第一，既爲 14 種先秦經典的原文做注，也爲注文做注。所謂“先儒舊音，多不音注。然注既釋經，經由注顯，若讀注不曉，則經義難明”，正反映了他對古注的重視。第二，主要采用“摘字爲音”的方式。《序録》云：“摘字爲音，慮有相亂，方復具録；唯《孝經》童蒙始學，《老子》衆本多乖，是以二書特紀全句。”《釋文》隨文作注，并不是要給所有字注音，而是對需要注釋或辨析音義的字纔作注，旨在幫助人們讀懂經文及注文。第三，至於一字多音的情况，常音於前，異音附後，雖曰“以俟來哲”，但在客觀上保留了南朝時期寶貴的音義材料。

萬獻初《〈經典釋文〉音切類目研究》是第一部全面研究《釋文》條例和術語的專著。該書按“音”“反切”“如字”“某某之某、讀、假借和協韵”等對《釋文》的條例、術語使用等情况進行了統計、分析和歸納，對《釋文》的性質、音切特點、音切價值、使用不同音切應注意的問題等方面進行了詳密的研究，可以參看。[1]

四、《經典釋文》的地位與影響

《經典釋文》以音訓爲主，也包含了很多釋義的內容。它的出現促進了 14 部文化經典在隋唐時期的傳播，對中國古代經學史的形成具有重要意義。提要以"殘膏賸馥，沾漑無窮"八字，充分肯定其在經學史、學術史、文化史上的地位和影響，又說"研經之士，終以是爲考證之根柢焉"，評價甚高。

具體而論，《釋文》對於漢魏六朝時期內容豐富、觀點各異的研究成果，采取兼收并蓄的態度。在編排時以出現早晚爲序，既能體現注釋的因襲來源，也能反映經學的發展歷程。注音、釋義、校勘兼具，保存了豐富的版本學、校勘學、語音學、詞彙學的內容。尤其是對漢魏六朝以來的音訓做了系統總結，很多已經亡佚的注解通過它得以保存，使後人能够考見古音古義，爲研究唐以前的語音變遷提供了重要依據。如漢魏時期的《爾雅》注本大都失傳，《爾雅音義》保存漢魏六朝時期《爾雅》的注解和讀音，儘管零散，但也彌足珍貴。

《經典釋文》打破了今文經學與古文經學不相容的局面，使經解分門別户的傳統逐步改變。自漢代以來，經學就形成了今文經學與古文經學兩大門派，前者類似哲學，強調"經世致用"；後者近於史學，講究考據。《釋文》擺脱了古文經學和今文經學的派別之爭，是唐朝官修《五經正義》的前奏，是經學走向統一的先導。它開創了吸收多家注釋的形式，改變了過去師法、家法嚴格區分的狀態，對經學的統一產生了深遠影響。《五經正義》所

---

[1] 萬獻初：《〈經典釋文〉音切類目研究》，商務印書館 2004 年版。

取的注本與《釋文》一致，這源於隋統一後北學并於南學，且它主要引用《釋文》的成果，也不拘守所謂家法。《五經正義》徹底改變了儒學紛雜淆亂的現象，使經學文本固定下來，影響了唐宋數百年間的學術文化發展。

《薈要》本提要較爲簡略，結構與内容較詳本差別不大，但詳略有所不同。關於作者和《自序》部分，與詳本内容相同，增加一句《徐曠傳》中的評論來突出陸德明的學術成就。關於《釋文》的體例與流傳情況與詳本并無二致。結尾處沒有出現總結性或評價性的語言，這一點與詳本不同。《薈要》本産生時間最早（乾隆四十一年），有其疏漏，爲此後文淵閣本等留下了增補的餘地。

《簡明目録》本最簡，僅用一句話説明作者、内容、體例與評價。以較多筆墨分析不收《孟子》而收《老子》《莊子》的原因，蓋因該書列入《經部》五經總義類，不宜雜入道家内容，故有此解説。

各提要的撰寫時間是：初目本（乾隆四十年左右）—《薈要》本（乾隆四十一年三月）—文淵閣本（乾隆四十五年五月）—文溯閣本（乾隆四十七年四月）—《簡明目録》本（乾隆四十七年）—文津閣本（乾隆四十九年閏三月）—《總目》浙本、殿本（乾隆六十年）。

孟子正義十四卷^{〔1〕}

《孟子正義》十四卷（**内府藏本**）^{〔2〕}，漢趙岐注^{〔3〕}，其《疏》則舊本題宋孫奭撰^{〔4〕}。岐，字邠卿，京兆長陵人。初名嘉，字臺

---

〔1〕本校注以浙本《四庫全書總目》卷三十五《孟子正義》提要（977 字）爲底本，以殿本（977 字）、文淵閣本（986 字）爲校本。《孟子》十四卷，儒家“十三經”之一，戰國中期鄒國孟軻及其弟子萬章、公孫丑等著，發展了孔子的儒家學説，提出人性善、民貴君輕論等著名觀點。

〔2〕“《孟子正義》十四卷（内府藏本）”，文淵閣本作“臣等謹案：《孟子正義》十四卷”。

〔3〕趙岐（108—201），字邠卿，京兆長陵（今陝西咸陽）人。東漢經學家。因貶議宦官唐衡兄弟而遭到追殺，祇好易名出逃。後唐衡等敗滅，乃出。曾任并州刺史，拜議郎，累遷敦煌太守，再遷太僕、太常。有《孟子章句》《三輔決録》等。《後漢書》卷六十四有傳。

〔4〕“其《疏》則舊本題宋孫奭撰”，文淵閣本作“舊本題宋孫奭撰疏”。孫奭（962—1033），字宗古，博州博平（今山東荏平）人，北宋經學家。北宋端拱中九經及第，仁宗時歷任翰林侍講學士、兵部侍郎、龍圖閣學士、禮部尚書等。著有《經典徽言》《五經節解》《崇祀録》《樂記圖》等。《宋史》卷四百三十一有傳。

卿。永興二年，辟司空掾，遷皮氏長〔1〕。延熹元年〔2〕，中常侍唐衡兄玹爲京兆尹〔3〕，與岐夙隙，岐避禍逃避四方，乃自改名字。後遇赦得出，拜幷州刺史〔4〕。又遭黨錮十餘歲。中平元年，徵拜議郎〔5〕，舉燉煌太守。後遷太僕，終太常〔6〕。事迹具《後漢書》本傳。奭，字宗古，博平人。太宗端拱中九經及第〔7〕，仁宗時官至兵部侍郎、龍圖閣學士。事迹具《宋史》本傳。

是《注》即岐避難北海時，在孫賓家夾柱中所作〔8〕。漢儒注經，多明訓詁名物，惟此《注》箋釋文句，乃似後世之口義，與古學稍殊。然孔安國、馬融、鄭玄之注《論語》，今載於何晏《集解》者〔9〕，體亦如是。蓋《易》《書》文皆最古，非通其訓詁則不明；《詩》《禮》語皆徵實，非明其名物亦不解；《論語》《孟子》詞旨顯明，惟闡其義理而止：所謂言各有當也。

〔1〕皮氏，戰國時魏國邑名，秦置皮氏縣。今山西河津市。

〔2〕“元”，文淵閣本作“九”，未審孰是。

〔3〕中常侍，官名，主要由宦者擔任，職掌顧問應對，或受差遣辦事。京兆尹，西漢京畿地方最高行政長官。

〔4〕幷州，古州名，治今山西太原。刺史，地方軍事行政長官。

〔5〕“議”，文淵閣本作“儀”，誤。議郎，職掌顧問應對的官員，略高於侍郎、郎中。

〔6〕太僕，秦漢時官名，掌車馬，爲九卿之一。太常，官名，掌宗廟禮儀等事。

〔7〕九經及第，宋朝稱《周易》《尚書》《毛詩》《禮記》《周禮》《儀禮》《春秋左傳》《公羊傳》《穀梁傳》九部儒家經典爲“九經”。考試這九部儒家經典的貢舉科目，即爲九經科。

〔8〕孫賓，即東漢北海人孫嵩。嵩，字賓石。東漢趙岐避難時受他保護。後趙岐官遷太僕，薦孫嵩爲青州刺史。胡玉縉《四庫全書總目提要補正》認爲，“孫賓”乃“孫賓石”之誤。

〔9〕何晏，參見《論語義疏》提要注。按，何晏《論語集解》二十卷，唐陸德明《經典釋文》序錄：“集孔安國、馬融、包氏、周氏、鄭玄、陳群、王肅、周生烈義，并下己意，故爲之集解。”

　　其中如謂宰予、子貢、有若[1]，緣孔子聖德高美而盛稱之，孟子知其太過，故貶謂之"汙下"之類[2]，紕繆殊甚。以屈原憔悴爲"徵於色"[3]，以甯戚扣角爲"發於聲"之類[4]，亦比擬不倫。然朱子作《孟子集注》《或問》[5]，於岐説不甚掊擊。至於書中人名，惟盆成括、告子不從其"學於孟子"之説[6]，季孫、子叔不從其"二

────────────────

[1] 宰予（前522—前458），字子我；子貢（前520—前456），端木賜，字子貢；有若（前508—？　），字子有。皆爲孔子弟子。

[2] 《孟子·公孫丑上》："曰：敢問其所以異？曰：宰我、子貢、有若，智足以知聖人，汙不至阿其所好。"

[3] 《楚辭·漁父》："屈原既放，游於江潭，行吟澤畔，顏色憔悴，形容枯槁。"《孟子·告子下》："人恒過，然後能改；困於心，衡於慮，而後作；徵於色，發於聲，而後喻。"趙岐注："徵驗，見於顏色，若屈原憔悴，漁父見而怪之。發於聲而後喻，若甯戚商歌，桓公異之。是而已矣。"附會若是。

[4] 《淮南子·道應訓》："甯越欲干齊桓公，困窮無以自達，於是爲商旅，將任車，以商於齊，暮宿於郭門之外。桓公郊迎客，夜開門，辟任車，爌火甚盛，從者甚衆。甯越飯牛車下，望見桓公而悲，擊牛角而疾商歌。桓公聞之，撫其僕之手曰：'異哉，歌者非常人也！'命後車載之。"

[5] 《孟子集注》七卷，南宋朱熹撰。此書引用二程、程門弟子及其他人的解釋較多，故稱"集注"。《或問》，即朱熹《四書或問》三十九卷。鑒於秦漢以來聖學不傳，儒者唯知章句訓詁之爲事，而不知復求聖人之意，遂以"四書"爲本，發問做答。

[6] 《孟子·盡心下》："孟子曰：'死矣，盆成括！'盆成，姓；括，名也。嘗欲學於孟子，問道未達而去，後仕於齊。"朱熹《孟子集注》："盆成，姓；括，名也。恃才妄作，所以取禍。"《孟子·告子下》："告子者，告，姓也；子，男子之通稱也；名不害。兼治儒墨之道者，嘗學於孟子……告子曰：性，猶杞柳也；義，猶桮棬也。以人性爲仁義，猶以杞柳爲桮棬。"朱熹《孟子集注》："告子言人性本無仁義，必待矯揉而後成，如荀子性惡之説也。"不言其"學於孟子"。

弟子"之説〔1〕，餘皆從之。書中字義，惟"折枝"訓"按摩"之類不取其説〔2〕，餘亦多取之。蓋其説雖不及後來之精密〔3〕，而開闢荒蕪，俾後來得循途而深造，其功要不可泯也。

胡爌《拾遺録》〔4〕據李善《文選注》引《孟子》曰："墨子兼愛，摩頂致於踵。"趙岐曰："致，至也。"〔5〕知今本《經》文及《注》均與唐本不同。今證以孫奭《音義》所音〔6〕，岐《注》亦多不相應，（語詳《孟子音義》條下）蓋已非舊本。至於《盡心下》篇"夫子之設科也"，《注》稱"孟子曰：夫我設教授之科"云云，則顯爲"予"字，今本乃作"夫子"。又"萬子曰"句，《注》稱："萬子，萬章也。"則顯爲"子"字，今本乃作"萬章"〔7〕。是又《注》文未改，而《經》文誤刊者矣。

---

〔1〕《孟子·公孫丑下》："孟子致爲臣而歸……季孫曰：'異哉！子叔疑。'二子，孟子弟子也。"朱熹《孟子集注》："此孟子引季孫之語也。季孫、子叔疑，不知何時人。"

〔2〕《孟子·梁惠王上》："故王之不王，非挾泰山以超北海之類也，王之不王，是折枝之類也。"趙岐注："折枝，案摩，折手節，解罷枝也。"朱熹《孟子集注》："爲長者折枝，以長者之命，折草木之枝，言不難也。"

〔3〕"來"，文淵閣本作"末"，誤。

〔4〕胡爌，字覲南，號闇翁，明嘉靖、萬曆間人。終身未仕，致力群經諸史，以講學著述爲事。著有《家規輯要》《拾遺録》。

〔5〕《文選》卷四十《奏彈曹景宗》："自頂至踵，功歸造化。"李善注："《孟子》曰：墨子兼愛，摩頂致於踵。趙岐曰：致，至也。"今本《孟子·盡心上》作："墨子兼愛，摩頂放踵利天下爲之。"趙岐注："兼愛他人，摩突其頂，下至於踵，以利天下，己樂爲之也子。"今按：據趙岐注，今本"放踵"，當爲"致踵"之訛。

〔6〕《孟子音義》二卷，宋孫奭撰。孫奭奉詔校定趙岐《孟子章句》，刊正唐張鎰《孟子音義》及丁公《孟子手音》二書，并參考陸善經《孟子注》而撰成此書。

〔7〕"萬章"，文淵閣本作"爲章"，誤。

其《疏》雖稱孫奭作[1]，而《朱子語録》則謂邵武士人假托[2]，蔡季通識其人[3]。今考《宋史·邢昺傳》，稱昺於咸平二年，受詔與杜鎬、舒雅、孫奭、李慕清、崔偓佺等校定《周禮》《儀禮》《公羊》《穀梁春秋傳》，《孝經》《論語》《爾雅》義疏，不云有《孟子》正義。《涑水紀聞》載奭所定著[4]，有《論語》《孝經》《爾雅》正義，亦不云有《孟子》正義。其不出奭手，確然可信。

其《疏》皆敷衍語氣，如鄉塾講章。故《朱子語録》謂其"全不似疏體，不曾解出名物制度，祇繞纏趙岐之説"。至岐《注》好用古事爲比，《疏》多不得其根據。如《注》謂"非禮之禮，若陳質娶妻而長拜之[5]；非義之義，若藉交報讎[6]"，此誠不得其出典。（案'藉交報讎'，似謂藉交游之力以報讎[7]，如朱家[8]、郭解，

---

[1] "其《疏》雖稱孫奭作"，殿本作"孫奭之疏"，文淵閣本作"其《疏》雖亦稱奭作"。

[2] "而《朱子語録》則謂邵武士人假托"，殿本作"《朱子語録》謂邵武士人所假托"。

[3] 《朱子語録》，參見《詩集傳》提要注。《朱子語類》卷十九："《孟子疏》，乃邵武士人假作，蔡季通識其人。當孔穎達時，未尚《孟子》，祇尚《論語》《孝經》爾。其書全不似疏樣，不曾解出名物制度，祇繞纏趙岐之説耳。"蔡元定（1135—1198），字季通，學者稱西山先生，建寧府建陽縣（今屬福建）人。南宋著名理學家、律吕學家、堪輿學家。著有《律吕新書》《西山公集》等。

[4] 宋司馬光《涑水紀聞》卷四："（奭）又定著《論語》《爾雅》《孝經》正義，請以孟軻書鏤板，復鄭氏所注《月令》。"

[5] "陳"，殿本、文淵閣本作"趙"。

[6] "藉交"，即"借交"。《史記·貨殖列傳》："閭巷少年……借交報仇，篡逐幽隱，不避法禁。"《游俠列傳》："（郭解）少時陰賊，慨不快意，身所殺甚衆，以軀借交報仇。"《漢書·朱雲傳》："少時通輕俠，借客報仇。"

[7] 今按：此句館臣有誤。《史記》"借交報仇"、《漢書》"借客報仇"，皆謂將自己的身軀借與交友，代爲報仇。

[8] "朱家"，文淵閣本作"朱亥"，誤。

非有人姓藉名交也，疑不能明，謹附識於此。）至於"單豹養其内而虎食其外"[1]，事出《莊子》，亦不能舉，則舛陋太甚。朱彝尊《經義考》摘其"欲見西施者人輸金錢一文"事[2]，詭稱《史記》。今考《注》以尾生爲不虞之譽，以陳不瞻爲求全之毀，《疏》亦并稱《史記》。尾生事實見《莊子》[3]，陳不瞻事實見《説苑》[4]，（案《説苑》作"陳不占"，蓋古字同音假借。）皆《史記》所無。如斯之類，益影撰無稽矣。以久列學官，姑仍舊本録之爾[5]。

【比對一】

《薈要》本《孟子注疏》提要[6]

臣等謹案：《孟子注疏》十四卷，漢趙岐注，宋孫奭等疏。朱

---

[1]《莊子·外篇·達生第十九》："田開之曰：魯有單豹者，巖居而水飲，不與民共利。行年七十，而猶有嬰兒之色，不幸遇餓虎，餓虎殺而食之。有張毅者，高門縣薄，無不走也，行年四十，而有内熱之病以死。豹養其内，而虎食其外；毅養其外，而病攻其内。此二子者，皆不鞭其後者也。"

[2]朱彝尊，參見《尚書正義》提要注。"欲見西施者人輸金錢一文"事，實出自民間傳説，《史記》未見。

[3]《莊子·雜篇·盜跖第二十九》："尾生與女子期於梁下，女子不來，水至不去，抱梁柱而死。"

[4]今按：此句館臣有誤。陳不瞻事不見於《説苑》，而見於劉向《新序·義勇篇》："齊崔杼弒莊公也，有陳不占者，聞君難將赴之。比去，餐則失匕，上車失軾。御者曰：'怯如是，去有益乎？'不占曰：'死君，義也；無勇，私也。不以私害公。'遂往。聞戰鬥之聲，恐駭而死。人曰：'不占可謂仁者之勇也。'"

[5]文淵閣本篇末有"乾隆四十六年十月恭校上"，凡11字。

[6]本提要以《薈要》本（181字）爲底本，以文津閣本（183字）、文溯閣本（182字）爲校本。

子嘗曰："《孟子》疏，乃邵武士人假作，不曾解出名物制度。"〔1〕王應麟亦曰："《崇文總目》《館閣書目》皆無之。"〔2〕然晁公武謂："古今注《孟子》者，趙氏之外有陸善經。奭撰《正義》以趙注爲本，其不同者兼取善經。"〔3〕鄭公曉亦云："因趙氏爲《正義》，於是《孟子》有趙《注》、孫《疏》并行於世〔4〕。自明刻十三經迄於今，莫之能廢也。奭又有《音義》二卷，糾正張鎰、丁公著二家之説。"〔5〕朱彝尊謂勝於《正義》〔6〕。而舊本皆莫之載，今

---

〔1〕引文見《朱子語類》卷十九，見浙本提要注。

〔2〕《經義考》卷二百三十三"孫氏孟子正義"條："王應麟曰：孫奭《正義》，《崇文總目》《館閣書目》《讀書志》皆無之。"王應麟，參見《周易注》提要注。

〔3〕館臣所引文字，出自朱彝尊《經義考》卷二百三十三"孫氏孟子正義"條。今按：晁公武《郡齋讀書志》卷十"孟子音義二卷"條曰："右皇朝孫奭等采唐張鎰、丁公著所撰，參附益其闕。古今注《孟子》者，趙氏之外，有陸善經。奭等以趙注爲本，其不同者，時時兼取善經。如謂'子莫執中'爲'子等無執中'之類。大中祥符間書成，上於朝。"乃針對《孟子音義》而言，《經義考》誤引，并將"奭等"改爲"奭撰《正義》"，尤其荒謬。晁公武，參見《尚書正義》提要注。又，陸善經，唐初學者，曾注《周易》《三禮》《春秋三傳》《論語》《孟子》等，撰《古今同姓名錄》二卷。

〔4〕"鄭公曉"，文津閣本作"鄭上曉"。

〔5〕"公"，文津閣本作"上"，誤。《經義考》卷二百三十三"孟子音義"條："鄭公曉曰：'《孟子》音釋有張鎰、丁公著。至宋孫奭作《音義》二卷，以糾正二氏之説。又因趙氏注爲《正義》，於是孟子有趙《注》、孫《疏》行於世。'館臣約引之，而次序顛倒。鄭公曉，即鄭曉（1499—1566），字窒甫，號淡泉，海鹽武原鎮（今屬浙江）人。明詩文家、史學家。御倭有功，召爲吏部左侍郎，後拜刑部尚書。卒諡端簡。有《鄭端簡公全集》《禹貢圖説》。

〔6〕《經義考》卷二百三十三"孟子音義"條："朱子謂《正義》是邵武士人作，似有可疑，不若《音義》之真也。"館臣撮述大意而已。

刻本并補入〔1〕。乾隆四十年十月恭校上〔2〕。

【比對二】

《簡明目録》本《孟子正義》提要〔3〕

《孟子正義》十四卷，漢趙岐注〔4〕，其《疏》舊題宋孫奭撰。然《朱子語録》指爲“邵武士人作，蔡元定猶見其人”，似未必誣也。岐説箋釋文句，頗爲朱子《集注》所采，即誤解曹交之類亦取之〔5〕。《疏》文淺陋，則附驥以行而已〔6〕。

【評析】

《孟子正義》十四卷，又名《孟子注疏》，漢趙岐注，舊題宋邢昺疏，位於《四庫全書·經部》四書類之首。四庫館臣爲《孟子正義》所撰寫的提要，主要有7個版本，大致可以劃分爲三個系統：詳本（浙本、殿本、文淵閣本）、簡本（《薈要》本、文溯閣本、文津閣本）、

---

〔1〕文津閣本“入”下有“焉”字。

〔2〕“乾隆四十年十月”，文溯閣本作“乾隆四十七年四月”，文津閣本作“乾隆四十九年九月”。

〔3〕本提要録自《四庫全書簡明目録》卷四，凡78字。

〔4〕“漢”，原訛作“宋”，據其他各版本改。

〔5〕《孟子·告子下》：“曹交問曰：‘人皆可以爲堯舜，有諸？’孟子曰：‘然。’”趙岐注：“曹交，曹君之弟。”毛奇齡《經問》云：“按《春秋》哀公八年‘宋人滅曹’，《左傳》竟云‘滅曹，執曹伯以歸’。如此，則孟子時已無曹矣。”

〔6〕“附驥尾”指蚊蠅附在駿馬的尾巴上可以遠行千里，比喻依附先輩或名人之後而成名。

極簡本（《簡明目録》本）。其中詳本系統的提要最爲詳盡。

一、詳本《孟子正義》提要評析

詳本提要第一部分主要介紹《孟子注》作者趙岐的字號、籍貫、仕履，事迹具《後漢書》本傳。并據舊本題"宋孫奭撰"而介紹孫奭的生平履歷，事迹具《宋史》本傳。

第二部分主要講述《注》文的成書背景、風格特徵、價值意義以及傳播中的訛誤。《注》文是趙岐在北海避難時，在孫賓石家夾柱中所作。趙岐注《孟子》，側重闡發《孟子》的章句義理與思想內涵，這與漢儒注經以名物訓詁爲主的風格不同。對此，館臣的觀點是：注釋古籍時，應根據原書内容而采取不同方法。《周易》《尚書》詞句古奧，則宜側重訓詁；《詩經》《三禮》多談實事人情，則宜詳考名物；《論語》《孟子》語言明白曉暢，則宜發揮意蘊，闡釋義理，所謂"言各有當"也。對於《注》文中"紕繆殊甚"之處，館臣也舉例予以指明。然朱熹作《孟子集注》《四書或問》時，却"於岐説不甚掊擊"，即不作過多指責，分析其原因，"蓋其説雖不及後來之精密，而開闢荒蕪，俾後來得循途而深造，其功要不可泯也"。意思是趙岐《注》有首創之功，還應加以肯定。再舉李善《文選注》引《孟子》經文和趙《注》，以及孫奭《孟子音義》引趙《注》，説明今本《注》文已和舊本《注》文不同；又舉"夫我設教授之科"和"萬子，萬章也"的例子説明《經》文在傳播中也出現了錯誤。

第三部分是對《疏》文作者的考證并論及《疏》的錯謬。《朱子語類》卷十九稱該《疏》"乃邵武士人假托，蔡季通識其人"，可見早在南宋時，朱熹等人就對其作者表示懷疑。再據《宋史·邢昺傳》和《涑水紀聞》二書均未提及《孟子正義》，確認《疏》非出自孫奭，"確然可信"。四庫館臣又檢閲了《疏》的内容，發現皆爲敷衍語氣，如鄉塾講章。《朱子語類》亦稱："全不似疏體，不曾解出名物制度，衹繞纏趙岐之説。"此外，《注》文好用古事爲比，而《疏》文多不知其典故出處。如"單豹養其内而虎食其外"，故事出自《莊子》，而作《疏》者却不能交代，粗疏淺陋；又誤以爲"尾生""陳不瞻"事出自《史記》，實爲"無稽"之談。總之，館臣以爲《孟子疏》淺陋訛謬，"其不出奭手"，屬於假托之作。這與提要開頭所謂"其《疏》則舊本題宋孫奭撰"相呼應。衹因其久列學官，故仍以舊本録之。

對於《孟子疏》作者的真僞問題，清人錢大昕、盧文弨等皆從館臣之説，近現代學者亦有考辨。余嘉錫《四庫提要辯證》曾對吕南公《灌園集》"出自閩人徐生"句進行考證，發現矛盾很多，無法得出結論，於是"姑志所疑，以俟再考"〔1〕。董洪利認爲："朱熹等學者對《孟子注疏》作者的質疑，主要是源於對其書内容的不滿……關於《孟子注疏》的作者問題，除非有更爲直接的材料，否則衹能存疑。"〔2〕而俞林波則以《孟子注疏題辭解》爲據，認爲《疏》的作者見過《崇文總目》（按，該書1041年完成），成書在孫奭去世（1033）之後，必然非其所作〔3〕。李峻岫撰文指出，《孟子疏》并没有拘泥於"疏不破注"的原則，對趙岐的誤注不吝直言。而《孟子疏》與《音義》的訓釋之間存在的矛盾，并非因曲徇趙注、排斥他説所致，其最大可能性是二者并非出自一人之手，即《疏》文爲僞托之作。〔4〕以上研究，從不同角度印證了朱熹、館臣的説法。這一討論還會繼續下去。四庫館臣以官方身份提出這一問題，引起學術界的關注和研究，是很有意義的。

---

〔1〕余嘉錫：《四庫提要辨證》，第73—75頁。
〔2〕董洪利：《〈孟子注疏〉與孫奭〈孟子〉學》，《北京大學學報（哲學社會科學版）》2006年第6期。
〔3〕俞林波：《〈孟子注疏〉作者考論》，《文學遺產》2011年第6期。
〔4〕李峻岫：《〈孟子〉疏作僞問題考論》，《中國典籍與文化》2014年第2期。

二、簡本、極簡本《孟子注疏》提要評析

簡本提要（《薈要》本、文溯閣本、文津閣本）內容粗略，直言"漢趙岐注，宋孫奭等疏"，不用"舊題"二字。儘管徵引了朱熹"乃邵武士人假作，不曾解出名物制度"和王應麟"《崇文總目》《館閣書目》皆無之"等懷疑和否定的觀點，但沒有給出最後結論。接下又徵引晁公武、鄭曉之言，肯定孫奭《孟子音義》一書，但也沒有否定其對《孟子正義》的著作權。其觀點模糊搖擺，殊不足取。《簡明目錄》本提要寥寥數語，基本觀點與《總目》提要一致，肯定趙《注》，否定孫《疏》，結論是"《疏》文淺陋，則附驥以行而已"。

三、《孟子正義》提要之訛誤

詳本提要學術價值最高，對《疏》文作者的考辨尤有啓發意義。簡本、極簡本價值較低，簡本尤差。不過，詳本提要也有一些偏頗和錯誤。

首先，關於書名，各閣本均作《孟子注疏》十四卷漢趙岐注，宋孫奭音義并疏。據崔富章先生研究，今國家圖書館藏宋刻元修本、元刻明修本、浙江圖書館藏明嘉靖間李開陽福建刻本、萬曆北監本、崇禎間毛氏汲古閣刻本等并作《孟子注疏解經》十四卷[1]，無有作"孟子正義"者。《總目》、《簡明目錄》、文淵閣本提要改作"正義"，與庫書及傳世諸本并不相符，徒滋淆亂。《總目》提要有小字標注"內府藏本"，而內府所藏者爲清乾隆四年刻《十三經注疏》本，恰好作《孟子注疏》十四卷。

其次，館臣否定孫奭對《孟子疏》的著作權，理由有三：一是朱熹的言論，但朱熹僅僅說"乃邵武士人假托，蔡季通識其人"，

---

[1] 崔富章：《四庫提要補正》，第 223 頁。

姓名不具，亦没有更多信息；二是《宋史·邢昺傳》《涑水紀聞》二書不載，這不能作爲主要證據；三是《疏》中錯誤較多，但也不能據此否定其爲孫奭所作。館臣證據不足，故不能成爲定論。

再次，館臣尋找各種理由，肯定趙《注》的開拓之功；又尋找各種例證，批評孫《疏》"弇陋太甚""影撰無稽"，表現出推崇漢學、貶低宋學的傾向，顯然有失公允。趙蕾《〈孟子疏〉研究》認爲《孟子疏》絕非僅僅"纏繞趙岐之說"，還進行過一些補充、糾謬工作，其說可從。[1]但崇漢貶宋是四庫館臣一貫的思想作風，需要提醒讀者注意。

最後，在一些具體的例證上，館臣也有失誤。例如《史記》《漢書》中的"藉交報讎"，乃謂將自己的身軀性命借與朋友，爲他們報仇，彰顯俠義精神，館臣却理解爲"藉交游之力以報讎"；陳不瞻事見劉向《新序·義勇篇》，館臣却誤作《説苑》。

簡本提要亦有訛誤。該提要以大量篇幅徵引朱熹、王應麟、晁公武、鄭曉四人言論，其中後三人的言論皆轉引自朱彝尊《經義考》，不够嚴謹。尤其是晁公武《郡齋讀書志》所言，乃是針對孫奭《孟子音義》而發，朱彝尊張冠李戴，將"音義"改爲"正義"；館臣從其訛，促使謬種流傳。至於《簡明目録》本提要，誤把"漢趙岐"寫成"宋趙岐"，委實不該。

各提要撰寫時間是：《薈要》本（乾隆四十年十月）—文淵閣本（乾隆四十六年十月）—文溯閣本（乾隆四十七年四月）—《簡明目録》本（乾隆四十七年）—文津閣本（乾隆四十九年九月）—《總目》浙本、殿本（乾隆六十年）。

---

[1] 趙蕾：《〈孟子疏〉研究》，陝西師範大學碩士論文，2007 年。

論語義疏十卷^{〔1〕}

《論語義疏》十卷（浙江巡撫采進本）^{〔2〕}，魏何晏注^{〔3〕}，

---

〔1〕本校注以浙本《四庫全書總目》卷三十五《論語義疏》提要（1019 字）
爲底本，以殿本（1012 字）、上圖稿本一（995 字）、上圖稿本二（737 字）、
文溯閣本（1013 字）、文津閣本（1036 字）爲校本。《總目》上圖稿本一，
見《四庫全書總目稿鈔本叢刊》（二），上海科學技術文獻出版社 2021 年
版，第 99—103 頁；《總目》上圖稿本二，見上書第 255—260 頁。《論語》，
儒家"十三經"之一，孔子及其弟子的語録之結集。由孔子弟子及再傳弟
子彙編而成，至戰國初年成書。較爲集中地反映了孔子的政治主張、倫理
思想、道德觀念及教育原則等。

〔2〕"《論語義疏》十卷（浙江巡撫采進本）"，上圖稿本二同，上圖稿
本一無"浙江巡撫采進本"7 字，文溯閣本、文津閣本作"臣等謹案：《論
語集解義疏》十卷"。上圖稿本二此下有"梁皇侃撰"4 字，無"魏何晏注"
至"何咸之子也"一段凡 263 字。

〔3〕何晏（？—249），字平叔，南陽宛（今河南南陽）人。三國魏玄學家，
魏晋玄學創始人之一。何進之孫，何咸之子，曾隨母爲曹操收養。少以才
秀知名，尚金鄉公主。曹爽執政，以晏爲散騎侍郎，官至侍中尚書。正始
十年（249），與曹爽同被司馬懿所殺。何晏精通易學，又好老、莊之學。
著有《集解論語》十卷、《樂懸》一卷、《官族傳》十四卷、《魏晋諡議》
十三卷、《老子道德論》二卷、《何晏集》十一卷等。事迹略見《三國志・魏
書・諸夏侯曹傳》和裴松之注。

梁皇侃疏〔1〕。書前有《奏進論語集解序》，題光禄大夫關内侯孫邕〔2〕、光禄大夫鄭沖〔3〕、散騎常侍中領軍安鄉亭侯曹羲〔4〕、侍中荀顗〔5〕、尚書駙馬都尉關内侯何晏五人之名。《晋書》載："鄭沖與孫邕、何晏、曹羲、荀顗等，共集《論語》諸家訓詁之善者，義有不安，輒改易之〔6〕，名《集解》。"亦兼稱五人。今本乃獨稱何晏。考陸德明《經典釋文》於"學而第一"下題"集解"二字，注曰："一本作'何晏集解'。"又《序録》曰："何晏集孔安國、包咸、周氏、馬融、鄭玄、陳群、王肅、周生烈〔7〕之説，并下己意爲集解，正始中上之，盛行於世，今以爲主"云云。是獨題晏名，

---

〔1〕 皇侃（488—545），吴郡（今江蘇蘇州）人。南朝梁儒家學者。曾任國子助教、員外散騎侍郎。著有《禮記義疏》《禮記講疏》《論語義疏》《孝經義疏》等。

〔2〕 孫邕，濟南人，曾爲渤海太守，景初初代盧毓爲侍中，正始中爲吏部尚書，尋加光禄大夫，領太史令，封關内侯。

〔3〕 鄭沖（？—274），字文和，滎陽開封（今屬河南）人。歷官尚書郎、陳留太守、散騎常侍光禄勳、太傅等。

〔4〕 曹羲（？—249），沛國譙（今安徽亳州）人，曹真之子，曹爽之弟。受封中領軍、安鄉侯，掌禁兵。後被司馬懿殺害。有《曹羲集》五卷，已佚。

〔5〕 荀顗（？—274），字景倩，潁川（今屬河南）人。歷官散騎侍郎、侍中、司空。魏少帝時賜爵關内侯。著有《謚法》三卷、《晋雜議》十卷，均佚。

〔6〕 "改"，文津閣本作"更"。

〔7〕 "馬融"，殿本作"馬氏"，誤。孔安國，參見《尚書正義》提要注。包咸（前7—65），字子良，會稽曲阿（今江蘇丹陽）人。東漢經學家，著有《論語章句》，已佚。生平事迹見《後漢書》卷一百九。馬融，參見《周禮注疏》提要注。鄭玄，參見《周易注》提要注。陳群（165？—236？），字長文，潁川許昌（今屬河南）人。魏文帝時爲御史中丞，尋爲司空，故録尚書事。青龍四年薨，謚曰靖侯。有《陳群集》三卷，已佚。王肅，參見《毛詩正義》提要注。周生烈，姓周生，名烈，曾爲博士。著有《周生子要論》一卷，已佚。

其來久矣〔1〕。殆晏以親貴，總領其事歟〔2〕？邕字宗儒，樂安青州人。沖字文和，滎陽開封人，羲，沛國譙人，魏宗室子。顗字景倩，荀彧之子。晏字平叔，南陽宛人，何進之孫〔3〕，何咸之子也。

　　侃，《梁書》作“偘”，蓋字異文〔4〕，吳郡人，青州刺史皇象九世孫。武帝時官國子助教，尋拜散騎侍郎，兼助教如故，大同十一年卒。事迹具《梁書·儒林傳》。《傳》稱所撰《禮記義》五十卷，《論語義》十卷。《禮記義》久佚；此書《宋國史志》《中興書目》〔5〕、晁公武《讀書志》、尤袤《遂初堂書目》皆尚著録〔6〕。

　　《國史志》稱：“侃《疏》雖時有鄙近〔7〕，然博極群言，補諸書之未至〔8〕，爲後學所宗。”蓋是時講學之風，尚未甚熾〔9〕，儒者説經，亦尚未盡廢古義，故史臣之論云爾。迨乾、淳以後〔10〕，

---

〔1〕“矣”，殿本作“已”。

〔2〕文淵閣本無“領”字。

〔3〕“南陽宛人，何進之孫”，文淵閣本“人”“何”二字誤倒。

〔4〕“《梁書》作‘偘’，蓋字異文”，上圖稿本二作“《梁書》作‘偘’字，異文也”。

〔5〕《宋國史志》，宋代四部國史藝文志的合稱，分別是：《三朝國史藝文志》《四朝國史藝文志》《兩朝國史藝文志》《中興國史藝文志》，附於兩宋所編的國史中。皆佚。趙士煒有《宋國史藝文志輯本》《宋中興國史藝文志輯本》。《中興書目》，參見《大戴禮記》提要注。

〔6〕尤袤（1127—1194），字延之，號遂初居士，無錫（今屬江蘇）人。宋紹興十八年（1148）進士。歷官泰興令、國史院編修、著作郎兼太子侍讀、禮部尚書等。著有《遂初堂書目》一卷，是著名目録學著作。雖祇著書名，不計卷數，但因其著録之富、時代之古，歷來受到學者重視。

〔7〕殿本、上圖稿本一無“時”字。

〔8〕文淵閣本“書”作“説”，誤。

〔9〕“甚”，上圖稿本一作“太”，上圖稿本二、文淵閣本作“大”，意同。

〔10〕乾、淳，指乾道（1165—1173）、淳熙（1174—1189），宋孝宗趙昚年號。

講學家門户日堅，羽翼日衆，剗除異己，惟恐有一字之遺〔1〕，遂無復稱引之者。而陳氏《書録解題》亦遂不著録〔2〕，知其佚在南宋時矣。

惟唐時舊本流傳，存於海外。康熙九年，日本國山井鼎等作《七經孟子考文》〔3〕，自稱其國有是書，然中國無得其本者，故朱彝尊《經義考》注曰"未見"。今恭逢我皇上右文稽古，經籍道昌，乃發其光於鯨波鮫室之中，藉海舶而登秘閣，殆若有神物撝訶，存漢晉經學之一綫，俾待聖世而復顯者。其應運而來，信有非偶然者矣。

據《中興書目》稱，侃以何晏《集解》去取爲《疏》十卷，又列晉衛瓘〔4〕、繆播〔5〕、欒肇〔6〕、郭象〔7〕、蔡謨〔8〕、袁宏〔9〕、

---

〔1〕上圖稿本一、上圖稿本二、文溯閣本無"講學家門户日堅，羽翼日衆，剗除異己，惟恐有一字之遺"一段，凡22字。

〔2〕陳氏，即陳振孫，參見《周易注》提要注。

〔3〕山井鼎（1690—1728），字君彝，號昆侖，通稱善六，日本紀伊國（今和歌山縣）海草郡濱中村人。於享保十一年（1726）撰寫《七經孟子考文》一書，包括《周易》十卷、《尚書》二十卷、《尚書古文考》一卷、《毛詩》二十卷、《左傳》六十卷、《禮記》六十三卷、《古文孝經》一卷、《論語》十卷、《孟子》十四卷。清阮元刻《十三經注疏》於此多有取材。

〔4〕衛瓘，字伯玉，河東安邑（今陝西夏縣）人。曾任魏尚書郎，晉尚書令，遷司空。惠帝初輔政，後爲賈后所殺。著有《喪服儀》一卷、《集注論語》六卷，皆亡。事迹見《晉書·衛瓘傳》。

〔5〕繆播，字宣則，晉代蘭陵（今屬山東）人。曾爲高密王泰司空，纍遷太弟中庶子。懷帝初爲東海王司馬越所殺。著有《論語旨序》三卷，已佚。

〔6〕欒肇，字太初，泰山（今屬山東）人。官至尚書郎。著有《周易象論》三卷、《論語釋疑》十卷、《論語駁序》二卷、《欒肇集》五卷，皆佚。

〔7〕郭象，參見《大戴禮記》提要注。

〔8〕蔡謨（281—358），字道明，晉陳留考城（今河南蘭考）人。歷官左光禄、揚州刺史、司徒等職。有《喪服譜》一卷、《蔡謨集》十七卷，俱佚。

〔9〕袁宏（328—376），字彦伯，小字虎，時稱袁虎，東晉陳郡陽夏（今河南太康）人。曾官吏部郎，爲謝安所賞識。撰有《後漢紀》三十卷、《名士傳》三卷、《袁宏集》十五卷，已佚。

江淳[1]、蔡系[2]、李充[3]、孫綽[4]、周璵[5]、范甯[6]、王
珉[7]等十三人爵里於前，云此十三家是江熙所集，其解釋於何集（案：
"何集二字"不甚可解，蓋"何氏集解"之省文。今姑仍原本録之。）
無妨者，亦引取爲説，以示廣聞云云[8]。此本之前，列十三人爵
里，數與《中興書目》合，惟江厚作江淳，蔡溪作蔡系，周懷作周
璵[9]，殆傳寫異文歟？[10] 其經文與今本亦多有異同[11]，如"舉

---

[1] "江淳"，殿本、上圖稿本一、上圖稿本二、文溯閣本、文津閣本皆作"江
厚"，非。江淳字思悛，蘇峻之亂避地東陽山，太尉郗鑒檄爲兖州治中，
又辟太尉掾，康帝爲司徒，亦辟爲征西將軍，庾亮請爲儒林參軍。有《江
淳集》三卷、《春秋公羊音》一卷，已佚。

[2] "蔡系"，殿本、上圖稿本一、文溯閣本、文津閣本作"蔡溪"，上
圖稿本二作"蔡奚"，皆誤。蔡系字子叔，晋濟陽（今山東濟南）人，司
徒謨第二子。仕至撫軍長史。有《蔡系集》二卷，已佚。

[3] 李充，字弘度，晋江夏（今湖北武漢）人。歷官剡縣令、大著作郎、
累遷中書侍郎。曾注《尚書》及《周易旨》六篇，著有《益州記》三卷、《李
充集》二十二卷等，已佚。

[4] 孫綽（314—371），字興公，太原中都（今山西平遥）人。歷任太學
博士、大著作郎。著有《集解論語》十卷、《至人高士傳贊》二卷、《孫
綽集》十五卷，佚。

[5] "周璵"，殿本、上圖稿本一、上圖稿本二、文溯閣本、文津閣本皆作"周
懷"，非。周璵，晋陽（今屬山西）人。歷官牙門都校、安州節度使。後
爲李金全所殺，詔贈太傅。

[6] 范甯，參見《大戴禮記》提要注。

[7] 王珉，字季琰，東晋琅邪（今山東諸城）人。丞相王導孫，中領軍王洽少子。
纍遷侍中、中書令，贈太常。

[8] "亦引取爲説，以示廣聞云云"，殿本、上圖稿本一、上圖稿本二、
文溯閣本、文津閣本皆作"引取以廣異聞"。

[9] "周璵"，殿本作"周壤"，誤。

[10] "此本之前"至"殆傳寫異文歟"一段，上圖稿本一、上圖稿本二、
文溯閣本、文津閣本作"此本之前，無十三人爵里，疑裝輯（上圖稿本二
作編）者佚之"。

[11] "多有異同"，上圖稿本二作"多異同"。

一隅"句下有"而示之"三字，頗爲冗贅。然與《文獻通考》所引石經《論語》合。〔"天厭之"作"天壓之"，尤無文義，然與《論衡·問孔篇》所引《論語》合。〕〔1〕"夫子之言性與天道，不可得而聞也"下有"已矣"二字〔2〕，亦與錢曾《讀書敏求記》所引高麗古本合〔3〕。其疏文與余蕭客《古經解鉤沉》所引〔4〕，雖字句或有小異，而大旨悉合，知其確爲古本，不出依托。

觀《古文孝經》孔安國傳，鮑氏知不足齋刻本信以爲真，而《七經孟子考文》乃自言其僞，則彼國於授受源流，分明有考，可據以爲信也。至"臨之以莊則敬"作"臨民之以莊則敬"，《七經孟子考文》亦疑其"民"字爲誤衍，然謹守古本而不敢改。知彼國遞相傳寫，偶然訛舛或有之，亦未嘗有所竄易矣。至何氏《集解》，異同尤夥，雖其中以"包氏"爲"苞氏"，以"陳恒"爲"陳桓"之類，不可據者有之，而勝於明刻監本者亦復不少，尤可以旁資考證也。〔5〕

---

〔1〕"'天厭之'作'天壓之'，尤無文義，然與《論衡·問孔篇》所引《論語》合"，凡23字，底本缺，據上圖稿本一、上圖稿本二、文溯閣本、文津閣本補。又，上圖稿本二"論衡"上有"王充"2字。

〔2〕文溯閣本無"之""也"二字，"聞"下有"之"字與下句連讀。

〔3〕"亦與"，上圖稿本二無"亦"字。錢曾（1629—1701），字遵王，號也是翁，江蘇常熟人，清初著名藏書家。著有《懷園集》《判春集》《奚囊集》《今吾集》《讀書敏求記》等。其中《讀書敏求記》是一部著名目錄學著作，所著録多爲宋元善本，每書之下兼及版本、考訂，敘述圖書源流頗詳，尤長於辨別版本。章鈺有《錢遵王讀書敏求記校證》。

〔4〕余蕭客（1729—1777），字古農，清長洲（今江蘇蘇州）人。所輯《古經解鉤沉》三十卷，廣采唐前諸家經解所引，史傳類書所及，悉著於録。又撰《文選紀聞》三十卷、《文選音義》八卷。《清史稿》有傳。

〔5〕文溯閣本此句之下有"乾隆四十六年十一月恭校上"12字，文津閣本作"乾隆四十九年十一月恭校上"。

【比對一】

文淵閣本《論語集解義疏》提要[1]

　　臣等謹案:《論語集解義疏》十卷,魏何晏解,梁皇侃疏。《晋書》載:"鄭沖與孫邕、何晏、曹羲、荀顗等,共集《論語》諸家訓詁之善者,義有不安,輒改易之,名《集解》。"今本乃獨稱何晏。考陸德明《經典釋文》於"學而第一"下題"集解"二字,注曰:"一本作何晏集解。"是獨題晏名,其來久矣。殆晏以親貴,總領其事歟?

　　侃,《梁書》作"偘",蓋字異文,吳郡人,青州刺史皇象九世孫。武帝時官國子助教,尋拜散騎侍郎,兼助教如故,大同十一年卒。事迹具《梁書·儒林傳》。《傳》稱所撰《禮記義》五十卷、《論語義》十卷。《禮記義》久佚;此書《宋國史志》《中興書目》、晁公武《讀書志》、尤袤《遂初堂書目》皆尚著録。迨乾、淳以後,遂無復稱引之者。而陳氏《書録解題》亦遂不著録,知其佚在南宋時矣。

　　惟唐時舊本流傳,存於海外。康熙九年,日本國山井鼎等作《七經孟子考文》,自稱其國有是書,然中國無得其本者。故朱彝尊《經義考》注曰"未見"。今恭逢我皇上右文稽古,經籍道昌,乃發其光於鯨波鮫室之中,藉汎舶而登秘閣,殆若有神物撝訶,存漢晋經學之一綫,俾待聖世而復顯者。其應運而來,信有非偶然者矣。

　　其經文與今本亦多有異同,如"舉一隅"句下有"而示之"三字,頗爲冗贅,然與《文獻通考》所引石經《論語》合。"夫子之言性與天道,不可得而聞也",下有"已矣"二字,亦與錢曾《讀書敏求記》所引高麗古本合。其疏文與余蕭客《古經解鉤沉》所引,雖字句或有小異,而大旨悉合。知其確爲古本,不出依托。至"臨之以莊則敬",作"臨民之以莊則敬",《七經孟子考文》亦疑其"民"字爲誤衍,

―――――――――――

[1] 本提要凡601字。

然謹守古本而不敢改。知彼國遞相傳寫，偶然訛舛或有之，亦未嘗有所竄易矣。何氏《集解》，異同尤夥，雖其中以“包氏”爲“苞氏”，以“陳恒”爲“陳桓”之類，不可據者有之，而勝於明刻監本者亦復不少，尤可以旁資考證也。乾隆四十六年十一月恭校上。

【比對二】
《簡明目録》本《論語集解義疏》提要[1]

《論語集解義疏》十卷，魏何晏等注，梁皇侃疏。自南宋後，其書久佚，此本得於東洋市舶，猶唐以來相傳舊笈。經文、注文，多與今本不同，雖長短互見，而頗足以資考證。侃《疏》即邢《疏》之藍本，然多存古義，實勝邢《疏》。

【評析】

《論語義疏》十卷，魏何晏集解，南朝梁皇侃疏。皇侃少好學，通三《禮》、《孝經》及《論語》。《隋書·經籍志》載其所著《喪服文句義疏》十卷、《喪服問答目》十三卷、《禮記義疏》九十九卷、《禮記講疏》四十八卷、《孝經義疏》三卷，皆已亡佚。《論語義疏》十卷，宋時亦亡，清乾隆年間復由日本傳回中國，四庫館臣將之收入《四庫全書》并撰寫了提要。現存《論語義疏》提要主要有8種版本，可以分爲詳本系統6種（《總目》浙本、殿本、上圖稿本一、上圖稿本二、文溯閣本、文津閣本）、簡本系統1種（文淵閣本）、極簡本系統1種（《簡明目録》本）。

---

[1] 録自《四庫全書簡明目録》卷四，凡80字。

一、詳本《論語義疏》提要評析

詳本提要共 4 種，文字上略有差異，但内容基本一致。主要包括以下三個方面：

（一）《論語義疏》的作者和編撰背景

皇侃《論語義疏》是在何晏《論語集解》的基礎上編撰而成，故提要首先對《論語集解》的編撰情况做一介紹[1]。《晋書·鄭沖傳》載："初，沖與孫邕、曹羲、荀顗、何晏共集《論語》諸家訓注之善者，記其姓名，因從其義，有不安者輒改易之，名曰《論語集解》。成，奏之魏朝，於今傳焉。"[2]很顯然，《論語集解》一書乃係鄭沖、孫邕、何晏等五人共撰。但後世却僅題何晏一人。提要認爲，原因在於何晏身份"親貴"，且總領其事。《三國志》裴松之注引《魏略》曰："太祖爲司空時，納晏母并收養晏……而晏無所顧憚，服飾擬於太子，故文帝特憎之，每不呼其姓字，嘗謂之爲'假子'……晏前以尚主，得賜爵爲列侯。"[3]何晏是太祖（曹操）繼子，衣食住行皆與太子接近，招致曹丕的不滿；此外他還娶了金鄉公主，身份十分高貴，故獨享其名。

皇侃其人，相關史料不多。《梁書·儒林傳》載，皇侃少好學，師事賀瑒，於三《禮》、《孝經》《論語》尤爲精通，撰有《禮記講疏》五十卷、《論語義》十卷。而提要稱其所撰爲《禮記義》五十卷，是館臣以爲《禮記義》即《禮記講疏》。而據《隋書·經籍志》載，皇侃著作有"《禮記義疏》九十九卷、《禮記講疏》四十八卷"。《舊

---

[1] 惟《總目》上圖稿本二略去此部分。

[2] ［唐］房玄齡等：《晋書》卷三十三，中華書局 1974 年版，第 993 頁。

[3] ［晋］陳壽撰、［南朝宋］裴松之注：《三國志》卷九，中華書局 1959 年版，第 292 頁。

唐書·經籍志》載其"《禮記講疏》一百卷、《禮記義疏》五十卷"。《新唐書·藝文志》同。考《儒林傳》有"（皇侃）撰《禮記講疏》五十卷，書成奏上，詔付秘閣。頃之，召入壽光殿講《禮記》義，高祖善之，拜員外散騎侍郎，兼助教如故"一句，或皇侃於壽光殿所講《禮記》別成一書，故《隋書·經籍志》所載有《講疏》《義疏》之分，而新舊《唐書》所載之卷數與《儒林傳》差異極大，或許是誤記。

（二）《論語義疏》的流傳、散佚與回歸

《論語義疏》又名《論語義》或《論語疏》，最早著録於《梁書·儒林傳》。陸德明《經典釋文·序》中稱："皇侃撰《義疏》行於世。"後世公私目録書如《隋書·經籍志》著録："《論語義疏》十卷，皇侃撰。"宋《崇文總目》同。《舊唐書·經籍志》著録："《論語疏》十卷，皇侃撰。"《中興館閣書目》《郡齋讀書志》《宋史·藝文志》同。《新唐書·藝文志》著録："皇侃《疏》十卷。"尤袤《遂初堂書目》著録："梁皇侃《論語疏》"，然未載卷數。以上稱名略異，實爲一書。至陳振孫《直齋書録解題》之後，目録書皆不載。提要據此認爲，《論語義疏》的散佚時間當在南宋時期。至於其亡佚原因，館臣認爲，是因乾道、淳熙之後講學家堅閉門户，剷除異己，説經囿於門户之見，盡弃前賢之書而不用，遂致《義疏》亡佚不傳。

《論語義疏》自宋時亡佚之後，中國境内難覓蹤迹，清余蕭客《古經解鉤沉》雖有輯佚，但僅得六條。直至清乾隆年間，方從日本回歸。據翟灝《四書考異·總考三十二》所載，其於乾隆二十六年（1761）與杭世俊在著名藏書家汪啓淑處得見日本國山井鼎之《七經孟子考文》（《七經孟子考文》未有刻本，此當指《七經孟子考文補遺》），始知日本國尚有《論語義疏》流傳，然尚未得見。其後武林人汪鵬航海至日本，於日本足利學校中購得此書，并獻與遺書局。同時此書又爲鮑廷博所得，以其無力刊刻，獻之於浙江巡撫王亶望，王亶望

因聘請鮑廷博校訂重刻。其後王亶望獲罪而死，書板又歸於鮑廷博，鮑氏將其收入《知不足齋叢書》第七集。此事盧文弨《皇侃〈論語義疏〉序》所載甚明。故提要稱此書"藉海舶而登秘閣"也。

（三）日藏本《論語義疏》之價值

《論語義疏》在中國雖已亡佚，但在傳世典籍中仍有一些記載或保留一些殘章斷句，提要將這些資料與日本所出之《論語義疏》進行比對，發現二者或同或異：第一，日藏本序中列衛瓘、繆播、欒肇、郭象等十三人姓名爵里，與《中興館閣書目》所載大略相同而稍有差異；第二，《述而》"舉一隅不以三隅反"一句，此本作"舉一隅而示之不以三隅反"，與《文獻通考》所引石經《論語》合；第三，《公冶長》"夫子之言性與天道，不可得而聞也"，此本下有"已矣"二字，亦與錢曾《讀書敏求記》所引高麗古本相合。《論語義疏》雖出於異國，然其内容與本土所見《論語》經文及典籍所載《義疏》之殘存文字大多相合，故館臣肯定了日藏本的可靠性，認爲它"確爲古本，不出依托"。

皇侃《論語義疏》廣采何晏《集解》，其書前亦附《論語集解序》，所以保留了許多《集解》的異文。提要通過核對《義疏》與《七經孟子考文》，發現日藏本《論語義疏》雖於文字有不甚可通之處，但皆謹守古本而不妄改，因而其文字對於校勘今本《論語集解》的文字功用甚大，具有"旁資考證"的價值。

二、簡本、極簡本《論語集解義疏》提要評析

簡本提要僅一種，即文淵閣本書前提要，計601字。與詳本提要相比，簡本提要内容更加簡潔，文字僅爲其半，主要介紹了《論語義疏》的成書、皇侃的生平、《論語義疏》的著録與散佚、日本所出《論語義疏》的文獻價值。

其與詳本提要的差異主要在於：第一，簡本提要在介紹《論語集解》的編撰者時，没有提到《論語集解序》中的内容，也未介紹何晏、孫邕等五人的身份爵里；第二，簡本提要在叙述《論語義疏》的流傳情況時僅稱其"迨乾、淳以後，遂無復稱引"，而未解釋其亡佚的原因；第三，未提及《論語義疏序》中所列之衛瓘、繆播、欒肇等十三人爵里的差異，亦没有談及鮑廷博相信僞書《古文孝經》之事。總的來説，簡本提要與詳本提要大旨略同而稍顯粗略。

極簡本提要一種(《簡明目録》本)最爲簡略，僅80字，主要記《論語義疏》佚於南宋，清人得自東洋，文字頗有不同云云。於作者名氏、流傳情況、異文比對等皆未涉及。但稱皇《疏》"實勝邢《疏》"，評價甚高。

三、《論語義疏》提要之訛誤

《論語義疏》提要脉絡清晰，内容翔實，價值較高，但也有一些值得探討的問題：

1.《論語義疏》十卷，浙江巡撫采進本。

《總目》浙本、殿本、上圖稿本一、上圖稿本二皆題爲《論語義疏》，而文淵閣本、文溯閣本、文津閣本、《簡明目録》本、知不足齋叢書本皆題爲《論語集解義疏》。究竟何者爲是？崔富章先生認爲，今存各版本均題作《論語集解義疏》十卷，《總目》改題《義疏》，與原書不符[1]。

四庫本《論語義疏》所用底本，《總目》標爲"浙江巡撫采進本"，祇是版本來源，并不嚴謹。今考《四庫采進書目》《浙江采集遺書總録》并無是書。日本早期所藏《論語義疏》皆爲抄本，至寬延三年（乾隆十五年，1750）始有刊本。除寬延三年初刻本，又有寬政五年（乾

---

[1] 崔富章：《四庫提要補正》，第225—226頁。

隆五十八年，1793）本、寬政七年本、元治元年（同治三年，1864）本等。而考汪鵬航海至日本購書爲乾隆三十六年（1771），是時日本僅有寬延三年初刻本流行，則其所購、所獻皆爲此本無疑。可知四庫所用底本，應是日本寬延三年初刻本。

2. 據《中興書目》稱，侃以何晏《集解》去取爲《疏》十卷，又列晋衛瓘、繆播、欒肇、郭象、蔡謨、袁宏、江淳、蔡系、李充、孫綽、周瓌、范甯、王珉等十三人爵里於前，云"此十三家是江熙所集，其解釋於何集（案："何集"二字不甚可解，蓋"何氏集解"之省文。今姑仍原本録之。）無妨者，亦引取爲説，以示廣聞"云云。

浙本提要如此。其中"江淳""周瓌"，殿本、上圖稿本一、上圖稿本二、文溯閣本、文津閣本皆訛作"江厚""周懷"。今查《隋書·經籍志》著録有《江淳集》三卷，《舊唐書·經籍志》著録《江淳集》五卷，而未見有"江厚"之記載。周瓌，晋陽（今屬山西）人。歷官牙門都校、安州節度使。恐是館臣使用《中興館閣書目》（該書訛作"江厚""周瓌"），而未及詳考。又浙本之"蔡系"，上圖稿本二訛作"蔡奚"，殿本、上圖稿本一、文溯閣本、文津閣本皆作"蔡溪"。查《隋書·經籍志》《舊唐書·經籍志》《新唐書·藝文志》皆僅著録有《蔡系集》二卷，何法盛《晋中興書》卷七有"蔡系字子叔，濟陽人，司徒謨第二子，有文理，仕至撫軍長史"的記載，則此處當作"蔡系"爲宜[1]。今考《中興館閣書目》訛作"蔡奚"，上圖稿本二以此爲據，亦訛作"蔡奚"；上圖稿本一進一步訛作"蔡溪"，文溯閣本、文津閣本、殿本亦相繼訛作"蔡溪"。幸好浙本提要改正了這一錯誤，避免了謬種流傳。

從以上分析不難看出浙本提要之精善，同時也能看出上海圖書館藏《論語義疏》提要之稿本二種，稿本二在先，稿本一在後。除

---

[1] 此條楊新勛先生辨之甚詳，參見楊新勛：《〈論語〉類四庫提要辨正三則》，《四庫學》2019 年第 1 期。

了以上證據外，字數也能説明問題。稿本二祇有 737 字，而稿本一已增至 995 字，更爲完善。稿本二開篇云："《論語義疏》十卷，梁皇侃撰"，没有對何晏的介紹；而稿本一删去"梁皇侃撰"四字，增加"魏何晏注"至"何咸之子也"一段，凡 263 字，詳細介紹何晏等人撰寫《論語集解》的經過。此後文溯閣本、文津閣本、浙本、殿本都有這 263 字，顯然都來自於稿本一。以上證據都表明，上圖稿本二早於稿本一，是《論語義疏》提要的初稿，并不完善。

此外，館臣徵引《中興書目》"此十三家是江熙所集，其解釋於何集無妨者，亦引取爲説，以示廣聞"一段，實出自皇侃所撰《論語義疏自序》，原文爲如下："右十三家，爲江熙字大和所集。侃今之講，先通何集。若江集中諸人有可采者，亦附而申之。其又别有通儒解釋於何集無妨者，亦引取爲説，以示廣聞也。"可知皇侃《義疏》首先采擇何晏所集八家，其次爲江熙所集十三家，再次爲其他通儒的解釋，凡三個步驟。館臣徵引時誤將後面兩個步驟合并，遺漏了"其又别有通儒"幾個字。

3. "夫子之言性與天道，不可得而聞也"，下有"已矣"二字，亦與錢曾《讀書敏求記》所引高麗古本合。

此所謂"高麗本"，據錢曾《讀書敏求記》所載，乃係遼海道蕭應宫監軍朝鮮時所得之高麗本何晏《論語集解》，後來錢曾從其後人手中購得，其特點是"筆墨奇古，似六朝、初唐人隸書碑版"，且卷末二行有"堺浦道祐居士重新命工鏤梓，正平甲辰五月吉日謹志"的跋語[1]。因是從朝鮮所得，故錢氏將之定爲朝鮮本，然而這實際上是一種誤認。據島田翰《古文舊書考》研究，正平本《論語集解》共有三種，一種有"堺浦道祐居士重新命工鏤梓，正平甲辰五月吉日謹志"的跋語，一種跋下又有"學古神德楷法日下逸人貫書"一跋，

---

[1] ［清］錢曾撰，管庭芬、章鈺校正，佘彦焱標點：《讀書敏求記校證》，上海古籍出版社 2019 年版，第 32—33 頁。

第三種則兩跋皆無。而此第一種正與《讀書敏求記》所描述的特徵相合。島田翰在書中又説："自《敏求記》載高麗抄本《集解》，轉移鑒賞諸家之藏，以爲翰墨一故實。其後翁海村定之謂是係於日本鈔本。頃讀張氏《藏書志》云，中遇'吾'字俱缺首筆，'語'字亦然，豈避日本諱邪？予意有此一條可以確知其爲皇朝鈔本，蓋邦人之鈔書，偏旁點畫偶意省筆者極多，且見舊鈔本遇'五''吾''語'等字大抵省首筆，蓋舊時流風乃然也。"〔1〕則此《論語集解》爲日本刻本，更無疑問。館臣未及細辨，遂沿錢氏之誤。

四、《論語義疏》提要各版本之比較

通過比較分析三個系統的《論語義疏》提要可以發現，詳本和簡本雖然在文字上有所差異，但其行文邏輯和主旨大體相同，其對字句訛誤的沿襲，文句的增删都體現了館臣在不同階段對《論語義疏》認識的變化。行文中雖有貶抑宋儒的嫌疑，但其對《義疏》的流傳、日本所出《義疏》的評價均能做到客觀準確，對今人研究《論語義疏》亦具有參考價值。

具體而言，詳本提要語言整飭，考證細密，不僅介紹了《論語集解》撰者的身份爵里，還對《論語義疏》散佚的原因做了分析，尤其是將本土文獻與日本所出《論語義疏》進行詳細比對，態度嚴謹，論斷有力。比較而言，簡本在這些方面或是一筆帶過，或是根本没有涉及。《簡明目録》則僅作粗略介紹，而不涉及考證。

各提要的撰寫時間是：《總目》上圖稿本二、上圖稿本一（乾

---

〔1〕［日］島田翰撰，杜澤遜、班龍門、王曉娟點校：《古文舊書考》，上海古籍出版社 2017 年版，第 255—256 頁。

隆四十五年四月至乾隆四十六年五月）〔1〕—文淵閣本（乾隆四十六年十一月）—《簡明目録》本（乾隆四十七年）—文溯閣本（乾隆四十七年十一月）—文津閣本（乾隆四十九年十一月）—《總目》浙本、殿本（乾隆六十年）。

---

〔1〕上圖稿本一、二的抄寫時間，據夏長樸《四庫全書總目發微》，中華書局 2021 年版，第 150—169 頁。

論語正義二十卷[1]

　　《論語正義》二十卷（內府藏本），魏何晏注，宋邢昺疏[2]。昺字叔明，曹州濟陰人。太平興國中擢九經及第[3]，官至禮部尚書。事迹具《宋史》本傳。

　　是書蓋咸平二年詔昺改定舊疏[4]，頒列學官，至今承用，而傳刻頗訛。《集解》所引十三家，今本各題曰"某氏"，皇侃《義疏》

---

〔1〕本校注以浙本《四庫全書總目》卷三十五《論語正義》提要（609字）爲底本，以殿本（610字）爲校本。

〔2〕何晏，參見《論語義疏》提要注。邢昺，參見《孝經正義》提要注。

〔3〕九經科，參見《孟子正義》提要"九經及第"注。

〔4〕今按：邢昺之前最爲流行者，乃是魏何晏注、梁皇侃疏《論語義疏》十卷。該書略於章句訓詁和名物制度，而多以老莊玄學解經，頗爲學人所詬病。北宋咸平二年（999）詔命邢昺等人改作新疏。邢昺刪除皇《疏》之文，而歸向儒學本來之義理，又加名物制度之疏解，析爲二十卷，方便實用。事見《宋史·邢昺傳》。

則均題其名〔1〕。案，《奏進序》中稱〔2〕：“集諸家之善，記其姓名。”侃《疏》亦曰：“何《集注》皆呼人名，惟包獨言‘氏’者。包名咸，何家諱咸，故不言也。”與序文合。知今本爲後來刊版之省文〔3〕，然周氏與周生烈遂不可分，殊不如皇本之有别。考邢昺《疏》中亦載皇侃“何氏諱咸”之語，其疏“記其姓名”句則云：“《注》但記其姓，而此連言名者，以著其姓所以名其人，非謂‘名字’之‘名’也。”是昺所見之本已惟題姓，故有是曲説〔4〕。

《七經孟子考文》稱〔5〕，其國皇侃《義疏》本爲唐代所傳，是亦一證矣。其文與皇侃所載亦異同不一，大抵互有短長〔6〕。如《學而》篇“不患人之不己知”章，皇《疏》有王肅注一條；《里仁》篇“君子之於天下也”章，皇《疏》有何晏注一條，今本皆無〔7〕。

觀顧炎武《石經考》〔8〕，以石經《儀禮》校監版〔9〕，或并經文全節漏落，則今本《集解》傳刻佚脱，蓋所不免。然蔡邕石經《論語》

---

〔1〕今按：皇侃作《論語義疏》時所見何晏《論語集解》，所引八家除包咸外，均題姓名。并非十三家。參見《論語義疏》提要注。

〔2〕《奏進序》，此指何晏《論語集解序》。序文以奏折格式寫成，故稱“奏進序”。

〔3〕“版”，殿本作“板”，音義同。《説文》：“版，判也。從片，反聲。”版，即分剖的木板。《段注》：“凡施於宫室器用者皆曰版，今字作板。”

〔4〕此言邢昺作《疏》時，所見何晏《集解》已祇題姓氏，不題全名，致使在解説“記其姓名”時有所曲解。

〔5〕《七經孟子考文》，參見《論語義疏》“山井鼎”注。此處當指《七經孟子考文補遺》，日本物觀（一作荻生觀）著。

〔6〕“皇侃”，殿本作“皇疏”。“短長”，殿本作“長短”。

〔7〕此段言，唐朝流入日本的皇《疏》中有些王肅注、何晏注，國内所傳邢《疏》（今本）已删除（或佚脱）。

〔8〕殿本“顧炎武”下有“之”字。顧炎武，明末清初思想家、史學家。參見《儀禮注疏》提要注。

〔9〕“版”，殿本作“板”。石經，當指唐刻《開成石經》。監板，當指明萬曆年間北京國子監刻《儀禮注疏》十七卷。

於"而在蕭牆之内"句〔1〕，兩本并存，見於《隸釋》〔2〕。陸德明《經典釋文》於諸本同異〔3〕，亦皆并存。蓋唐以前經師授受，各守專門，雖經文亦不能畫一，無論注文。固不必以此改彼，亦不必以彼改此。今仍從今本録之，所以各存其舊也〔4〕。

　　昺《疏》，《宋志》作十卷，今本二十卷，蓋後人依《論語》篇第析之〔5〕。晁公武《讀書志》稱其亦因皇侃所采諸儒之説，刊定而成〔6〕。今觀其書，大抵翦皇氏之枝蔓，而稍傅以義理。漢學、宋學，兹其轉關〔7〕。是《疏》出而皇《疏》微，迨伊洛之説出而是《疏》

〔1〕蔡邕（133—192），字伯喈，陳留郡圉縣（今河南杞縣）人，東漢時期名臣，文學家、書法家。漢末任河平長、郎中、議郎等，董卓專權時被迫任侍御史。後獲罪病死在獄中。著有《蔡中郎集》。蔡邕石經，即熹平石經。蔡邕於漢熹平四年(175)受詔，校正經書文字，刻石於洛陽太學門外，天下宗之。今僅存殘石。

〔2〕《隸釋》，宋洪适著，著録漢魏隸書石刻文字183種，是現存年代最早的一部集録和考釋漢魏晉石刻文字的專著。該書卷十四過録熹平石經本《論語》的殘存文字，共得971字。

〔3〕陸德明，參見《經典釋文》提要注。

〔4〕此段言《論語》諸版本，歷來存在異文，不足爲奇。故皇《疏》邢《疏》，各存其舊，以啓後學。

〔5〕漢初《論語》有三個本子，分別爲《魯論語》二十卷、《齊論語》二十二卷、《古論語》二十一卷。張禹并《齊論》入《魯論》，成《張侯論》二十卷，後世通行。

〔6〕宋晁公武《郡齋讀書志》衢本卷四"論語正義十卷"條云："右皇朝邢昺等撰。先是，梁皇侃采衛瓘、蔡謨等十三家之説爲疏，昺等因之成此書。"《文獻通考·經籍考》卷十一解題云："皇朝邢昺等撰，亦因皇侃所采諸儒之説刊定而成書。"

〔7〕經學史上有漢宋、古今之爭。概而言之，漢學注重疏通文義及名物訓詁，宋學注重義理闡發。轉關，轉折點。

又微〔1〕。故《中興書目》曰："其書於章句訓詁名物之際,詳矣。"〔2〕蓋微言其未造精微也。然先有是《疏》,而後講學諸儒得沿溯以窺其奧。祭先河而後海〔3〕,亦何可以後來居上,遂盡廢其功乎?

【比對一】
文津閣本《論語注疏》提要〔4〕

臣等謹案:《論語注疏》二十卷,魏何晏集解,宋邢昺疏。晏字平叔,南陽宛人,漢大將軍進之孫,以才秀知名,後以附曹爽伏誅〔5〕。昺字叔明,曹州濟陰人。初,擢九經及第〔6〕。咸平二年始置翰林侍講

---

〔1〕伊洛之説,也稱伊洛之學,北宋程顥、程頤所開創的理學學派。二程爲親兄弟,均爲洛陽(今屬河南)人,長期講學於伊河、洛水之間,故稱。南宋朱熹直接繼承伊洛之學,并發展成完整的理學體系,形成程朱學派。此處揭示《論語》研究史上的學術演進與替代現象。邢昺《論語注疏》出,皇侃《論語義疏》影響減弱;朱熹《論語集注》(見《四書章句集注》)出,邢昺《論語注疏》也走向衰微。

〔2〕《中興書目》,參見《大戴禮記》提要注。今按:宋王應麟《玉海》卷四十一《藝文》引《中興書目》:"《論語正義》十卷,翰林侍講學士邢昺等撰,咸平中頒。其書於章句訓詁、名器事物之際,詳矣。"

〔3〕"先河後海",《禮記·學記》:"三王之祭川也,皆先河而後海。或源也,或委也;此之謂務本。"按:河指黃河。祭祀時先祭河神,後祭海神,喻指治學要弄清源流。

〔4〕本校注以文津閣本(212字)爲底本,以《薈要》本(172字)、文淵閣本(173字)、文溯閣本(212字)爲校本。儘管字數不同,但文溯閣本、文津閣本提要已經將《薈要》本、文淵閣本提要的內容全部包括,故合并校勘。

〔5〕"晏字平叔"迄"伏誅",凡27字,《薈要》本、文淵閣本均無。

〔6〕"昺字叔明,曹州濟陰人。初,擢九經及第",《薈要》本、文淵閣本作"昺初擢九經及第"。

學士，以昺爲之，受詔與杜鎬、舒雅等校定群經義疏〔1〕。蓋唐人止爲"五經疏"而不及《孝經》《論語》〔2〕，至是始成之。

晏所采孔安國而下凡若干家，皆古訓。昺復因皇侃所采諸儒之說爲之《疏》，於章句、訓詁、名器、事物之際，頗爲詳盡〔3〕。朱子《集注》出，義理更爲精深，亦實始基於此，自謂"凡見於《注疏》者不復更詳"是也。舊刻不載陸氏《釋文》，今本悉補入云〔4〕。乾隆四十九年八月恭校上〔5〕。

【比對二】
《簡明目録》本《論語正義》提要〔6〕

《論語正義》二十卷，魏何晏等注，宋邢昺疏。蓋咸平二年詔昺因皇侃之書重爲改定，頒列學官之本也。

---

〔1〕《宋史》卷四百三十一《邢昺傳》："咸平初，改國子祭酒。二年，始置翰林侍講學士，以昺爲之。受詔與杜鎬、舒雅、孫奭、李慕清、崔偓佺等校定《周禮》《儀禮》《公羊》《穀梁》《春秋傳》《孝經》《論語》《爾雅》義疏。及成，并加階勛。"

〔2〕"五經疏"，也叫"五經正義"，指唐代孔穎達等奉唐太宗之命編撰的《周易正義》《尚書正義》《毛詩正義》《禮記正義》《春秋左傳正義》，共一百八十卷，高宗四年（653）詔頒天下。每年明經，依此考試。

〔3〕"頗爲詳盡"，《薈要》本、文淵閣本作"詳矣"。

〔4〕《薈要》本、文淵閣本無"悉""云"二字。

〔5〕"乾隆四十九年八月"，《薈要》本作"乾隆四十年十月"，文淵閣本作"乾隆四十一年五月"，文溯閣本作"乾隆四十七年二月"。

〔6〕録自《四庫全書簡明目録》卷四，凡39字。

【評析】

《論語》是一部非常重要的儒家經典。經秦火後，漢初傳《論語》者三家：《魯論語》二十卷，《齊論語》二十二卷，《古論語》二十一卷。東漢末年，鄭玄以《魯論語》爲據，參之《齊》《古》，作《論語注》十卷。曹魏時期，何晏又彙集孔安國、包咸、周氏、馬融、鄭玄、陳群、王肅、周生烈八家之説，并下己意，撰爲《論語集解》十卷，盛行於六朝隋唐時代。北宋邢昺在何晏等《集解》的基礎上撰寫義疏，後人將二者合刊，是爲《論語注疏》十卷（又稱《論語正義》），後來拆分爲二十卷。《論語注疏》位居《四庫全書·經部》四書類第三，其提要主要有7篇，可以劃分爲詳本系列（《總目》提要浙本、殿本），簡本系列（《薈要》本、文淵閣本、文溯閣本、文津閣本）和極簡本（《簡明目録》本）三類。詳本提要内容豐富，主要有以下幾方面内容。

一、《論語正義》的基本情况

（一）書名與卷數。對於書名，《總目》提要、《簡明目録》提要作“論語正義”，而書前提要各本均作“論語注疏”。今按：自宋至清代前期，史志書目多稱《論語正義》，如《宋史·藝文志》：“邢昺《論語正義》十卷。”《中興書目》《郡齋讀書志》同。但是據崔富章先生考證：“傳世《十三經注疏》（元刻明修本、明嘉靖李元陽本、萬曆北監本、崇禎毛氏汲古閣本），皆題《論語注疏解經》二十卷”[1]。清乾隆四年（1739）武英殿刻本《欽定十三經注疏》本，清嘉慶二十年（1815）江西南昌府學刻《十三經注疏》（即阮元校刻本），以及此後重印、重刻本，亦皆以《論語注疏》爲名。

《總目》浙本、殿本及《簡明目録》本於書名取《宋志》，卷數

---

[1] 崔富章：《四庫提要補正》，第226頁。

則取乾隆四年《欽定十三經注疏》本。雖名稱上從其源，但不是實録所見之書，檢索終究不便。而《薈要》本和文淵閣、文津閣、文溯閣等庫本，均以清乾隆四年武英殿刻本爲底本謄寫，故均題《論語注疏》二十卷《傳述人》一卷《集解序》一卷，魏何晏集解、唐陸德明音義、宋邢昺疏。《總目》提要於書名下標注“内府藏本”4字，所指就是乾隆四年武英殿刻本。故其書名當作“論語注疏”。館臣改“注疏”爲“正義”，既與卷數不合（《正義》均爲十卷），也與庫書以及自元代以來的傳世諸本不符。

　　關於卷數，四庫館臣所據之本爲二十卷。《宋史·藝文志》經部論語類載：“《論語》十卷，何晏等集解。……邢昺《正義》十卷。”兩者皆爲十卷。考宋代目録學著作《郡齋讀書志》《中興書目》《崇文總目》及王應麟《玉海》，均著録《論語正義》十卷。館臣據此認爲，邢昺所疏是十卷本。後人因讀經文之便，把十卷《疏》與二十卷的經文相配合，離析成二十卷。

　　（二）注疏者。注者何晏，《總目》提要衹具姓名，未作介紹。蓋《論語義疏》提要中已有，故此處從略。疏者邢昺則簡要交代其字號、爵里、仕宦經歷，并指出其事迹見《宋史》本傳，讀者可自行查考。今按：據《宋史》卷四百三十一《儒林傳》，邢昺於宋真宗咸平元年（998）任國子祭酒，二年任翰林侍講學士，受詔與杜鎬、舒雅、孫奭、李慕清、崔偓佺等校定《周禮》《儀禮》《公羊傳》《穀梁傳》《孝經》《論語》《爾雅》諸經義疏。書成，皆加勛階。其中前四部經典唐人孔穎達等已作義疏，《孝經義疏》《論語義疏》《爾雅義疏》則是邢昺等人新作。這三部疏雖然都署名邢昺，實則是邢、杜、舒、孫等人的集體成果。

二、《論語》注本、疏本的訛誤及缺失

　　邢昺《論語注疏》由官方刻印頒行後，成爲當時科舉考試的指

定教材。但在後世的傳播、刻印過程中，出現了很多訛誤。

（一）何晏《集解》稱引諸家"姓名"。《論語注疏》中所載之何晏《集解》，在稱引漢代諸家時皆稱姓氏，不稱名，造成"周氏與周生烈遂不可分"的局面。但何晏在《集解》序文中自稱"集諸家之善，記其姓名"；南朝梁皇侃作《義疏》時，所據何晏《集解》稱引諸家，也是"均題其名"。皇侃還在《義疏序》中説："何《集注》皆呼人名，惟包獨言'氏'者。包名咸，何家諱咸，故不言也。"何晏是大將軍何進之孫，據《三國志》記載，曹操納何晏母親尹夫人，何晏爲曹操繼子。何晏生父是誰，則史無明文。皇侃《論語義疏》序言"包名咸，何家諱咸"之語，後人多據此認定何晏的父親名何咸，例如《總目》本《論語義疏》提要中徑稱何晏爲"何咸之子也"。

很顯然，何晏《集解》所引諸家注，除了包咸外皆具其姓名。但北宋邢昺所見之《集解》已經與原本有了很大不同，祇稱姓，不稱名。他在爲"記其姓名"四字作《疏》時，没有詳考《集解》在流傳過程中的省文變化，曲折附會，强爲解説，稱："《注》但記其姓，而此連言名者，以著其姓所以名其人，非謂'名字'之'名'也。"接著，館臣又以日本山井鼎《七經孟子考文》爲據，指出傳入日本的皇《疏》是唐代本，更接近何晏《集解》原貌，故與北宋時邢昺所見的何晏《集解》有所不同。

（二）皇《疏》與邢《疏》之異。提要稱："其文與皇侃所載亦異同不一，大抵互有短長。如《學而》篇'不患人之不己知'章，皇《疏》有王肅注一條；《里仁》篇'君子之於天下也'章，皇《疏》有何晏注一條，今本皆無。"相較而言，皇《疏》中引有數條古注，邢《疏》均無，但兩書實是互有短長的。《四庫全書》收録皇侃《論語義疏》十卷，實爲日本寬延三年初刻本，詳參《論語義疏》提要評析。據《梁書》卷四十八《儒林列傳》，皇《疏》初名《論語義》，其後《隋書·經籍志》稱《論語義疏》，《舊唐書·經籍志》作《論語疏》，敦煌寫本亦作《論語疏》，又有《論語集解義疏》之名，通稱《論語義疏》。

《七經孟子考文補遺》一書"由日本江户時代古學派學者山井鼎考文、物觀補遺,是《四庫全書》中僅有的兩部由外國人纂集的經學著作之一"〔1〕。山井鼎在做《考文》時,所依據的古抄本即包括皇侃《論語義疏》。

皇《疏》後來在中國本土失傳,唐代流入日本,幸得以保存至今。詳情參見《論語義疏》提要。至於該書回歸中國的時間,武内義雄認爲"約在乾隆二十六年辛巳(1761)之後十年間事,獻此於遺書局"〔2〕。先收於《四庫全書》,次爲武英殿覆刻,次爲知不足齋重刊。

(三)校録異文。提要以顧炎武校經爲例,説明儒家經典在流傳過程中出現過"全節脱落"的現象,經文尚且如此,那麼何晏《集解》出現脱誤也就不足爲奇了。館臣在校録時效法蔡邕、陸德明等將異文并存的態度,認爲異文存在是有歷史合理性的,"蓋唐以前經師授受,各守專門,雖經文亦不能畫一,無論注文",故采取了較爲穩妥的校勘方式:參照諸本,詳校異同,備存異文,以供參照和研究。這種觀點是比較通達的。

三、邢昺《疏》的卷數、地位和價值

邢昺《論語疏》原本十卷,後人依照《論語》篇第拆分爲二十卷,以方便讀者。館臣認爲,邢昺《疏》在内容上"翦皇氏之枝蔓,而稍傅以義理。漢學、宋學,兹其轉關",即邢《疏》較之皇《疏》增加了一些對《論語》内容的義理性論説和解釋,這便開闢了宋代儒者以義理解經、以義理解《論語》的道路,被認爲是《論語》學

---

〔1〕顧永新:《〈七經孟子考文補遺〉考述》,《北京大學學報(哲學社會科學版)》2002 第 1 期。

〔2〕[日]武内義雄:《校〈論語義疏〉雜識》,載《先秦經籍考》(江俠庵編譯),上海文藝出版社 1990 年版。

史上由漢學走向宋學的轉折點。

降至南宋，朱熹在吸取漢魏古注的基礎上，又集宋人釋《論》之説，兼下己意，融注音、訓詁、考據、義理於一體，而成《論語集注》十卷。此書一出，備受宋元明清四代統治者青睞，甚至被定爲科舉考試教材。因此，邢《疏》衰微。

在官方主流話語權以及相應的流傳廣度上，《論語》各個注疏本隨著歷史發展有一個嬗遞的過程。先是漢鄭玄《論語注》結束漢代今古文之爭，接著魏何晏《論語集解》代替《論語注》，而後南朝梁皇侃《論語義疏》替代《論語集解》，繼而北宋邢昺《論語注疏》替代《論語義疏》，接下來南宋朱熹《論語集注》又取代《論語注疏》，各領風騷，各具特色（以上五種著述，館臣論及後三種）。其演進遞嬗過程如下：

東漢鄭玄《論語注》—魏何晏《論語集解》—南朝梁皇侃《論語義疏》—北宋邢昺《論語注疏》—南宋朱熹《論語集注》。

至於朱熹《集注》地位超過邢昺《疏》的原因，館臣采納《中興書目》的觀點"其書於章句訓詁名物之際，詳矣"，言外之意是此書"未造精微也"。館臣最後指出，學術研究是一個不斷累積、不斷深入的過程，不可因爲後來居上，而否定前人的學術貢獻，進而充分肯定了邢《疏》的歷史價值與功績。這一觀點是非常精當的。

簡本提要（《薈要》本、文淵閣本、文溯閣本、文津閣本）的觀點與詳本（浙本、殿本）基本一致，但也自有特色。1. 書名作《論語注疏》，比詳本（作《正義》）更符合實際。2. 與詳本比較，文津閣、文溯閣本多出何晏簡介，共 27 字。3. 介紹了邢昺《疏》的撰述背景與合作者姓名。唐代孔穎達等爲《周易》《尚書》《毛詩》《禮記》《左傳》等五部儒家經典作了義疏，而《論語》《孝經》祇是作爲"五經"的入門書籍，近於"兼經"，地位略低。到北宋時，邢昺始於咸平二年受詔與杜鎬、舒雅等校定群經義疏，包括《論語》《孝經》

《爾雅》，這是首次以官方的形式爲《論語》作疏，確立了《論語》的經學史地位。4. 簡本提要對皇侃《論語義疏》、邢昺《論語注疏》、朱熹《論語集注》的各自特點與歷史呈遞關係，進行了闡發和梳理，比詳本更爲清晰具體。5. 介紹了陸德明《經典釋文·論語》的補入情況，詳本所無。6. 交代進呈時間與纂修官姓名，詳本所無。

《簡明目録》本提要祇有 39 字，簡述卷數、著者，成書時代以及用途，簡潔明了。

各提要的撰寫時間是：《薈要》本（乾隆四十年十月）—文淵閣本（乾隆四十一年五月）—文溯閣本（乾隆四十七年二月）—《簡明目録》本（乾隆四十七年）—文津閣本（乾隆四十九年八月）—《總目》浙本、殿本（乾隆六十年）。

四書章句集注十九卷〔1〕

　　《大學章句》一卷〔2〕、《論語集注》十卷、《孟子集注》七卷、《中庸章句》一卷（通行本）〔3〕，宋朱子撰〔4〕。案：《論語》自漢文帝時立博士；《孟子》據趙岐題詞〔5〕，文帝時亦嘗立博士〔6〕，以

─────────────

〔1〕本校注以浙本《四庫全書總目》卷三十五《四書章句集注》提要（711字）爲底本，以殿本（710字）、文淵閣本（716字）爲校本。《四書章句集注》，又稱《四書集注章句》，宋朱熹撰，是宋明理學的代表著作。該書首次將《禮記》中的《大學》《中庸》別裁出來，與《論語》《孟子》合稱"四書"，形成了完整的理論體系，影響深遠。明清時期的科舉考試命題，多以此書爲據。

〔2〕文淵閣本"大學"上有"臣等謹案"4字。

〔3〕文淵閣本無"通行本"3字。

〔4〕朱子，即朱熹，參見《詩集傳》提要注。

〔5〕趙岐，參見《孟子正義》提要注。

〔6〕文淵閣本無"嘗"字。

其旋罷，故史不載。《中庸説》二篇，見《漢書·藝文志》[1]。戴顒《中庸傳》二卷，梁武帝《中庸講疏》一卷[2]，見《隋書·經籍志》。惟《大學》自唐以前無別行之本[3]。然《書録解題》載，司馬光有《大學廣義》一卷、《中庸廣義》一卷[4]，已在二程以前[5]，均不自洛閩諸儒始爲表章[6]。特其論説之詳，自二程始；定著"四書"之名，則自朱子始耳。

原本首《大學》，次《論語》，次《孟子》，次《中庸》。書肆刊本以《大學》《中庸》篇頁無多[7]，并爲一册，遂移《中庸》於《論語》前。明代科舉命題，又以作者先後，移《中庸》於《孟子》前。然非宏旨所關，不必定復其舊也。

《大學》古本爲一篇，朱子則分別經、傳，顛倒其舊次，補綴其

---

[1]《漢書·藝文志》六藝類著録《中庸説》二篇。《中庸》原是《禮記》第三十一篇。後人將它從《禮記》中抽離出來，獨立成書。主要内容是闡發中和、至誠的精神，講述道德的最高境界和標準。

[2] 戴顒（377—441），字仲若，南朝宋譙郡銍縣（今安徽濉溪）人。善琴書，不慕仕進，以孝著稱。著有《逍遥論》《中庸傳》等。事迹參見《宋書·隱逸傳》。梁武帝，參見《孝經正義》提要注。

[3] 文淵閣本無"自唐以前"4字。《大學》出自《禮記》，原本是《禮記》第四十二篇，作於秦漢之際，是一部討論教育理論的重要著作。

[4]《書録解題》，即陳振孫《直齋書録解題》。該書卷二著録《中庸大學廣義》一卷，北宋司馬光著，已佚。司馬光，參見《孝經正義》提要注。

[5] 二程，即北宋理學家程顥、程頤。程顥（1032—1085），字伯淳，世稱明道先生。洛陽（今河南洛陽）人，著有《定性書》《識仁篇》等。程頤（1033—1107），字正叔，程顥之弟，世稱伊川先生。著《易傳》《顔子所好何學論》等。後人將二人著作彙編爲《二程全書》。《宋史》有傳。

[6] 洛閩諸儒，指二程、朱熹及其門人，都是宋代理學家。程顥、程頤兄弟係洛陽人，朱熹祖籍徽州婺源，移居南劍州尤溪（今屬福建，簡稱閩），故稱"洛閩"。

[7]"書肆刊本"，文淵閣本作"後刊本"。

闕文[1];《中庸》亦不從鄭《注》分節[2],故均謂之"章句"。《論語》《孟子》,融會諸家之説,故謂之"集注"。猶何晏注《論語》,裒八家之説稱"集解"也[3]。惟晏注皆標其姓[4],朱子則或標或不標,例稍殊焉。

《大學》章句,諸儒頗有異同,然"所謂誠其意者"以下并用舊文,所特刱者不過《補傳》一章,要非增於八條目外。既於理無害,又於學者不爲無裨,何必分門角逐歟?《中庸》雖不從鄭《注》,而實較鄭《注》爲精密。蓋考證之學,宋儒不及漢儒;義理之學,漢儒亦不及宋儒。言豈一端,要各有當。況鄭《注》之善者,如"戒慎乎其所不睹"四句[5],未嘗不采用其意;"雖有其位"一節[6],又未嘗不全襲其文。觀其去取,具有鑒裁,尤不必定執古義以相争也[7]。《論語》《孟子》亦頗取古注。如《論語》"瑚璉"

---

[1]《大學》古本由西漢戴聖、東漢鄭玄作注。宋朱熹將古本析爲"經"一章、"傳"十章,以首段爲經,接下來的十傳分釋"三綱八目",著成《大學章句》。

[2]鄭《注》,指鄭玄《大學章句》。

[3]何晏,參見《論語義疏》提要注。裒,聚集。八家之説,陸德明《經典釋文·序録》曰:"何晏集孔安國、包咸、周氏、馬融、鄭玄、陳群、王肅、周生烈之説,并下己意爲集解。"

[4]據皇侃《論語義疏》,何晏《論語集解》除包咸、周氏外,各家皆標其姓名,并非祇標其姓。館臣誤。

[5]《禮記·中庸》:"是故君子戒慎乎其所不睹,恐懼乎其所不聞。莫見乎隱,莫顯乎微。"古注:"小人閒居,爲不善無所不至也。君子則不然,雖視之無人,聽之無聲,猶戒慎恐懼自脩,正是其不須臾離道。"朱熹注:"君子之心,常存敬畏,雖不見聞,亦不敢忽,所以存天理本然,而不使離於須臾之頃也。"角度略異,意思相同。

[6]《禮記·中庸》:"雖有其位,苟無其德,不敢作禮樂焉。"古注:"言作禮樂者,必聖人在天子之位。"朱熹注:"鄭氏曰:'言作禮樂者,必聖人在天子之位。'"完全沿用古注。

[7]殿本、文淵閣本無"以"字。

一條與《明堂位》不合〔1〕，《孟子》"曹交"一注與《春秋傳》不合〔2〕，論者或以爲疑。不知"瑚璉"用包咸注〔3〕，"曹交"用趙岐注，非朱子杜撰也。又如"夫子之牆數仞"注〔4〕："七尺曰仞。""掘井九軔"注〔5〕："八尺曰仞。"論者尤以爲矛盾。不知"七尺"亦包咸注，"八尺"亦趙岐注也。是知鎔鑄群言，非出私見。苟不詳考所出，固未可槩目以師心矣。

　　大抵朱子平生精力，殫於《四書》。其剖析疑似〔6〕，辨別毫釐，實遠在《易本義》《詩集傳》上〔7〕。讀其書者，要當於大義微言求其根本。明以來攻朱子者〔8〕，務摭其名物度數之疏，尊朱子者，又并此末節而回護之，是均門户之見，烏識朱子著書之意乎？〔9〕

―――――――

〔1〕"瑚璉"，見《論語·公冶長第五》。《禮記·明堂位》："有虞氏之兩敦，夏后氏之四連，殷之六瑚，周之八簋。"

〔2〕曹交，戰國時曹君之弟，見《孟子·告子下》。《春秋傳》，《春秋左氏傳》的簡稱。

〔3〕包咸，參見《論語義疏》提要注。

〔4〕"夫子之牆數仞"，出自《論語·子張第十九》。

〔5〕"軔"，殿本、文淵閣本作"仞"，義同。"掘井九軔"，出自《孟子·盡心上》。

〔6〕"剖析"，殿本、文淵閣本作"判析"，義同。

〔7〕《易本義》亦稱《周易本義》，《詩集傳》亦名《詩經集傳》，均爲朱熹所作。

〔8〕"攻"，文淵閣本作"議"。

〔9〕文淵閣本於篇末有"乾隆四十二年五月恭校上"，凡11字。

【比對一】

《薈要》本《四書集注章句》提要[1]

臣等謹案："四書"之稱始於朱子。[2]自漢以來注《論語》者，孔安國而下[3]，至宋凡百八十餘家。注《孟子》者，趙岐而下，亦六十餘家。朱子融洽衆說，著爲《集注》，心得之妙，超出前儒。若取《中庸》於《戴記》而專行之者[4]，漢儒已有之，《藝文志》所載《中庸說》二篇是也。其取《大學》，則自司馬光始，二程子繼之，專爲講明。朱子各爲之注，名曰"章句"者，則於古本分章有所移改也。首《大學》，次《論語》，次《孟子》，次《中庸》，凡十九卷。後人便於誦習，或以《中庸》次《大學》，而明時定制科場命題，又以《中庸》次《論語》，至今因之，然非朱子之舊矣[5]。

內府開雕有二本：其一夾注，即世所稱監本者；其一仿宋板，注字亦大書單行，蓋取淳祐中泳澤書院本依刻，尤爲精善。二本間有互異一二字，或多至數十字[6]。今海內童而習之，既并從夾注本，故繕錄篇式亦盡準之，而悉取其與宋本不同者，詳爲標識，以資辨

---

〔1〕以《薈要》本書前提要（302字）爲底本，以文淵閣本（312字）、文津閣本（314字）爲校本。

〔2〕"四書之稱始於朱子"，文淵閣本、文津閣本作："《大學章句》一卷、《論語集注》十卷、《孟子集注》七卷、《中庸章句》一卷，并宋朱子撰。四書之稱實始於此。"

〔3〕孔安國，參見《尚書正義》提要注。

〔4〕《戴記》，儒家經典《禮記》有《大戴禮記》和《小戴禮記》兩種傳本，分別出自漢代經學家戴德、戴聖之手。這裏指《小戴禮記》，即後世最爲通行的《禮記》版本。

〔5〕文淵閣本脫"子"字。

〔6〕"多至數十字"，文淵閣本無"多"字。

證云〔1〕。乾隆四十年五月恭校上〔2〕。

【比對二】

《簡明目録》本《四書章句集注》提要〔3〕

《大學章句》一卷、《論語集注》十卷、《孟子集注》七卷、《中庸章句》一卷，宋朱子撰。自是始有"四書"之名，而《章句集注》，亦遂爲説《四書》者之所祖。先儒舊解，不復能與争席矣。

【評析】

《四書章句集注》十九卷，位居《四庫全書·經部》四書類第十一。四庫館臣爲《四書章句集注》所撰寫的提要，主要有 7 個不同的版本，可以劃分爲詳本系統（《總目》浙本、殿本、文淵閣本）、簡本系統（《薈要》本、文溯閣本、文津閣本）和極簡本（《簡明目録》本）三類。其中詳本提要内容豐富，主要有以下内容。

一、《四書》研究探源

提要稱："《論語》自漢文帝時立博士；《孟子》據趙岐題詞，

---

〔1〕"故繕録篇式亦盡準之，而悉取其與宋本不同者，詳爲標識，以資辯證云"凡 28 字，文溯閣本、文津閣本作"故繕録篇式亦盡準之云"。

〔2〕"四十年五月"，文溯閣本作"四十七年七月"，文津閣本作"四十九年八月"。

〔3〕録自《四庫全書簡明目録》卷四，凡 62 字。

文帝時亦嘗立博士，以其旋罷，故史不載。"今略作説明：漢文帝時曾將《論語》《孝經》《爾雅》《孟子》立於學官，設"傳記博士"。漢武帝後，《論語》地位逐漸升高，從"傳"升格爲"經"，列"七經"之一。唐初"九經"，暫時未列，但唐文宗時的"十二經"直至宋代"十三經"皆置，而且其地位隨著《四書》的結集而達到極致，對後世産生了深遠影響[1]。漢文帝時亦曾立《孟子》博士，但地位不及《論語》，這種情形一直延續到唐代，比如《隋書·經籍志》《舊唐書·經籍志》等都把《孟子》列入"子部"；唐代"十二經"亦未列置《孟子》。直到宋代，《孟子》經由二程、朱熹等推介，纔列爲"十三經"之一。

《漢書·藝文志》六藝略禮類著録《中庸説》二篇，《隋書·經籍志》經部禮類著録戴顒《中庸傳》二卷、梁武帝《中庸講疏》一卷，可知《中庸》單行，爲時甚早。惟《大學》一篇，自唐以前無別行之本。然陳振孫《直齋書録解題》卷二著録司馬光《大學廣義》一卷、《中庸廣義》一卷，已在二程之前。其後，二程大力表彰《大學》《中庸》，并將其與《論語》《孟子》并行。自朱子作《大學章句》《中庸章句》《論語集注》《孟子集注》，後人合刊，稱作《四書章句集注》。是抽出《禮記》之《大學》《中庸》兩篇，以與《論語》《孟子》相配，而爲《四書》，此舉自朱子始。朱子爲《大學章句序》，末題淳熙己酉二月；爲《中庸章句序》，末題淳熙己酉三月，則皆南宋孝宗淳熙十六年（1189）也。蓋編定《四書》，實成於此時[2]。

二、《四書》次序的歷史變遷

提要簡單介紹了《四書》次序的發展變遷。朱熹初定《四書》

---

[1] 周春健：《宋元明清四書學編年》，臺北萬卷樓圖書股份有限公司2012年版，第1—2頁。

[2] 張舜徽：《四庫提要叙講疏》，臺北學生書局2002年版，第47—48頁。

時，指出《論語》《孟子》《大學》《中庸》四書所傳皆爲聖人之學，但其爲學却當有先後之分，以爲“學問須以《大學》爲先，次《論語》，次《孟子》，次《中庸》。《中庸》功夫密、規模大”，其目的在於“讀書且從易曉易解處去讀”〔1〕。後來的《四書》刊本以《大學》《中庸》篇頁無多，遂將其并爲一册，移《中庸》於《論語》前。明代科舉命題，又以作者先後，移《中庸》於《孟子》前，爲《大學》《論語》《中庸》《孟子》之序。此後各家亦有不同説法。館臣以爲無關宏旨，不必復其舊也。

三、《四書章句集注》的撰寫體例

提要首先介紹了“章句”“集注”命名的由來。《大學》《中庸》各爲一篇，朱熹分别經傳，調整次序，故稱之爲“章句”。《論語》《孟子》融會各家之説，故謂之“集注”，恰如何晏注《論語》，集孔安國等八家之説，稱爲“集解”。《大學》古本爲一篇，朱子將古本析爲“經”一章、“傳”十章，著成《大學章句》。《中庸》亦成一本，朱熹雖不從鄭玄《注》，仍取鄭《注》之善處，又加之以文本義理之闡發，著成《中庸章句》。《論語》《孟子》亦頗取古注，鎔鑄群言，著成《論語集注》《孟子集注》。提要中分别舉《論語》與《孟子》中的例子，來説明朱子曾兼取包咸與趙岐《注》。

四、《四書章句集注》的學術貢獻

館臣指出，該書實爲朱熹平生精力所萃，遠遠勝過其《易本義》和《詩集傳》。館臣充分肯定了朱熹《四書章句集注》的成就與治學態度，認爲後世讀者應該努力領會該書的大義微言，而不可

〔1〕［宋］黎靖德：《朱子語類》卷十四，第249頁。

僅僅從細枝末節上考求。

簡本提要主要有三方面内容：1.《四書》研究的回顧。提要稱漢代至宋代注《論語》者一百八十餘家，注《孟子》者六十餘家，以孔安國《論語訓解》、趙岐《孟子章句》爲首，成果豐碩。此爲繁本所未備。2. 朱熹《四書章句集注》的内在順序，與詳本同。3. 版本選擇。内府有兩種版本，一種是監本有夾注者，一種是仿宋本注文亦爲大字者。由於前者"今海内童而習之"，較爲通行，故選擇前者謄入，并以後者校勘。亦爲繁本所未具。

至於《簡明目録》，主要肯定《四書章句集注》的不可動搖的歷史文化地位，謂"四書"之名始於此，後人對《四書》的研究亦以此書爲宗，歷代注《四書》者，皆不能與之争席。言簡意賅，推崇備至。

總之，繁簡各本提要觀點一致，質量都很高，繁本考證細密，尤爲詳贍。各提要的撰寫時間是：

《薈要》本（乾隆四十年五月）—文淵閣本（乾隆四十二年五月）—文溯閣本（乾隆四十七年七月）—《簡明目録》本（乾隆四十七年）—文津閣本（乾隆四十九年八月）—《總目》浙本、殿本（乾隆六十年）。

樂書二百卷^{〔1〕}

《樂書》二百卷（*福建巡撫采進本*）^{〔2〕}，宋陳暘撰^{〔3〕}。暘，

---

〔1〕本校注以浙本《四庫全書總目》卷三十八《樂書》提要（952字）爲底本，
　　以殿本（951字）、文淵閣本（974字）、文溯閣本（459字）、文津閣本（458字）
　　爲校本。《樂書》是我國古代大型音樂百科全書，宋代陳暘編撰。該書分
　　上下兩篇，上篇稱《訓義》（1—95卷），摘録儒家經典中有關音樂的段
　　落，逐條逐句加以詮釋。下篇稱《樂圖論》（96—200卷），介紹樂律理論、
　　音樂制度、樂器、聲樂、樂舞、百戲等，兼及民間、少數民族和外國樂器，
　　有論有圖，價值極高。
〔2〕“《樂書》二百卷（福建巡撫采進本）”，殿本同，文淵閣本、文溯閣本、
　　文津閣本作“臣等謹案：《樂書》二百卷”。
〔3〕陳暘（1064—1128），字晋之（一作晋叔），閩清（今屬福建）人。宋
　　紹聖元年（1094）中賢良方正能言極諫制科，授順昌軍節度使推官，後任
　　太學博士。宋徽宗時進獻《迓衡集》，升秘書省正字，轉禮部員外郎。崇
　　寧二年（1103）著《樂書》二百卷，升任太常丞。曾任講議司參詳禮樂官、
　　鴻臚太常寺少卿、禮部侍郎等。除《樂書》外，還著有《禮記解義》十卷、《孟
　　子解義》十四卷、《北郊禮典》三十卷。傳見《宋史》卷四百三十二。

字晋之〔1〕，閩清人。紹聖中登制科〔2〕，官禮部侍郎〔3〕。事迹具《宋史》本傳。

此書乃建中靖國間暘爲秘書省正字時所進〔4〕。自第一卷至九十五卷，引《三禮》《詩》《書》《春秋》《周易》《孝經》《論語》《孟子》之言，各爲之《訓義》〔5〕。其第九十六卷至二百卷〔6〕，則專論律呂本義、樂器、樂章及五禮之用樂者〔7〕，爲《樂圖論》。引據

〔1〕 "字晋之"，殿本、文淵閣本、文津閣本作"字晋叔"。今按：《宋史》卷四百三十二《儒林列傳》："陳暘，字晋之。"《（弘治）八閩通志》卷六十二："陳暘字晋之，祥道之弟也。"而至於"字晋叔"之説，由陳暘家譜《千郎公系譜圖》："玩公（陳暘父），朝議大夫，妣熊氏生深道、祥道、安道，繼妣謝氏生暘道、從道。"可知，陳暘於五兄弟中排行第四，依"伯仲叔季"兄弟排行之序，除長子爲伯、次子爲仲，末子爲季外，中間排行之子均可稱"叔"，故陳暘當爲"叔"，可字"晋叔"。故而"字晋之""字晋叔"均無誤。

〔2〕 制科，亦稱制舉，由皇帝親自下詔而臨時設置的科舉考試科目。《新唐書》卷四十四《選舉志》："其天子自詔者曰制舉，所以待非常之才焉……自漢以來，天子常稱制詔道其所欲問而親策之。唐興……有司常選之士，以時而舉……其爲名目，隨其人主臨時所欲。而列爲定科者，如賢良方正、直言極諫、博通墳典達於教化、軍謀宏遠堪任將率、詳明政術可以理人之類，其名最著。"

〔3〕 "官禮部侍郎"，文淵閣本、文津閣本作"官至禮部侍郎"。

〔4〕 文淵閣本、文津閣本"所進"下有"也"字。秘書省正字，官名，掌校對典籍，刊正文字。詳見《宋史·職官四·秘書省》。

〔5〕 訓義，闡釋經典的含義。《樂書》中有《禮記訓義》《尚書訓義》《孟子訓義》等。

〔6〕 "其第九十六卷至二百卷"，文淵閣本脱"至二百卷"4字。

〔7〕 五禮，指吉禮、凶禮、軍禮、賓禮、嘉禮等五種禮儀制度。《周禮·地官·大司徒》："以五禮防萬民之僞而教之中。"疏："鄭司農云：五禮，謂吉、凶、賓、軍、嘉者。"

浩博，辨論亦極精審。視其兄祥道《禮書》[1]，殆相伯仲。第《禮書》所載，祇詳於三代器數。是書則又推及律呂本原及後世雅俗諸部[2]。故陳振孫《書錄解題》謂："《樂書》博則博矣，未能免於蕪穢也。"[3]然暘書包括歷代，總述前聞，既欲備悉源流，自不得不兼陳正變。使振孫操筆而修史，將舉古來秕政亂法一切删之不載乎？此南宋人迂繆之見[4]，不足據也。

其中惟辨"二變""四清"二條，實爲紕繆。

自古論"四清"者[5]，舉民臣相避以爲尊卑立説[6]，本屬附會。暘則曰："黃鍾至夾鍾四清聲[7]，以附正聲之次。其意蓋謂夷則至應鍾四宮而設[8]。既謂黃鍾至夾鍾爲清，又謂爲夷則至應鍾而設，

[1] 陳祥道（1053—1093），字用之，一作祐之，福州閩清（今福建福州）人。長於"三禮"之學，歷官國子監直講、太學博士。除了《禮書》一百五十卷之外，尚有《儀禮注解》《周禮纂圖》《考工解》《禮記講義》《論語全解》等。傳見《宋史》卷四百三十二。

[2] "推及"，殿本作"推其"，誤。今按：《樂書》把八音、歌、舞、雜樂分別歸爲雅、胡、俗三部，并且收入大量的胡俗之樂。

[3] 引文見《直齋書錄解題》卷十四"音樂類"。

[4] "迂繆"，殿本、文淵閣本、文津閣本作"迂謬"。今按："繆""謬"二字通用。《康熙字典》："謬，……又通作繆。"

[5] "自古論'四清'者……此理尤爲暘所不知也"一段凡504字，文淵閣本、文津閣本無。

[6] "舉"，殿本、文淵閣本作"以"，誤。

[7] 黃鍾，亦作黃鐘，十二律（黃鍾、太簇、姑洗、蕤賓、夷則、無射、大呂、夾鍾、中呂、林鍾、南呂、應鍾）之一，詳見《禮記·月令》。後文中夾鍾、夷則、太簇、大呂同。後文中多以首字代稱一律，如"夷"即"夷則"、"南"即"南呂"，不再詳注。

[8] "謂"，殿本作"爲"。

是兩四清也。"〔1〕不知每一均必具五聲〔2〕,夷則一均以夷、南、無、應爲次,而闕角聲,必須黃鍾清爲角。南呂一均以南、無、應爲次,而闕羽、角二聲,必須黃清爲羽,大清爲角。以調而論,則謂夷、南、無、應四律;以聲而言,則爲黃、大、太、夾四清。非有二也。其不用正聲而用清聲者,樂之高下以漸,無驟高驟下之理。以夷則一均言之,如用夷、南、無、應四正律,則其聲以次而高。而忽用黃鍾正律,雖同在一均,而高下不協,故必以黃清協之也。暘引李照十二鍾之説〔3〕,殊爲舛誤。

又論"二變"曰:"五聲者,樂之拇指也〔4〕;二變者,五聲之駢枝也。五聲可益爲七音〔5〕,則五星、五行、五常亦可益而七之

---

〔1〕所引文字,乃係館臣據陳暘《樂書》撮要而成。詳參《樂書》卷一百一《樂圖論》"辨四清"條。

〔2〕"不知每一均必具五聲",殿本奪"一"字。文淵閣本作"不知四均必具五聲",誤,前文無"四均"一詞。且古代漢語中無"四均"爲一詞之用例。均,音樂術語。中國古代以七音配十二律,每律均可作爲宫音。以各律爲宫所建立的音階則稱"均",如以黃鍾爲宫的音階稱"黃鍾均",以大吕爲宫的稱"大吕均"。五聲,又稱"五音",指宫、商、角、徵、羽五個音級。《周禮·春官宗伯第三》:"文之以五聲:宫、商、角、徵、羽。"

〔3〕李照,北宋參與宫廷雅樂製作的樂律學家,曾製定新樂。《宋史》卷一百二十七《樂志》:"乾德中,詔四建鼓并左右鞞、應合十有二,依李照所奏,以月建爲均,與鑄鍾相應。"

〔4〕"拇指",文淵閣本作"指拇"。據《樂書》卷一百七《樂圖論·明二變》,作"指拇"是。

〔5〕七音,指宫、商、角、徵、羽、變宫、變徵七個音級。《左傳·昭公二十年》:"聲亦如味,一氣,二體,三類,四物,五聲,六律,七音,八風,九歌,以相成也。"陸德明《釋文》:"七音:宫、商、角、徵、羽、變宫、變徵也。"

乎〔1〕？二變之説始于《尚書》，而曼衍於《左傳》《國語》《書傳》《漢志》〔2〕。是不知《書》之'在治忽'，有'五聲'而無'七始'〔3〕。《國語》之'七同'，有四宮而無徵也。左氏爲七音之説〔4〕，蓋八音耳〔5〕。八音以土爲主，而七音非土不和。故《書》之《益稷》，《禮》之《樂記》，其言八者皆虛其一，猶大衍虛其一也"云云〔6〕。不知二變之生，由於高下之次。蔡元定"相去二律，則音節遠"之説最有根據〔7〕。若不究其理之所由然，而但以數相較，則七較之五而多其二者，將十二較之五而亦多其七。是音不得有其七，而律亦不得有其十二乎？且五聲二變，有管律弦度之不同。半太蔟與正黄鍾應，半夾鍾與正大呂應。此理尤爲暘所不知也。至以七音爲八音

────────────

〔1〕五星，指水星、金星、火星、木星、土星。此五星最初分別名爲辰星、太白、熒惑、歲星、鎮星。將此五星稱金木水火土，是把地上的五原素與天上的五行星相配而産生的。《史記・天官書》："水、火、金、木、填星，此五星者，天之五佐。"五常，亦指金、木、水、火、土五行。《禮記・樂記》云："道五常之行，使之陽而不散，陰而不密。"鄭玄注："五常，五行也。"

〔2〕《書傳》，指《尚書大傳》四卷，解釋《尚書》的著作，舊説西漢伏生撰，今人認爲係其弟子張生、歐陽生所記師説。《漢志》，指《漢書・禮樂志》，是一篇論述禮樂性質、歷史、意義并介紹西漢禮樂制度的文獻，東漢班固撰。

〔3〕七始，古代樂論術語。以十二律中的黄鍾、林鍾、太蔟爲天地人之始，姑洗、蕤賓、南吕、應鍾爲春夏秋冬之始，合稱"七始"。《尚書大傳》卷一下："故聖王巡十有二州，觀其風俗，習其性情，因論十有二俗，定以六律、五聲、八音、七始。"鄭玄注："七始，黄鍾，林鍾、太蔟、南吕、姑洗、應鍾、蕤賓也。"

〔4〕"爲"，文淵閣本作"有"。

〔5〕八音，指古代八種製造樂器的材料，通常爲金、石、絲、竹、匏、土、革、木八種不同質材。《周禮・春官・大師》："皆播之以八音：金、石、土、革、絲、木、匏、竹。"

〔6〕"五聲者，樂之拇指也……猶大衍虛其一也"一段，見《樂書》卷一百七《樂圖論》"明二變"條。大衍，指天地之運行。《周易・繫辭上》："辭曰："大衍之數五十，其用四十有九。"故稱"虛其一"。

〔7〕蔡元定，參見《孟子正義》提要注。

虛土而言，尤爲牽强矣。

又其釋《周官》三宮之樂，以圜、黃、太、姑爲宮之旋而在天者[1]，故其合別而爲四；函、太、姑、南爲宮之旋而在地者[2]，故其合降而爲三；黃、大、太、應爲宮之旋而在人者，故其合降而爲二。若然，則天宮用八律，地宮用六律，人宮用四律，以多少爲差別也。而圜丘樂六變[3]，方丘樂八變[4]，宗廟樂九變[5]，又何以解耶？[6]凡此之類，皆不可據爲典要。

然唐以來樂書無傳，北宋樂書，惟《皇祐新樂圖記》及此書存

[1] 圜，圜鍾，古樂十二律之一，一名夾鍾。《周禮·春官·大司樂》：“凡樂，圜鍾爲宮，黃鍾爲角。”鄭玄注：“圜鐘，夾鍾也。”

[2] “旋而在地者”下，文淵閣本衍“故其合別而爲四，函、太、姑、南爲宮之旋而在地者”，凡19字。函，函鍾，古樂十二律之一，一名林鍾。《周禮·春官·大司樂》：“乃奏蕤賓，歌函鍾，舞大夏，以祭山川。”鄭玄注：“函鍾，一名林鍾。”

[3] 圜丘，古代帝王冬至祭天之所。《周禮·春官·大司樂》：“凡樂，圜鍾爲宮，黃鍾爲角，大蔟爲徵，姑洗爲羽，靁鼓、靁鞀，孤竹之管，雲和之琴瑟，《雲門》之舞。冬日至，於地上之圜丘奏之，若樂六變，則天神皆降，可得而禮矣。”

[4] 方丘，古代祭地祇之壇。《周禮·春官·大司樂》：“凡樂，函鍾爲宮，大蔟爲角，姑洗爲徵，南呂爲羽，靈鼓、靈鞀，孫竹之管，空桑之琴瑟，《咸池》之舞。夏日至，於澤中之方丘奏之。若樂八變，則地祇皆出，可得而禮矣。”

[5] 宗廟，古代帝王或諸侯祭祀祖宗的處所。《周禮·春官·大司樂》：“凡樂，黃鍾爲宮，大呂爲角，大蔟爲徵，應鍾爲羽，路鼓、路鞀，陰竹之管，龍門之琴瑟，《九德》之歌，《九磬》之舞，於宗廟之中奏之。若樂九變，則人鬼可得而禮矣。”

[6] “何以”，文淵閣本作“何如”，誤。“何以解”意爲“怎麼解釋”。

耳〔1〕。遺文緒論，條理可徵，又安可以一眚廢耶！〔2〕

【比對一】

《簡明目録》本《樂書》提要〔3〕

《樂書》二百卷，宋陳暘撰。前九十五卷，皆引諸經論樂之文，爲之《訓義》。後一百五卷則論律吕本義、樂器、樂章及五禮之用樂者，爲《樂圖論》。引據浩博，考證亦審。惟辨二變、四清兩條，頗爲紕謬。

【評析】

宋禮部員外郎陳暘著《樂書》二百卷，述歷代禮樂沿革，酌古今之宜，考定音律，以正中聲，是一部重要的古樂文獻。該書收入《四庫全書·經部》樂類第二。四庫館臣所撰提要，主要有6個版本，可以分爲詳本系列（浙本、殿本、文淵閣本）、簡本系列（文溯閣本、文津閣本）和極簡本（《簡明目録》本）三類。

詳本提要可分三部分：首先介紹《樂書》基本情況，包括作者陳暘的介紹、《樂書》成書、用途和内容簡介。《樂書》的成書與宋初恢復雅樂的需要密切相關，根本在於朝廷禮儀活動的實際需要，而非意在音樂，更非著眼於音樂知識的普及。陳暘於北宋紹聖元年

---

〔1〕《皇祐新樂圖記》，現存最早的較爲完備的樂類著作之一，共三卷，宋阮逸、胡瑗撰。

〔2〕文淵閣本文末有“乾隆四十六年十月恭校上”凡11字，文溯閣本有“乾隆四十七年十一月恭校上”凡12字，文津閣本有“乾隆四十九年九月恭校上”凡11字。

〔3〕録自《四庫全書簡明目録》卷四，凡72字。

舉制科進士，精於樂律，參加神宗至哲宗時“升之文館”的《樂書》編纂，後主其事。建中靖國元年（1101）進《迓衡集》，以勸導紹述，得太常博士，遷秘書省正字。是年，《樂書》二百卷稿成，薦升太常丞，進駕部員外郎，爲講議司參評禮樂官。崇寧二年（1103），《樂書》正式進獻宮廷，進鴻臚太常少卿、禮部侍郎，以顯謨閣待制提舉醴泉觀。該書凡二百卷，目録二十卷，卷帙浩繁。作爲一部詳盡的音樂通史，該書記載了上自三代，下至宋朝的歷代樂制、樂論、八音（樂器）、歌曲、百戲、五禮之樂等，而且每類目皆條貫古今，溯源明流，通其原委，詳加論證，得到四庫館臣“引據浩博，辨論亦極精審”的高度評價。在這裏提要尤其批駁了南宋陳振孫對《樂書》“博則博矣，未能免於蕪穢”的評價，肯定了《樂書》作爲當時音樂百科著作的地位。

提要第二部分，館臣對陳暘《樂書》中“二變”“四清”兩條提出質疑。陳暘主張樂以太虛爲本，聲音律呂以中聲爲本，而中聲又以人心爲本，反對使用“五聲”以外的高低音和變化音，是宋代宮廷雅樂派的代表。

在對“四清”的具體辨析中，館臣祇肯定陳暘反對“隋唐諸儒”所謂“四清”是爲保全五音尊卑理論而設的説法，但對他批駁“四清”的觀點并不認同。館臣認爲，陳暘之所以會認爲出現“兩四清”，是因爲陳暘將十二律的長短和五音尊卑倫序兩個不同的概念混淆了。

在陳暘的論述中，“既謂黃鍾至夾鍾爲清”，其實指的是黃鍾、大吕、太蔟、夾鍾四律有各自的半聲。案朱熹《晦庵先生朱文公文集》卷四十五云：“黃鍾一均，上生下生長短皆順，故得各用其全律之正聲。……其餘十律皆然。孔疏蓋知此法，但言之不詳耳（半律，杜佑《通典》謂之子聲者是也）。此是古法，但後人失之，而唯存黃鍾、大吕、太蔟、夾鍾四律。有四清聲，即此半聲是也。”[1]所言甚明。

---

〔1〕［宋］朱熹撰、朱傑人等主編：《朱子全書》第 22 册，上海古籍出版社、安徽教育出版社 2002 年版，第 2103 頁。

故此“四清”是指因十二律的長短不同而産生的四個律的半聲。

而“又謂爲夷則至應鍾而設”，其實是指爲保全五音尊卑理論而設置的附在十二正聲後的四個清聲。案《宋史·樂志》稱：“蓋自夷則至應鍾四律爲均之時，若盡用正聲，則宮輕而商重，緣宮聲以下，不容更有濁聲。一均之中，宮弱商强，是謂陵僭，故須用子聲，乃得長短相叙。自角而下，亦循兹法。故夷則爲宮，則黄鍾爲角；南吕爲宮，則大吕爲角；無射爲宮，則黄鍾爲商、太簇爲角；應鍾爲宮，則大吕爲商、夾鍾爲角。蓋黄鍾、大吕、太簇、夾鍾正律俱長，并當用清聲，如此則音律相諧而無所抗，此四清聲可用之驗也。至他律爲宮，其長短、尊卑自序者，不當更以清聲間之。”[1]故此“四清”是指爲保證旋宮十二均的宮商角的尊卑次序而産生的四個律。

在陳暘看來，這就出現了兩個“四清”。但館臣指出，陳暘不知道每一均必具五聲，不知兩“四清”實爲一“四清”。在夷則一均，由於以夷則爲宮，順次排列其他四聲就會導致在十二律裏缺少角聲。若仍用十二律旋宮，則會以黄鍾爲角聲，此時會導致樂音驟下。若用十二律四清旋宮，則會以黄鍾的半聲，即黄鍾清爲角聲，此時能夠協調樂音。

所以館臣與陳暘對於“四清”的分歧，實際上是以十二律還是十二律四清來旋宮的問題。且陳暘對旋宮樂理的解釋祇停留在理論層面上，而館臣對旋宮樂理的解釋則是以樂音的實際演奏效果爲依據，更具有實踐性。

提要還對“二變”進行具體考辨。陳暘認爲傳統華樂中原本祇有五聲，而“二變”之聲出於夷，不應以夷變夏，故“二變”是樂之駢枝。且五聲是和五星、五行、五常相對應，不能隨便改動數字。他提到“二變”之説源於《尚書》，且此後的《左傳》《國語》等

---

[1]［元］脱脱等：《宋史》卷一百二十七，中華書局1985年版，第2693—2694頁。

書皆沿用了這一概念，但這些典籍在編訂時是有五聲而没有七始的。《國語》中提到的七，祇是數位相同；《左傳》中提到的七音，陸德明《經典釋文》釋爲："七音：宫、商、角、徵、羽、變宫、變徵也。"但是實際上指的應該是八種製作樂器的材料金、石、土、革、絲、木、匏、竹。這兩者相互矛盾。之所以會出現這種錯誤，其後的典籍解釋爲模仿《周易》中"大衍虚其一也"的做法，所以凑出了八音。但是《周易》虚數的做法是由於本來不够數，而在音樂理論中，八音以"土"這種製造樂器的材料著稱，但七音中顯而易見没有"土"的存在，故而七音指七種樂律的名字，八音則爲八種製造樂器的材料，二者若同指一物，根本就是錯誤的。那麽《左傳》中作爲"二變"産生依據的"七音"也就不足信。由此，陳暘反對"二變"的説法。

所以館臣實際上是贊同樂有"二變"的，陳暘的問題在於不知道"二變"的産生是由於音高低的變化。陳暘祇是在理論上糾結名稱與數字的問題，而没有考察樂音的實際演奏效果。此外，館臣還認爲"八音虚土"一説尤爲牽强。

館臣又舉出陳暘在解釋《周官》三宫之樂時，將《周易》中的"天地人"理論與十二律相配合，把十二律分進三宫之中，如因天以圓，故圓鐘分進天宫等。且以《周易》中天地人由於地位不同而數位遞減來解釋自己合、降十二律。館臣認爲如果三宫用律是由於地位不同，所以用律數位遞減，那麽按照陳暘自己的理論，圜丘樂祭天，方丘樂祭地，宗廟樂祭人，三者的變化却不符合地位遞減而變化遞減的原則。

最後館臣指出，陳暘關於"四清""二變"和三宫之樂的觀點，都不足信。但是由於唐以來音樂類的典籍保存不多，而僅存的陳暘《樂書》條理清晰，彌足珍貴。所以不能因爲小紕漏而否定整部《樂書》的價值和地位。

綜上所述，陳暘和館臣雖同爲宫廷雅樂的擁護者，但對於樂理的態度却體現了宋、清兩朝之差别。陳暘的樂理大體上中肯，注重源流的考辨，且能够依據古書中的樂理知識做出自己的判斷。但問題在於空有理論，不會實操而導致樂理上存在一些認識障礙和邏輯漏洞，顯得泥古。而館臣在提要中雖肯定陳暘《樂書》的價值地位，却在樂的實際演奏效果層面上具體指出陳暘觀點中的紕漏，對前代音樂理論做出了新的評價，這跟清朝重樂律考據的實用之風密切相關。

簡本系統提要 2 種（文溯閣本、文津閣本），僅僅刪去詳本提要中考辨"四清""二變"的文字，其餘全部保留。雖言簡意賅，但文本的邏輯鏈條不够完整。"至以七音爲八音虛土而言"句承接上文顯得尤爲突兀。

《簡明目録》本提要主要介紹《樂書》的内容、體例、特點和缺陷，雖缺失了對其價值的高度肯定態度和具體論證過程，但比簡本提要的邏輯更爲清晰，是對《樂書》簡潔有力的介紹。

各提要的撰寫時間是：文淵閣本（乾隆四十六年十月）—文溯閣本（乾隆四十七年十一月）—《簡明目録》本（乾隆四十七年）—文津閣本（乾隆四十九年九月）—《總目》浙本、殿本（乾隆六十年）。

爾雅注疏十一卷[1]

　　《爾雅注疏》十一卷（內府藏本）[2]，晋郭璞注，宋邢昺疏[3]。璞字景純，河東聞喜人，官至弘農太守[4]。事迹具《晋書》

---

〔1〕本校注以浙本《四庫全書總目》卷四十（1081字）爲底本，以殿本（1076字）爲校本。《爾雅》，儒家"十三經"之一，是戰國秦漢時期詁訓資料之彙編，大約成書於漢初。全書凡三卷20篇，收錄四千多個詞語，按內容分爲釋詁、釋言、釋訓、釋親、釋宮、釋器等19類，注重對同義詞的辨析，被視爲中國最早的詞典。

〔2〕"十一卷"，殿本提要作"十卷"。今按，疑是殿本未將《爾雅》卷首一卷計入。元代以來的閩本、監本、汲古閣本、武英殿刻本等均作十一卷。《薈要》本、諸閣本《爾雅注疏》皆以清乾隆四年（1739）武英殿刻本爲底本抄入，故皆爲十一卷。

〔3〕郭璞（276—324），字景純，河東郡聞喜縣（今屬山西）人。西晋文學家、訓詁學家。晋元帝時拜著作佐郎，後爲大將軍王敦記室參軍，因勸阻王敦謀反而被害。追贈弘農太守。著有《爾雅注》《爾雅音》《爾雅圖》《爾雅圖讚》等。又爲《方言》《山海經》《穆天子傳》《葬經》作注，傳於世。《晋書》卷七十二有傳。邢昺，參見《孝經正義》提要注。

〔4〕"弘"，底本作"宏"，避諱字逕改。

本傳。昺有《孝經疏》[1]，已著録。

案，《大戴禮·孔子三朝記》稱[2]："孔子教魯哀公學《爾雅》。"[3]則《爾雅》之來遠矣，然不云《爾雅》爲誰作。據張揖《進廣雅表》稱[4]："周公著《爾雅》一篇（案，《經典釋文》以揖所稱一篇爲《釋詁》）[5]。今俗所傳三篇（案《漢志》：'《爾雅》三卷。'此三篇謂三卷也），或言仲尼所增，或言子夏所益[6]，或言叔孫通所補[7]，或言沛郡梁文所考[8]。皆解家所説，疑莫能明也。"[9]

---

[1] 《孝經疏》，又稱《孝經義疏》，參見《孝經正義》提要。

[2] 《大戴禮》，即《大戴禮記》，參見《大戴禮記》提要。今按：《孔子三朝記》記載孔子三次入朝見魯哀公事，戴德將其編入《大戴禮》，但同時又有單行本流傳。《漢書·藝文志·六藝略》載："《孔子三朝》七篇。"宋王應麟《困學紀聞》卷七云："《孔子三朝》七篇。……《大戴禮記》：《千乘》《四代》《虞戴德》《誥志》《小辨》《用兵》《少間》，凡七篇。"清沈欽韓、王聘珍等從之。

[3] 今按，《大戴禮記》卷十一《小辨》稱："哀公曰：'寡人欲學《小辨》以觀於政，其可乎？'……（孔子曰）：'《爾雅》以觀古，足以辨言矣。'"魯哀公（前521—前468），姓姬，名將，魯定公之子。春秋時期魯國第二十六任君主。

[4] 張揖，一作張楫，字稚讓，三國魏清河（今河北臨清）人，一說河間（今河北獻縣）人。曾仿《爾雅》體例撰《廣雅》三卷。又撰《埤蒼》《難字》《錯誤字》《雜字》等，皆佚。

[5] 《經典釋文》，參見《經典釋文》提要。《釋詁》，今本《爾雅》首篇。

[6] 子夏，參見《春秋左傳正義》提要注。司馬貞《史記索隱》稱《爾雅》爲子夏所作。

[7] 叔孫通，姓叔孫，名何，字通，薛縣（今山東滕州）人。漢高帝時，曾采古禮、參秦制，制定朝儀，爲漢代禮儀奠定基礎。著有《漢儀》，已佚。

[8] 梁文，沛郡（今安徽淮北）人，西漢學者。曾爲《爾雅》作補。

[9] 今按，張揖《上廣雅表》："臣聞昔在周公，繼述唐虞……著《爾雅》一篇，以釋其意。……今俗所傳三篇《爾雅》，或言仲尼所增，或言子夏所益，或言叔孫通所補，或言沛郡梁文所考。皆解家所説，先師口傳，既無正驗，聖人所言，是故疑不能明也。"館臣約引而已。

於作書之人，亦無確指。其餘諸家所説，小異大同〔1〕。

今參互而考之：郭璞《爾雅注序》稱"豹鼠既辨，其業亦顯"〔2〕，邢昺《疏》以爲漢武帝時終軍事〔3〕。《七録》載犍爲文學《爾雅注》三卷〔4〕（案《七録》久佚，此據《隋志》所稱梁有某書亡，知爲《七録》所載），陸德明《經典釋文》以爲漢武帝時人。則其書在武帝以前。曹粹中《放齋詩説》曰〔5〕（案此書今未見傳本〔6〕，此據《永樂大典》所引）："《爾雅》，毛公以前其文猶略，至鄭康成時則加詳〔7〕。如'學有緝熙于光明'，毛公云：'光，廣也。'康成則

---

〔1〕今按，晋葛洪《西京雜記》卷三稱："子雲曰：孔子門徒游、夏之儔所記，以解釋六藝者也。……又《記》言：孔子教魯哀公學《爾雅》。《爾雅》之出遠矣。舊傳學者，皆云周公所記也。'張仲孝友'之類，後人所足耳。"又，南朝梁劉勰《文心雕龍·練字》曰："夫《爾雅》者，孔徒之所纂，而《詩》《書》之襟帶也。"又，唐陸德明《經典釋文叙》："《釋詁》一篇，蓋周公所作，《釋言》以下，或言仲尼所增，子夏所足，叔孫通所益，梁文所補，張揖論之詳矣。"皆含糊其辭，没有定論。

〔2〕《爾雅注》郭璞自序："《爾雅》者，蓋興於中古，隆於漢氏。豹鼠既辨，其業亦顯。"

〔3〕《爾雅疏》邢昺自序："由是聖賢間出，詁訓遞陳，周公倡之於前，子夏和之於後，蟲魚草木，爰自爾以昭彰，禮樂詩書，盡由斯而紛郁。然又時經戰國，運歷挾書，傳授之徒寖微，發揮之道斯寡，諸篇所釋，世罕得聞。惟漢終軍獨深其道，豹鼠既辨，斯文遂隆，其後相傳，乃可詳悉。"

〔4〕《七録》，古代目録學著作，凡十二卷，南朝梁阮孝緒撰。已佚。犍爲文學，一云犍爲郡文學，卒史臣舍人。《羽獵賦》注引作郭舍人。錢大昕謂其人姓舍。諸説各異。犍爲文學注是郭璞之前"五家注"之一。

〔5〕曹粹中，字純老，號放齋，明州定海（今浙江鎮海）人。宋代經學家。著有《易學全書》《放齋詩説》。

〔6〕"案"，殿本作"按"，義同。

〔7〕毛公，即西漢毛亨，參見《毛詩正義》提要注。鄭康成，即鄭玄，參見《毛詩正義》提要注。

以爲'學於有光明者'〔1〕，而《爾雅》曰：'緝熙，光明也。'〔2〕又'齊子豈弟'，康成以爲'猶言發夕也'〔3〕，而《爾雅》曰：'豈弟〔4〕，發也。'薄言觀者'〔5〕，毛公無訓。'振古如茲'，毛公云：'振，自也。'〔6〕康成則以'觀'爲'多'，以'振'爲'古'，其說皆本於《爾雅》。使《爾雅》成書在毛公之前，顧得爲異哉！"則其書在毛亨以後。（案《詩傳》乃毛亨作，非毛萇作，語詳《詩正義》條下）〔7〕。大抵小學家綴緝舊文，遞相增益。周公、孔子，皆依托之詞。觀《釋地》有"鶨鶨"，《釋鳥》又有"鶨鶨"，同文複出，知非纂自一手也。

其書，歐陽修《詩本義》以爲"學《詩》者纂集博士解詁"〔8〕，高承《事物紀原》亦以爲"大抵解詁詩人之旨"〔9〕。然釋《詩》者不及十之一，非專爲《詩》作。揚雄《方言》以爲"孔子門徒解釋

---

〔1〕今按，《毛詩·周頌·敬之》："學有緝熙于光明。"鄭箋："欲學於有光明之光明者，謂賢中之賢也。"

〔2〕"光明"，瞿林江曰："今《爾雅·釋詁》各本均作'光'，無'明'字。"

〔3〕殿本脫"言"字。今按，《毛詩·齊風·載驅》鄭箋："此豈弟，猶言發夕也。"有"言"是。

〔4〕"豈弟"，瞿林江曰："今《爾雅·釋言》各本均作'愷悌'。"

〔5〕今按，"薄言觀者"，《毛詩·小雅·采綠》："維魴及鱮，薄言觀者。"鄭箋："觀，多也。"

〔6〕今按，《毛詩·周頌·載芟》："振古如茲。"毛傳："振，自也。"鄭箋："振，亦古也。"

〔7〕《詩傳》，即《毛詩故訓傳》。《詩正義》，即孔穎達《毛詩正義》。今按：《四庫全書總目》卷十五《毛詩正義》提要："作《傳》者乃毛亨，非毛萇。"

〔8〕歐陽修，參見《詩集傳》提要注。今按，歐陽修《詩本義》卷十二："《爾雅》非聖人之書，考其文理，乃是秦漢之間學《詩》者纂集説《詩》博士解詁之言爾。"

〔9〕高乘，河南開封人，宋神宗年間學者。著有《事物紀原》十卷（一名《事物紀原集類》），是一部考證事物起源和沿革的專門性類書。《事物紀原》卷四"爾雅"條云："大抵解詁詩人之旨，或曰周公作。"

六藝〔1〕，王充《論衡》亦以爲"五經之訓故"〔2〕。然釋"五經"者不及十之三四，更非專爲"五經"作。今觀其文，大抵采諸書訓詁名物之同異，以廣見聞，實自爲一書，不附經義。如《釋天》云："暴雨謂之涷。"《釋艸》云〔3〕："卷施艸，拔心不死。"此取《楚辭》之文也〔4〕。《釋天》云："扶搖謂之猋。"《釋蟲》云："蒺藜，蝍蛆。"此取《莊子》之文也〔5〕。《釋詁》云："嫁，往也。"《釋水》

---

〔1〕揚雄，參見《春秋左傳正義》提要注。今按，揚雄《方言》無孔子門徒解釋六藝之文。余嘉錫《四庫提要辨證》曰："葛洪《西京雜記》卷上云：'郭威字文偉，茂陵人也。好讀書，以謂《爾雅》周公所製，而《爾雅》有張仲孝友，張仲，宣王時人，非周公之製明矣。余嘗以問揚子雲，子雲曰，孔子門徒游、夏之儔所記，以解釋六藝者也。'揚雄之言，即出於是。文中自稱爲余者，乃葛洪所以依托爲劉歆之言也。《提要》以爲子雲語乃出自《方言》，可謂詭錯之甚者矣。"

〔2〕王充（27—約97），字仲任，會稽上虞（今浙江上虞）人。東漢文學家、思想家、哲學家。著有《養性》《政務》《譏俗》《論衡》等。今按，《論衡》卷十七《是應篇》："《爾雅》之書，五經之訓故，儒者所共觀察也。"

〔3〕"艸"，"草"的古字，殿本作"草"。

〔4〕"辭"，殿本作"詞"，同。《楚辭》，西漢劉向輯，收錄屈原、宋玉、景差、賈誼、淮南小山、東方朔、莊忌、王襃和劉向所作辭賦共16篇，後增入王逸《九思》，合17篇。今按，"暴雨謂之涷"，出自《楚辭·九歌·大司命》："令飄風兮先驅，使涷雨兮灑塵。"《釋艸》"卷施艸"郭璞注："宿莽也。"出自《楚辭·離騷》："朝搴阰之木蘭兮，夕攬洲之宿莽。"王逸注："草冬生不死者，楚人名曰宿莽。"

〔5〕"扶搖謂之猋"，出自《莊子·逍遥游》："鵬之徙於南冥也，水擊三千里，摶扶搖而上者九萬里。""蒺藜，蝍蛆"，出自《莊子·齊物論》："蝍蛆甘帶，鴟鴉耆鼠。"

云：“濊，大出尾下。”此取《列子》之文也〔1〕。《釋地·四極》云：
“西王母。”〔2〕《釋畜》云〔3〕：“小領，盜驪。”此取《穆天子傳》
之文也〔4〕。《釋地》云：“東方有比目魚焉，不比不行，其名謂之鰈。
南方有比翼鳥焉，不比不飛，其名謂之鶼鶼。”〔5〕此取《管子》之
文也〔6〕。又云：“邛邛岠虛〔7〕，負而走，其名謂之蟨。”此取《吕
氏春秋》之文也〔8〕。又云：“北方有比肩民焉，迭食而迭望。”《釋

---

〔1〕《列子》，又名《冲虚真經》，舊題戰國鄭人列禦寇著，宣揚道家思想，
　　　兼及神仙之説。今按，“嫁，往也”，出自《列子·天瑞》：“國不足，將
　　　嫁於衛。”“濊，大出尾下”，出自《列子·湯問》：“有水湧出，名曰神
　　　濊。”楊伯峻《列子集釋》指出：“‘《釋詁》云：“嫁，往也。”此取《列
　　　子》之文也。’若如此，則《列子》在《爾雅》之前。其實未必然，或今本
　　　《列子》有所因襲，或《列子》襲《爾雅》也。”

〔2〕“釋地四極云西王母”，殿本作“釋地云西至西王母”，非是。今按，《爾
　　　雅·釋地》“四極”條：“東至於泰遠，西至於邠國，南至於濮鉛，北至
　　　於祝栗，謂之四極。……觚竹、北户、西王母、日下，謂之四荒。”

〔3〕“釋畜”，殿本作“釋獸”，非是。今按，《爾雅·釋畜》“馬屬”條：
　　　“小領，盜驪。絶有力，駥。”

〔4〕《穆天子傳》，又名《周王傳》《周穆王游行記》。作者不詳，載周
　　　穆王西行事，凡六卷。晉汲縣人盜發魏襄王墓所得，郭璞爲之注。今按，“西
　　　王母”，出自《穆天子傳》卷三：“吉日甲子，天子賓于西王母。”“小領，
　　　盜驪”，出自《穆天子傳》卷一：“天子之駿，赤驥、盜驪。”

〔5〕“鶼鶼”，殿本作“鶼”，非是。今按，《爾雅·釋地》“五方”條：
　　　“南方有比翼鳥焉，不比不飛，其名謂之鶼鶼。”

〔6〕《管子》，戰國時齊國稷下學者撰，托名管仲。内容龐雜，兼有儒、道、
　　　法等多家的思想。今按，“比目魚”“比翼鳥”，出自《管子·封禪篇》：
　　　“東海致比目之魚，西海致比翼之鳥。”

〔7〕“邛邛”，殿本作“卭卭”，誤。

〔8〕《吕氏春秋》，一名《吕覽》，戰國末年秦相吕不韋及其門客共同編
　　　撰。共二十六卷，凡160篇。内容以儒、道思想爲主，亦取墨、法、名、農、
　　　陰陽等諸家學説，總結了春秋戰國時百家爭鳴之成果。今按，“邛邛岠虛，
　　　負而走，其名謂之蟨”，出自《吕氏春秋·慎大覽·不廣》：“北方有獸，
　　　名曰蹷，鼠前而兔後，趨則跲，走則顛，常爲蛩蛩距虛取甘草以與之。”

地》云〔1〕："河出崑崙虛。"〔2〕此取《山海經》之文也〔3〕。《釋
詁》云〔4〕："天、帝、皇、王、后、辟、公、侯。"又云："弘〔5〕、
廓、宏、溥、介、純、夏、幠。"《釋天》云"春爲青陽"至"謂
之醴泉"，此取《尸子》之文也〔6〕。《釋鳥》曰："爰居，雜縣。"
此取《國語》之文也〔7〕。如是之類，不可殫數。蓋亦《方言》《急就》
之流〔8〕，特説經之家多資以證古義，故從其所重，列之經部耳。

---

〔1〕"釋地"當作"釋水"。今按，《爾雅·釋水》"河曲"條："河出
崑崙虛，色白。"

〔2〕"虛"，殿本作"墟"，義同。

〔3〕《山海經》，古代地理著作，戰國佚名撰，秦漢間又有增補。凡18卷（篇），
分爲《山經》（5篇）、《海經》（13篇）兩部分，主要記載古代民間故
事和傳説中的地理知識。今按，"北方有比肩民焉"，出自《山海經·海
外西經》："一臂國在其北，一臂一目一鼻孔。""河出崑崙虛"，出自《山
海經·海内西經》："海内崑崙之墟在西北，帝之下都。"

〔4〕"釋詁"，殿本作"釋言"，非是。今按，《爾雅·釋詁》："林、烝、
天、帝、皇、王、后、辟、公、侯，君也。"

〔5〕"弘"，底本作"洪"，避諱字回改。

〔6〕殿本脱"取"字。《尸子》，戰國尸佼撰。該書彙通儒、墨、道各家學説，
存先秦佚説。原有20篇。已佚。今按，"天、帝、皇、王、后、辟、公、侯"，
"弘、廓、宏、溥、介、純、夏、幠"，出自《尸子·廣澤》："天、帝、
皇、后、辟、公、弘、廓、宏、溥、介、純、夏、幠、冢、旺、昄，皆大也。
十有餘名，而實一也。""春爲青陽"至"謂之醴泉"，出自《尸子·仁意》："春
爲青陽，夏爲朱明，秋爲白藏，冬爲玄英。四時和，正光照，此之謂玉燭。
甘雨時，降萬物以嘉，高者不少，下者不多，此之謂醴泉。"

〔7〕《國語》，我國最早的國别體史書，舊題春秋時魯國左丘明撰，實爲
戰國人編訂。全書二十一卷，記載周王朝及春秋各國的重要史實。記言多
而叙事少，故名《國語》。今按，"爰居"，出自《國語·魯語上》："海
鳥曰爰居，止於魯東門之外三日。"

〔8〕《急就》，又名《急就篇》《急就章》，西漢史游撰。是一部供童蒙
誦習識字的字書，以三言或七言韻語編次常用字。

璞時去漢未遠，如“遂幠大東”稱《詩》[1]，“釗我周王”稱《逸書》[2]，所見尚多古本，故所注多可據。後人雖迭爲補正，然宏綱大旨，終不出其範圍。昺《疏》亦多能引證，如《尸子·廣澤》篇、《仁意》篇，皆非今人所及睹。其犍爲文學、樊光、李巡之注[3]，見於陸氏《釋文》者，雖多所遺漏，然疏家之體，惟明本注，注所未及，不復旁搜。此亦唐以來之通弊，不能獨責於昺。惟既列《注》文，而《疏》中時複述其文，但曰郭《注》云云，不異一字，亦更不別下一語，殆不可解。豈其初《疏》與《注》別行歟？今未見原刻，不可復考矣[4]。

【比對一】

文津閣本《爾雅注疏》提要[5]

臣等謹案：《爾雅注疏》十一卷。晋郭璞注，唐陸德明音

---

[1] 今按，《爾雅·釋詁》：“幠、庬，有也。”郭璞注：“二者又爲有也。《詩》曰：‘遂幠大東。’”今本《毛詩·魯頌》“幠”作“荒”。

[2] 《逸書》，即《古文尚書》，參見《尚書正義》提要評析。今按，《爾雅·釋詁》：“顯、昭、覲、釗、覜，見也。”郭璞注引《逸書》曰：“釗我周王。”今按，邵晉涵《爾雅正義》曰：“孟子引《書》‘紹我周王’，……《尚書》逸篇之文也。郭氏引作‘釗我周王’，所見本異也。梅賾所上古文《武成篇》作‘昭我周王’。”

[3] 樊光，東漢京兆（今陝西咸陽）人。官至中散大夫。曾注《爾雅》，已佚。李巡（？—189），汝南汝陽（今河南商水）人。東漢末年宦官。注《爾雅》三卷，隋時已佚。

[4] 今按，余嘉錫《四庫提要辨證》引錢大昕《潛研堂集》卷二十七《跋〈爾雅疏〉單行本》、陳鱣《經籍跋文》、王國維《觀堂集林》卷十七《宋刊本〈爾雅疏〉跋》，證明最初《爾雅疏》與《注》確爲別行。

[5] 本校注以文津閣本提要（279字）爲底本，以《薈要》本（159字）、文溯閣本（279字）、文淵閣本（159字）爲校本。

義〔1〕，宋邢昺等疏。璞字景純〔2〕，河東聞喜人，官著作郎、弘農太守，後爲王敦所害。事迹詳《晋書》列傳。昺字叔明，曹州濟陰人，九經及第〔3〕，官至禮部尚書。

治《爾雅》者，自犍爲文學而下凡十餘家〔4〕，璞薈萃爲《注》。陸德明謂其“洽聞强識，詳悉古今〔5〕，爲世所重”〔6〕。自是以後，爲解義者甚多，《釋文》而外，傳者甚少。晁公武曰：“舊有孫炎、高璉《疏》〔7〕，咸平初〔8〕，以其淺略，詔昺與杜鎬、舒雅等別著此書。”〔9〕前有昺《序》〔10〕，詳述經注原委及奉敕校定之勤。

---

〔1〕《薈要》本、文淵閣本無“唐陸德明音義”6字。

〔2〕從“璞字景純”到“官至禮部尚書”一段，凡49字，《薈要》本、文淵閣本無。

〔3〕九經及第，參見《孟子正義》提要注。

〔4〕“凡”，《薈要》本、文淵閣本作“共”，義同。

〔5〕《薈要》本、文淵閣本無“詳悉古今”4字。

〔6〕今按，陸德明《經典釋文·序錄》：“唯郭景純洽聞强識，詳悉古今，作《爾雅注》，爲世所重。今依郭本爲正。”

〔7〕孫炎，五代時人，撰有《爾雅疏》十卷。今按，三國魏時亦有名曰孫炎者，字叔然，乃鄭玄再傳弟子，號稱“東州大儒”，撰有《爾雅注》《爾雅音》。吳承仕《經典釋文序錄疏證》引邢昺《序》稱：“‘爲義疏者，俗間有孫炎、高璉，皆淺近俗儒，不經師匠’，此別一孫炎，非東州大儒之叔然也。”高璉，唐五代時人，生平事迹不詳，撰有《爾雅疏》七卷。

〔8〕《薈要》本、文淵閣本無“咸平初”3字。

〔9〕“詔”，《薈要》本、文淵閣本作“命”。《薈要》本、文淵閣本無“與杜鎬、舒雅”5字。杜鎬，參見《孝經正義》提要注。今按，晁公武《郡齋讀書志》卷一《小學類》：“舊有孫炎、高璉《疏》，皇朝以其淺略，命邢昺、杜鎬等別著此書。”館臣改“皇朝”爲“咸平初”，又增“舒雅”之名。

〔10〕自“前有昺序”至“而昺總其成耳”，凡52字，《薈要》本、文淵閣本無。

然據程敏政以爲此《序》見《舒雅集》内^{〔1〕}，題曰"代邢昺作"，則此《注》當亦廣集衆長，而昺總其成耳。其後若陸佃之《埤雅》^{〔2〕}、羅願之《爾雅翼》^{〔3〕}，又因邢《疏》而廣之者也。明刻本不載《釋文》，今補入，又取鄭樵注本參校，是正爲多，皆乾隆四年奉敕校定本也。乾隆四十九年三月恭校上^{〔4〕}。

【比對二】

《簡明目録》本《爾雅注疏》提要^{〔5〕}

《爾雅注疏》十一卷，晋郭璞注，宋邢昺疏。《爾雅》所解，或出諸子雜書，不盡釋經，而釋經者爲多，故得與"十三經"之數。欲讀古書，先求古意，舍此無由入也。郭《注》去古未遠，後人補正，終不能易其大綱，邢《疏》亦不出其範圍。

---

〔1〕"程敏政"，原訛作"正"，據文溯閣本改。程敏政（1446—1499），字克勤，號篁墩，徽州府休寧（今安徽黄山）人。明代文學家，與李東陽齊名。著有《篁墩集》《宋遺民録》《明文衡》等。

〔2〕《埤雅》二十卷，又名《物性門類》，宋陸佃（1042—1102）撰，是一部語言文字學著作。體例與《爾雅》基本相同，按魚、獸、鳥、蟲、馬、木、草、天的順序排列篇目。

〔3〕《爾雅翼》三十二卷，宋羅願（1136—1184）撰。全書按草、木、鳥、獸、蟲、魚的順序排列篇目，是解釋動植物的專門性辭書。

〔4〕"四十九年三月"，《薈要》本作"四十年二月"，文淵閣本作"四十一年五月"，文溯閣本作"四十七年十月"。

〔5〕本提要録自《四庫全書簡明目録》卷十，凡82字。

【評析】

在儒家經典"十三經"中,《爾雅》是唯一的一部語言文字學著作,被譽爲"詩書之襟帶""六籍之户牖,學者之要津",地位非常尊貴。《爾雅注疏》提要可分爲詳本(浙本、殿本)、簡本(《薈要》本、文淵閣本、文溯閣本、文津閣本)、極簡本(《簡明目録》本)三個系統。

一、詳本《爾雅注疏》提要評析

(一)《爾雅》的作者及成書年代

1. 前人有關《爾雅》作者、成書年代的論述

提要開頭首先交代《爾雅注疏》的卷數、版本以及注疏者的大致情況,隨後徵引《大戴禮記·孔子三朝記》(今按,實爲《小辨》一篇)中稱孔子曾建議魯哀公學習《爾雅》的材料,推測《爾雅》至少在孔子時代便有了,是較古的書,但《大戴禮記》并没有説明《爾雅》的作者是誰。館臣又徵引張揖《進〈廣雅〉表》的論述,稱周公作《爾雅》一篇,以下諸篇爲孔子、子夏、叔孫通、沛郡梁文等所增益,但不能確定。其餘諸説,大同小異。有關《爾雅》的作者問題,館臣没有給出明確答案。

2. 館臣對《爾雅》成書年代的考證

館臣在前人研究的基礎上,考證《爾雅》成書年代的上下限:毛亨以後,漢武帝以前。館臣謂《爾雅》出於漢武帝以前,舉證有二:(1)郭璞《爾雅注序》稱"豹鼠既辨,其業亦顯",邢昺認爲這是指漢武帝時終軍之事。(2)《七録》著録有犍爲文學《爾雅注》三卷,陸德明《經典釋文》認爲犍爲文學是漢武帝時人。謂《爾雅》出於毛亨以後,則舉曹粹中《放齋詩説》例:《詩經》中"學有緝熙于光明"一句,毛傳訓爲"光,廣也",鄭玄則訓爲"學於有光明者",

而《爾雅》訓爲"緝熙，光明也"；隨後又舉"齊子豈弟""薄言觀者""振古如兹"三例，考辨出《爾雅》內容與毛傳異、與鄭箋同者，證其書應在毛亨以後、漢武帝之前，故能够爲東漢鄭玄所采用。由此，館臣得出了《爾雅》成書的時間段。至於作者，則是小學家們遞相增益而成，托名周公、孔子等聖人。觀《爾雅》的《釋地》篇、《釋鳥》篇中都有"鵜鶘"，同文複出，便可知《爾雅》并非出自一人之手。

今按：館臣認爲《爾雅》"非纂自一手"，"大抵小學家綴緝舊文，遞相增益。周公、孔子，皆依托之詞"的觀點，確係卓見，至今仍然爲學術界所遵從。但是，其所列證據，大都是有問題的。

首先，終軍辨鼠，并無其事。余嘉錫《四庫提要辨證》稱："'豹鼠之辨'，爲漢武帝時終軍事，邢《疏》亦本於郭注《釋獸》……考《漢書·終軍傳》……可知終軍未嘗爲孝廉郎也。其辨鼮鼠之事，亦毫無記載，此皆事之可疑者也。然考《太平御覽》卷九百十一嘗引《竇氏家傳》……酈道元《水經·穀水注》及李善《文選·任昉薦士表注》并引摯虞《三輔決録注》，文亦相同，是辨豹鼠者，乃光武時竇攸之事，非終軍也。"[1]今按，余説甚是。《漢書·終軍傳》稱終軍"以辯博能屬文聞於郡中"，又稱漢武帝賞識終軍的上書，"拜爲謁者給事中"，并沒有記載終軍辨鼠之事。但是，《文選·任昉〈爲蕭揚州薦士表〉》李善注引西晉摯虞《三輔決録注》："竇攸舉孝廉，爲郎。世祖大會靈臺，得鼠，如豹文，熒熒光澤。世祖異之，以問群臣，莫能知者。攸對曰：'鮃鼠也。'詔問何以知之，攸對曰：'見《爾雅》。'詔案秘書，如攸言，賜帛百匹。"[2]《水經注》《太平御覽》所引略同。可見所謂"辨鼠"，乃是東漢光武帝時竇攸之事。而郭璞注《爾

---

[1] 余嘉錫：《四庫提要辨證》，第89—90頁。

[2]［南朝梁］蕭統編、［唐］李善注：《宋尤袤刻本文選》第10册，國家圖書館出版社2017年版，第45頁。

雅·釋獸》云：“鼠文采如豹者，漢武帝時得此鼠，孝廉郎終軍知之，賜絹百匹。”邢昺從之。摯虞早於郭璞，當更爲可靠。郭璞據民間傳聞，誤將此事記在漢武帝時終軍名下。

其次，犍爲文學不是漢武帝時人。《隋書·經籍志》：“《爾雅》三卷，漢中散大夫樊光注。梁有漢劉歆、犍爲文學、中黄門李巡《爾雅》各三卷，亡。”今按，劉歆是西漢末年人，樊光、李巡都是東漢人。犍爲文學在“劉歆”之後，很可能也是東漢人。但陸德明《經典釋文·序錄》云：“《爾雅》犍爲文學注三卷。一云犍爲郡文學，卒史臣舍人，漢武帝時待詔。”却説犍爲文學名舍人，是西漢武帝時人。既然稱“一云”，説明并不能確定。余嘉錫《四庫提要辨證》云：“若舍人果爲武帝時人，而有《爾雅注》，劉歆《七略》必著於目矣。然《漢志》不載其書，是舍人非漢武帝時人也。”周祖謨《〈爾雅〉之作者及其成書之年代》曰：“（《經典釋文》）以舍人爲武帝時待詔，不知所本。以意推之，蓋附會舍人即與東方朔同時之郭舍人矣。夫東方朔既待詔公車（見《漢書》本傳），故亦稱舍人爲武帝時待詔。其因附之迹，昭然可察。……其雖爲犍爲郡文學，而其時代則當在漢武以後。”[1]可見犍爲文學并不是漢武帝時代的郭舍人，很可能是東漢初人。

既然“辨鼠”事不屬終軍而是東漢的竇攸，犍爲文學（舍人）也不在漢武帝時，那麽館臣所謂《爾雅》作於漢武帝之前的觀點，也就不能成立了。

館臣還大段徵引了曹粹中《放齋詩説》的考證，并信以爲真，其實也是有問題的。

首先，曹氏舉《詩經·敬之》“學有緝熙於光明”例，毛傳：“光，廣也。”鄭箋：“學於有光明者。”認爲《爾雅·釋詁》“緝熙，

---

[1] 周祖謨：《〈爾雅〉之作者及其成書之年代》，《問學集》（下），中華書局 1966 年版，第 674 頁。

光明也"的解釋與毛傳不合，而與鄭箋合。今按：《詩經·文王》"于
緝熙敬止"，毛傳："緝熙，光明也。"與《爾雅》合。《詩經·昊
天有成命》"于緝熙"，毛傳："緝，明；熙，廣。"亦與《爾雅》
合。館臣視而不見。

其次，曹氏舉《詩經·載芟》"振古如兹"，毛傳："振，自也。"
鄭箋："振，亦古也。"認爲《爾雅·釋言》"振，古也"的解釋與《毛
傳》不合，與鄭箋合。今按，確實如此。但清王引之《經義述聞》稱：
"《爾雅》本作'振，自也'，'自'字古文作𦣻，形與'古'相似，
因訛爲'古'。"又稱："毛傳之'振，自也'即本於《爾雅》。……
鄭所見《爾雅》本'自'字始訛作'古'，故據之以易傳。"〔1〕王
説可從。倘若"振"字釋爲古，那麽"振古如兹"就要解釋爲"古
古如此"，顯然重疊不順。館臣舉例，不够恰當。

其餘兩條，據瞿林江考證，《爾雅》"與鄭箋合，而與毛傳亦
不相違"〔2〕曹氏以之爲據，不確；館臣盲從曹氏，不可。但館臣
以兩處"鶼鶼"爲據，推斷《爾雅》"非纂自一手"，是有道理的。

當代學者認爲，《爾雅》初纂於戰國時期，應該與周公、孔子
無關；此後不斷增益、修改，最遲在東漢初年就已定型。至於哪些
人參與了編纂工作，學術界仍然没有統一意見。

（二）論證《爾雅》的性質及其歸入經部的原因

館臣先羅列了前人關於《爾雅》性質的不同意見：1.歐陽修、
高承都認爲其書是爲解詁《詩經》而作，但書中釋《詩》的部分不

---

〔1〕［清］王引之：《經義述聞》，上海古籍出版社 2016 年版，第 1635—
1636 頁。

〔2〕瞿林江：《〈四庫全書總目·爾雅注疏〉考論》，載南京師範大學文
學院編《2019 中國四庫學研究高層論壇論文集》（下），2019 年 5 月編印，
第 695—696 頁。

到十分之一，故此説非是。2.揚雄、王充認爲其書是爲訓詁五經六藝而作，但書中釋五經的部分不到十分之三四，故此説亦不能成立。館臣認爲，《爾雅》乃録諸書中訓詁、名物之異同而自爲一書，并非經義附庸，隨後列舉9例以説明《爾雅》旁采諸書的特點：

（1）《釋天》云：“暴雨謂之涷。”《釋草》云：“卷施草，拔心不死。”——此取《楚辭》大司命、離騷之文。

（2）《釋天》云“扶摇謂之猋。”《釋蟲》云：“蒺藜，蝍蛆。”——此取《莊子》逍遥游、齊物論之文。

（3）《釋詁》云：“嫁，往也。”《釋水》云：“灉，大出尾下。”——此取《列子》天瑞、湯瑞之文。

（4）《釋地·四極》云：“西王母。”《釋畜》云：“小領，盗驪。”——此取《穆天子傳》卷一、卷二之文。

（5）《釋地》云：“東方有比目魚焉，不比不行，其名謂之鰈。南方有比翼鳥焉，不比不飛，其名謂之鶼鶼。”——此取《管子·封禪篇》之文。

（6）《釋地》云：“邛邛岠虚，負而走，其名謂之蟨。”——此取《吕氏春秋·不廣》之文。

（7）《釋地》云：“北方有比肩民焉，迭食而迭望。”《釋水》云：“河出崑崙虚。”——此取《山海經》海外西經、海内西經之文。

（8）《釋詁》云：“天、帝、皇、王、后、辟、公、侯。”又云：“弘、廓、宏、溥、介、純、夏、幠。”《釋天》云“春爲青陽”至“謂之醴泉”。——此取《尸子》廣澤、仁意之文。

（9）《釋鳥》曰：“爰居，雜縣。”——此取《國語·魯語上》之文。

館臣認爲通過這9例，可以看出，《爾雅》旁采《楚辭》《莊子》《列子》《山海經》等書，并非專取儒家經典。其性質實與《方言》《急就篇》等文字學著作類似，但由於經學家多靠《爾雅》來考證古義，所以後世將其列入了經部。

今按，以《爾雅》和《方言》《急就》相提并論，是不合適的。王力先生在《中國語言學史》中指出，《方言》是方言和普通話的比較研究，跟《爾雅》性質不同；《急就篇》則是童蒙識字課本，其價值當在《爾雅》之下。當然，歸入經部也不見得合適，但是"說經之家多資以證古義"，正足以說明此書在當時價值之高[1]。

此外，館臣的某些數據，恐怕并不可靠。據丁忱《爾雅毛傳異同考》統計，《爾雅》釋《詩》之比例爲 22%[2]；又據盧國平《〈爾雅〉與〈毛傳〉之比較研究》一書，《爾雅》全書共計 2091 條，與《毛傳》有關者多達 772 條，比例約爲 37%[3]。這都遠遠超過館臣所謂"十之一"。說明館臣僅憑閱讀感覺做出判斷，并未進行科學的統計。至於其所謂"釋五經者不及十之三四"，更是不可靠的猜測。

《爾雅》作爲一部早期訓詁資料彙編，固然不限於經書，而是兼容先秦諸子、史書、地理、總集等等，但其初纂者顯然倚重《詩經》，亦極可能是以先秦《詩經》學訓釋資料爲核心，不斷加以擴充、增益而成的，故書中所釋，與《毛傳》相合者甚多。郭璞《爾雅序》"叙詩人之興詠"邢昺《疏》稱："《爾雅》之作多爲釋《詩》，故毛公傳《詩》，皆據《爾雅》，謂之《詁訓傳》，亦此意也。"[4]

（三）評價郭《注》與邢《疏》，猜測二者曾各自獨立

1. 對郭《注》和邢《疏》進行評價

提要最後，館臣對郭《注》和邢《疏》進行了簡要評價。認爲郭璞生於晋，距離漢代尚不算太遠，其《注》所依據的多爲古

---

〔1〕王力：《中國語言學史》，復旦大學出版社 2006 年版，第 14 頁。

〔2〕丁忱：《爾雅毛傳異同考》，武漢大學出版社 1988 年版，第 65 頁。

〔3〕盧國平：《〈爾雅〉與〈毛傳〉之比較研究》，臺北花木蘭出版社 2009 年版，第 178 頁。

〔4〕［晋］郭璞注、［宋］邢昺疏：《爾雅注疏》，《十三經注疏》（下），中華書局 1980 年版，第 2576 頁。

本，比如《詩經》《古文尚書》等，其注解當較爲可靠。後人雖
有所補正，但大體不出其範圍。同樣，邢昺《爾雅義疏》亦能廣
引佚書，大都非今人所能見。缺點是遺漏了幾家注解，且專疏郭
《注》，郭璞無注之處亦不作補充。館臣爲其辯護，認爲邢《疏》
沿襲了唐代以來"疏不破注"的舊習，亦不必苛責。〔1〕以上觀點，
皆可成立。

　　2. 提出《注》與《疏》曾獨立別行的猜想

　　館臣發現《爾雅注疏》有重複現象，書中已經列出了《注》，
又在《疏》中對郭《注》進行複述，甚至一字未改，亦無按斷。針
對這種情況，館臣認爲可能是最初《注》《疏》別行導致的，但由
於沒見到原刻，也無法加以確認。

　　今按，唐宋義疏大都是單疏本，與經注脫離，別本單行。邢昺
《爾雅義疏》不僅在宋代單行，甚至在清末仍有多部單行本流傳，館
臣疏於查考而已。余嘉錫《四庫提要辨證》引清陳鱣《經籍跋文》云：
"群經之疏，本自單行，今尚存宋本有三，而皆萃於吳中。三者何？《儀
禮》也，《穀梁傳》也，《爾雅》也。《爾雅疏》二部，一爲黃蕘
圃所藏，一爲袁壽階所藏，并宋刻本十卷，每半葉十五行，行三十字，
首尾俱全。……經注或載全文，或標起止，皆空一格，下稱釋曰。"〔2〕
不僅交代《爾雅義疏》單行本的收藏者，而且介紹其行款、體例，
清晰明白。清阮元撰寫《爾雅校勘記》，亦參照了單疏本《爾雅義
疏》。此外，據張麗娟《宋代經書注疏刊刻研究》的考證，邢昺《爾

---

〔1〕今人亦有爲其辯護者，如王縷《邢昺〈爾雅注疏〉的貢獻》認爲："邢
　　昺主撰《爾雅注疏》，是唐人爲群經作疏工作的繼續，不免受'疏不破注'
　　的局限，但他更注重繼承前代樸學遺風，態度嚴謹，實事求是，無徵不
　　信。……他是在當時學術成就的基礎上，批判地參考各家義疏而推崇郭注
　　的，實不可苛責他墨守東晉人一家之言。至於對邢疏抄襲前人成果的指責，
　　作者以爲會總舊說，裁剪得當，乃是一種學問。"
〔2〕余嘉錫：《四庫提要辨證》，第93—94頁。

雅義疏》最早有北宋咸平四年（1001）國子監刻本，惜亡於靖康之難。此後又有南宋紹興十五年（1145）臨安府覆刻北宋國子監本，頒行天下。書版保存至明代，又有南京國子監補版重印本。今日可見者，尚有國家圖書館藏本（即清人陳鱣藏明代補版本）、日本静嘉堂文庫藏本（即皕宋樓售出本）[1]。

二、簡本、極簡本《爾雅注疏》提要評析

簡本提要（《薈要》本、文淵閣本、文溯閣本、文津閣本）較爲簡略。其中文溯閣、文津閣本内容稍微充實，也僅有279字，其與詳本的著眼點略有不同：

（一）介紹注、疏者生平更爲詳盡

《薈要》本、文淵閣本提要没有作者簡介；文溯閣本、文津閣本提要補之，而且比《總目》提要更爲詳細。介紹郭璞"官著作郎、弘農太守，後爲王敦所害"；介紹邢昺"字叔明，曹州濟陰人，九經及第，官至禮部尚書"。

（二）不考證作者和年代，直接介紹《爾雅》注、疏及音義情況

主要有如下幾點：1.《爾雅》注的情況：注解《爾雅》者，自犍爲文學而下有十餘家，郭璞總其成，撰《爾雅注》，陸德明對其稱讚有加。2.《釋文》情況：郭璞之後"爲解義者甚多，《釋文》而外，傳者甚少"，意思是衹有陸氏《經典釋文》流傳廣泛。3.《爾雅》疏的情況：晁公武《郡齋讀書志》稱，從前《爾雅》有孫炎、高璉爲其作疏，然因其淺顯簡略，宋咸平年間，真宗詔邢昺與杜鎬、舒

---

[1] 張麗娟：《宋代經書注疏刊刻研究》，北京大學出版社2013年版，第242—245頁。

雅等別著《爾雅義疏》。《疏》前有邢昺《序》，詳述了"經注原委及奉敕校定之勤"。根據程敏政的記錄，此《序》又見於《舒雅集》內，題曰"代邢昺作"，可見邢《疏》也是廣集衆家而成的。

（三）梳理"雅學"之源流

介紹後世"雅學"之作：如陸佃《埤雅》、羅願《爾雅翼》，皆是在邢《疏》的基礎上擴充增益而成的。可見《爾雅》的學術地位和影響。

（四）交代增補勘正情況

提要結尾處，館臣説明三點：1. 補入了明刻本未載的《經典釋文》。2. 參考鄭樵注本進行了校勘工作。3. 所據版本乃是乾隆四年武英殿校刻本。

《薈要》本、文淵閣本提要祗有 160 字。這兩種提要撰寫時間最早，我們在校勘後發現，文溯閣、文津閣本提要是在其基礎上略作增益而成的。

《簡明目錄》本提要最爲粗略，祗有 82 字。在交代卷數和注疏者姓名後，指出了《爾雅》歸入經部的原因。隨後説明了《爾雅》的價值："欲讀古書，先求古意，舍此無由入也"，即《爾雅》是入門之書，要在讀古書時明白古意，就得靠《爾雅》。最後指出郭《注》因爲去古未遠，有較大的權威性，故而後人的補正，包括邢《疏》，始終是圍繞著郭璞的《爾雅注》進行的。

三、各版本《爾雅注疏》提要之比較

比較這 7 篇《爾雅注疏》提要，可知詳本提要與簡本、極簡本提要的内容各有側重。詳本提要雖包羅廣泛、詳爲訂辨，但更注重《爾雅》本經的情況，羅列材料時略顯冗雜，且就篇幅而言，在《注》

與《疏》上的介紹稍嫌簡單。正如胡玉縉《四庫全書總目提要補正》所言：“意在專論《爾雅》本文，故於注文及疏不暇舉其得失，轉近敷衍。”簡本提要著眼於《爾雅》的注、疏、音義情況，但對《爾雅》本經不甚措意。建議以詳本提要爲主，以簡本提要來做補充。

各提要的撰寫時間是：《薈要》本（乾隆四十年二月）—文淵閣本（乾隆四十一年五月）—文溯閣本（乾隆四十七年十月）—《簡明目録》本（乾隆四十七年）—文津閣本（乾隆四十九年三月）—《總目》浙本、殿本（乾隆六十年）。

總之，不同版本的《爾雅注疏》提要，梳理了《爾雅》的作者和成書時間，論證了《爾雅》的性質及歸入經部的原因，介紹并評價了《爾雅》的注、疏及音義情況，内容豐富，取材廣博，起到了提要鈎玄，指示門徑的作用。其中有些細節上的訛誤，也應該加以分辨和揚弃。

方言十三卷〔1〕

　　《方言》十三卷（永樂大典本）〔2〕，舊本題“漢揚雄撰，晋郭璞注〔3〕”。考《晋書·郭璞傳》有注《方言》之文，而《漢書·揚

---

〔1〕本校注以浙本《四庫全書總目》卷四十（1198字）爲底本，以殿本（1199字）、文淵閣本（1215字）、文溯閣本（1207字）、文津閣本（1199字）爲校本。參照《戴震全集》本（蓋爲分纂稿）、錢繹《方言箋疏》收録本。《方言》，全稱《輶軒使者絶代語釋别國方言》，漢揚雄撰，是我國第一部比較方言詞彙的重要著作。

〔2〕“《方言》十三卷（永樂大典本）”，殿本同，文津閣本作“臣等謹案：《方言注》十三卷”，文淵閣本、文溯閣本作“臣等謹案：《方言》十三卷”。今按，不需要加“注”字。《永樂大典》，中國古代規模最大的類書，明永樂年間由翰林院大學士解縉主持編纂。原書共22937卷，約3.7億字。已殘。《方言》明刻本錯訛嚴重，戴震乃從《永樂大典》中輯出，編入《四庫全書》，故稱“永樂大典本”。

〔3〕揚雄（前53—18），字子雲，蜀郡郫縣（今四川成都）人，西漢末年著名辭賦家、思想家、語言文字學家。四十餘歲游長安，因同鄉推薦而得以獻賦漢成帝，授給事黄門侍郎，校書於天禄閣。王莽時召爲大夫。著有《太玄》《法言》《方言》《揚雄集》等。《漢書》卷八十七有傳。郭璞，參見《爾雅注疏》提要注。

雄傳》備列所著之書，不及《方言》一字。《藝文志》亦惟“小學”有雄《訓纂》一篇〔1〕；“儒家”有雄所序三十八篇〔2〕，注云〔3〕：“《太玄》十九〔4〕、《法言》十三、《樂》四、《箴》二”；“雜賦”有雄賦十二篇〔5〕。皆無《方言》〔6〕。東漢一百九十年中，亦無稱雄作《方言》者〔7〕。

　　至漢末應劭《風俗通義序》〔8〕，始稱：“周秦常以歲八月，遣輶軒之使〔9〕，求異代方言，還奏籍之，藏於秘室。及嬴氏之亡，

---

〔1〕《漢書·藝文志·六藝略》有小學類，著録早期的訓詁學、文字學、音韻學著作。《訓纂》一卷，蒙學課本，西漢揚雄撰。該書接續《倉頡篇》，又易其重複之字，共 34 章，2040 字。已佚。

〔2〕儒家，《漢書·藝文志·諸子略》之下有“儒家”類，著録先秦和西漢的儒家著作。

〔3〕注，此處指《漢書》唐顏師古注。

〔4〕揚雄《太玄》，儒家哲學著作。《漢書·揚雄傳》：“（揚雄）以爲經莫大於《易》，故作《太玄》；傳莫大於《論語》，作《法言》；史篇莫善於《倉頡》，作《訓纂》；箴莫善於《虞箴》，作《州箴》；賦莫深於《離騷》，反而廣之；辭莫麗於相如，作四賦。”

〔5〕經核查，《漢書·藝文志·詩賦略》第二類“陸賈賦之屬”有揚雄賦十二篇，不屬於“雜賦”。此處誤記。

〔6〕“皆無《方言》”，清錢繹《方言箋疏》引作“亦不及《方言》”。

〔7〕“雄”，《方言箋疏》作“揚子”，下同。

〔8〕“應劭”，《戴震全集》本作“應邵”，下同。應劭（約 153—196），字仲瑗，汝南郡南頓縣（今河南項城）人。漢靈帝時孝廉，中平、興平年間任泰山郡太守，後依袁紹，卒於鄴。著有《漢官儀》《風俗通義》《漢書集解音義》等。其中《風俗通義》三十卷《附録》一卷，今僅存十卷。内容以考釋名物、時俗，議論人物爲主，并對當時社會風氣和迷信思想有所批判。

〔9〕輶軒之使，乘坐輕便車出使的大臣。輶軒，輕便的車。

遺弃脱漏，無見之者[1]。蜀人嚴君平有千餘言[2]，林閭翁孺才
有梗概之法。揚雄好之。天下孝廉、衛卒交會，周章質問，以次注
續[3]，二十七年爾乃治正，凡九千字。"[4]又劭注《漢書》，
亦引揚雄《方言》一條。是稱雄作《方言》，實自劭始[5]。

　　魏晉以後，諸儒轉相沿述，皆無異詞。惟宋洪邁《容齋隨筆》[6]，
始考證《漢書》，斷非雄作[7]。然邁所摘劉歆與雄往返書中[8]，
"既稱在成帝時，不應稱孝成皇帝"一條[9]，及"東漢明帝始諱
莊[10]，不應西漢之末即稱莊遵爲嚴君平"一條，則未深中其要
領。考書首"成帝時"云云，乃後人題下標注之文，傳寫舛訛，致
與書連爲一，實非歆之本詞，文義尚釐然可辨[11]。書中載揚莊之

---

〔1〕"遺弃脱漏"，四庫全書本《風俗通義》作"遺脱漏弃"。"無見之者"，
　　　《方言箋疏》作"無有見之"。

〔2〕嚴君平，即莊君平（前86—前10），名遵，字君平，蜀郡成都（今屬四川）
　　　人。西漢末道家學者。東漢班固著《漢書》，爲避漢明帝劉莊諱，改爲"嚴
　　　君平"。

〔3〕"周章"，四庫全書本《風俗通義》作"闕下"。"續"，文津閣本作"輯"。

〔4〕"二十七年爾乃治正，凡九千字"，《方言箋疏》中無"凡九千字"4字。

〔5〕"實"，文淵閣本作"寔"，義同。

〔6〕《容齋隨筆》，著名學術筆記，凡七十四卷，宋洪邁撰。該書記載了
　　　宋代的文學藝術、歷史事件及典章制度，分《隨筆》《續筆》《三筆》《四
　　　筆》《五筆》，共五集。今按：洪邁對《方言》作者的質疑，見《容齋三筆》
　　　卷十五"別國方言"條，文長不録。

〔7〕殿本"雄"上有"揚"字。

〔8〕劉歆，參見《周禮注疏》提要注。

〔9〕文淵閣本、文津閣本無"一條"2字，下同。

〔10〕"及"，文淵閣本、文津閣本、殿本作"又"。東漢明帝，指劉莊（28—
　　　　75），光武帝劉秀第四子，東漢第二位皇帝，公元57—75年在位。

〔11〕"釐"，殿本作"犂"，誤。

名〔1〕，不作“嚴”字，實未嘗預爲明帝諱〔2〕。其嚴君平字，或後人傳寫追改，亦未可知。皆不足斷是書之僞。惟後漢許慎《説文解字》多引雄説〔3〕，而其文皆不見於《方言》；又慎所注字義，與今《方言》相同者不一而足，而皆不標揚雄《方言》字〔4〕。知當慎之時，此書尚不名《方言》，亦尚不以《方言》爲雄作〔5〕，故馬、鄭諸儒，未嘗稱述〔6〕。至東漢之末，應劭始有是説。魏孫炎注《爾雅》“莫貃、螳螂、蛚”字〔7〕，晉杜預注《左傳》“授師孑焉”句〔8〕，始遞相徵引。沿及東晉，郭璞遂注其書。後儒稱揚雄《方言》〔9〕，蓋由於是。

然劭《序》稱《方言》九千字，而今本乃一萬一千九百餘字〔10〕，則字數較原本幾溢三千〔11〕。雄與劉歆往返書，皆稱《方言》十五卷，郭璞《序》亦稱三五之篇。而《隋志》《唐志》乃并載揚雄《方言》十三卷，與今本同，則卷數較原本闕其二〔12〕。均

---

〔1〕 “揚”，殿本作“楊”，無定論。揚莊，西漢蜀郡人。

〔2〕 “預”，文溯閣本、文津閣本作“豫”。《説文》新附：“預，安也。案：‘經典通用豫。從頁，未詳。’”

〔3〕 文津閣本無“説”字。《説文解字》，參見《説文解字》提要注。

〔4〕 “而”，文淵閣本、文溯閣本、文津閣本作“亦”。

〔5〕 文津閣本脱“尚不名《方言》，亦”六字。

〔6〕 “馬、鄭”，指東漢馬融與鄭玄，兩人皆爲經學大師。

〔7〕 今按：《爾雅·釋蟲》：“莫貃、螳蜋、蛚。”郭璞注：“螳蜋，有斧蟲，江東呼石蜋。孫叔然以《方言》説此義，亦不了。”孫炎，字叔然，三國魏經學家、訓詁學家。

〔8〕 今按：《左傳》：“四年春王三月，楚武王荆尸，授師孑焉，以伐隨。”杜預注：“尸，陳也。荆，亦楚也。更爲楚陳兵之法。揚雄《方言》：‘孑者，戟也。’”

〔9〕 文淵閣本、文溯閣本、文津閣本“後儒”下有“皆”字。

〔10〕 “乃”，殿本作“内”，誤。“一萬一千九百餘字”，文淵閣本、文津閣本皆作“一萬二千九百餘字”，誤。

〔11〕 “溢”，文溯閣本作“益”。

〔12〕 “闕”，殿本作“缺”，義同。

爲牴牾不合。考雄《答歆書》，稱"語言或交錯相反〔1〕，方復論思，詳悉集之。如可寬假延期，必不敢有愛"云云，疑雄本有此未成之書，歆借觀而未得，故《七略》不載，《漢志》亦不著録。後或侯芭之流收其殘槀〔2〕，私相傳述，閲時既久，不免於輾轉附益，如徐鉉之增《説文》〔3〕，故字多於前。厥後傳其學者，以《漢志》無《方言》之名，恐滋疑竇。而"小學家"有《別字》十三篇〔4〕，不著撰人名氏，可以假借影附，證其實出於雄。遂并爲一十三卷〔5〕，以就其數，故卷减於昔歟？反覆推求，其真僞皆無顯據。姑從舊本，仍題雄名，亦疑以傳疑之義也。雄及劉歆二書〔6〕，據李善《文選注》引"懸諸日月不刊之書"句已稱《方言》〔7〕，則自隋唐以來，原附卷末，今亦仍之。

其書世有刊本，然文字古奧，訓義深隱，校讎者猝不易詳，故斷爛訛脱，幾不可讀。錢曾《讀書敏求記》嘗據宋槧駁正其誤〔8〕，

---

〔1〕文淵閣本"相反"二字互乙，誤。

〔2〕侯芭，西漢鉅鹿（今屬河北）人。彼時揚雄家貧好酒，侯芭載酒餚從其學，習《太玄》《法言》。雄殁，侯芭爲其起墳，并守喪三年。

〔3〕徐鉉，參見《説文解字》提要注。徐鉉曾補《説文解字》之闕漏，曰"新附字"。

〔4〕《漢書·藝文志·六藝略》小學類著録："《訓纂》一篇（揚雄作）。《別字》十三篇。《倉頡傳》一篇。揚雄《倉頡訓纂》一篇"等，共10家。

〔5〕"一十三卷"，文淵閣本、文溯閣本、文津閣本作"十三卷"，義同。

〔6〕"雄及劉歆二書"，文津閣本作"雄及劉歆一書"，誤。

〔7〕"文選"，文溯閣本作"文撰"，誤。李善（630—689），唐初江都（今江蘇揚州）人。官至崇賢館直學士，兼任潞王參軍、沛王侍讀。晚年在揚州講學，生徒甚衆。撰有《文選注》《漢書辯惑》等。《新唐書·李邕傳》有附傳。今按：《文選》卷六十任彥昇《齊竟陵文宣王行狀一首》："并勒成一家，懸諸日月。"李善注："揚雄《方言》曰：'雄以此篇目煩示其成者張伯松，伯松曰：是懸諸日月，不刊之書也。'"所引文字，實出自揚雄《答劉歆書》。可知李善所見《方言》內，附有揚雄、劉歆互答書。

〔8〕錢曾，參見《論語義疏》提要注。

然曾家宋槧，今亦不傳。惟《永樂大典》所收，猶爲完善。檢其中"秦有榛娥之臺"一條，與錢曾所舉相符[1]，知即從宋本録入。今取與近本相校[2]，始知明人妄行改竄，顛倒錯落，全失其初，不止錢曾所舉之一處。是書雖存而實亡，不可不亟爲釐正[3]。謹參互考訂，凡改正二百八十一字，刪衍文十七字，補脱文二十七字。神明焕然，頓還舊觀。并逐條援引諸書，一一疏通證明，具列案語[4]。庶小學訓詁之傳，尚可以具見崖略。并以糾坊刻之謬，俾無迷誤後來。

　　舊本題曰《輶軒使者絶代語釋別國方言》，其文冗贅，故諸家援引及史志著録，皆省文謂之《方言》[5]，《舊唐書·經籍志》則謂之《別國方言》[6]，實即一書。又《容齋隨筆》稱此書爲《輶軒使者絶域語釋別國方言》，以"代"爲"域"，其文獨異。然諸本并作"絶代"，書中所載亦無絶域重譯之語。洪邁所云，蓋偶然誤記[7]，今不取其説焉[8]。

---

[1] 錢曾《讀書敏求記》："（正德己巳影鈔宋本）卷中'吳有館娃之宮，秦有榛娥之臺'，俗本脱'秦有'二字。馮己蒼嘗笑曰：'并榛娥而吳之矣。'"
[2] "校"，文淵閣本、文溯閣本、文津閣本作"較"，避明熹宗朱由校名諱。
[3] 亟，趕快。釐正，整理訂正。
[4] 文淵閣本、文溯閣本、文津閣本"案語"下有"如左"2字。
[5] "文"，文溯閣本作"之"，誤。
[6] "舊唐書"，文津閣本脱"唐"字，誤。
[7] 文津閣本無"然"字。
[8] 此句之下文淵閣本有"乾隆四十二年五月恭校上"，文溯閣本作"乾隆四十七年十一月恭校上"，文津閣本作"乾隆四十九年十一月恭校上"。

【比對一】

《簡明目録》本提要[1]

《方言》十三卷，舊本題漢揚雄撰，然於古無徵。許慎《説文》引雄説，皆不見於《方言》；其義訓用《方言》者，又不言揚雄。至後漢應劭稱雄作，疑依托也。刻本傳訛，殆不可讀。今以《永樂大典》所載宋本校刊，始復其舊。

【評析】

浙本、殿本《總目》提要與文淵閣、文溯閣、文津閣本書前提要的内容基本相同，文字上差別不大。該提要出自著名經學家戴震之手。提要首先考證《方言》作者，接著談《方言》流傳情況和館臣校理過程，最後梳理書名之變遷。

一、《方言》作者的考察

《方言》十三卷，舊題"漢揚雄撰，晋郭璞注"，但是《漢書·揚雄傳》《漢書·藝文志》皆未提及揚雄《方言》一書，不能不令人生疑。至東漢末應劭《風俗通義序》，始稱揚雄以 27 年之力，完成《方言》九千字。今按，應劭《風俗通義序》的文字，出自揚雄《答劉歆書》。後者見載於《方言》《藝文類聚》《古文苑》，今摘録如下：

> 又敕以《殊言》十五卷，君何由知之？……雄爲郎之歲，
> 自奏：少不得學，而心好沉博絶麗之文。願不受三歲之奉，

─────────────

[1] 録自《四庫全書簡明目録》卷四，凡 78 字。

且休脱直事之徭，得肆心廣意，以自克就。有詔可，不奪奉，令尚書賜筆墨錢六萬，得觀書於石室。如是後一歲，作《繡補靈節龍骨之銘》詩三章，成帝好之，遂得盡意。故天下上計孝廉及内郡衛卒會者，雄常把三寸弱翰，齎油素四尺，以問其異語。歸即以鉛摘次之於槧，二十七歲於今矣。而語言或交錯相反，方復論思，詳悉集之，㷊其疑。[1]

　　這段文字叙事詳悉，言辭誠懇，不像是僞作。據此《書》與《漢書·揚雄傳》可知，揚雄於漢成帝元延年間（前 12—前 9）因進獻《羽獵賦》而封爲郎。他自恨讀書太少，於是奏請停職留薪三年，以潛心治學，得到漢成帝批準。他不僅得以閱覽石室秘籍，而且能夠與來自全國各地的辦事人員（應舉的孝廉、輪流值守的衛兵等）進行接觸，調查他們的方言俗語。揚雄攜帶著筆和油素，隨時記録，加以整理、詮釋、編次，這一項工作進行了 27 年。劉歆寫信索取《方言》十五卷（初名《殊言》），揚雄却稱“此又未定，不可以見”，以尚未定稿爲由加以拒絕。因此之故，劉歆《七略》未載《方言》一書；《漢書·藝文志》以《七略》爲藍本，亦遺漏此書。不過揚雄四十餘歲“自蜀來至游京師”，封爲郎，27 年之後撰寫《答劉歆書》時，已經是七十歲左右的老人了，此後不會再有大規模的增補、修訂。既然稱《殊言》十五卷”，説明該書已經基本完成，祇是揚雄本人尚不滿意而已。

　　《方言》在東漢湮没不聞，很少有人知道。至漢末應劭《風俗通義序》加以表彰，始大顯於世。此後魏孫炎《爾雅注》（佚）、晋杜預《春秋左氏經傳集解》、南朝宋裴松之《三國志注》、謝靈運《山居賦》自注、唐魏徵等《隋書·經籍志》、顔師古《漢書注》、李賢《後漢書注》、李善《文選注》、劉知幾《史通》、徐堅《初學記》等，無不加以徵引或稱揚，且全部署名揚雄（或楊雄），并無異議。

---

[1] 張震澤：《揚雄集校注》，上海古籍出版社 1993 年版，第 263—264 頁。

館臣所謂“稱雄作《方言》，實自劭始”，當然是正確的。

降至宋代，洪邁《容齋三筆》卷十五“別國方言”條率先提出質疑，認爲該書不是揚雄所作，但是他的兩條主要論據都不能成立：1. 洪邁説劉歆《與揚雄書》“既稱在成帝時，不應稱孝成皇帝”，其實這段文字是後人撰寫的解題（或導讀），并不出自劉歆之手，不管是否避諱，都不能作爲證據；2. 洪邁説“東漢明帝始諱莊，不應西漢之末即稱莊遵爲嚴君平”，其實《方言》正文對漢明帝劉莊名諱，或避或不避。“楊莊”不避諱，乃是揚雄原文；“嚴君平”（本名莊遵，字君平）避諱，當係後人抄寫時的改動，即“傳寫追改”所致。以上分析，頗爲精到。更詳細的論證，可以參見戴震《方言疏證》自序和《答劉歆書》疏證。

至於許慎《説文解字》不徵引揚雄《方言》，戴震推測：“當慎之時，此書尚不名《方言》，亦尚不以《方言》爲雄作。”今按：據馬宗霍先生研究，《説文解字》明確指出“揚雄説”或“揚雄以爲”者13條；書中援引方言俗語一百餘條，其中有六十餘條與《方言》雷同，但沒有標注出處。戴震所言，雖有道理（初名可能是《殊言》），但更大的可能是，《方言》作爲未完之書而在民間傳播，許慎并未看到。正如下文所云：“後或侯芭之流收其殘槁，私相傳述。閱時既久，不免於輾轉附益。”張金耀先生認爲：“首先，《方言》并未最終寫定，許慎未必見過，《説文》所引方言俗語或據他書。其次，《説文解字叙》已言及揚雄作《訓纂篇》，《説文》所引揚雄的説法極可能出自《訓纂篇》，故不見於《方言》。”〔1〕

應劭之後，揚雄《方言》廣爲人知，不斷被人徵引、利用，其間亦難免有改動或增補情況。至東晉大博物學家郭璞爲其做注，《方言》纔有了定本。郭璞注《方言》時，常常以晋代方言爲參照，如《方言》卷十一：“蟬，楚謂之蜩（音調），宋衛之間謂之螗蜩。”

〔1〕陳尚君、張金耀：《四庫提要精讀》，第57頁。

郭璞注："今胡蟬也，似蟬而小，鳴聲清亮，江南呼蟪蛄。"從中可以考見漢晉方言之變遷。正如王國維所言："讀子雲（揚雄）書可知漢時方言，讀景純（郭璞）注并可知晋時方言。"

戴震認爲："姑從舊本，仍題雄名，亦疑以傳疑之義也。"態度極爲審慎。若揚雄《答劉歆書》爲真，則其《方言》（《殊言》）亦不僞。種種懷疑皆無實據，故不能否定揚雄的著作權。

二、《方言》字數卷數變化及其與《別字》的關係

雖然《方言》作者基本確定爲揚雄，但是提要指出，今本《方言》的字數、卷數與史料記載并不一致。應劭《風俗通義》自序稱《方言》有九千字，今本却有一萬一千九百餘字，多出來近三千字。此外，劉歆《與揚雄書》提及："屬聞子雲獨采先代絶言、異國殊語，以爲十五卷，其所解略多矣，而不知其目。"[1]郭璞在《方言序》中所言："是以三五之篇"[2]，都記載《方言》十五卷（篇）。而《隋書·經籍志》《舊唐書·經籍志》《新唐書·藝文志》《崇文總目》《郡齋讀書志》均著録《方言》十三卷，今天所見版本亦爲十三卷。甚至還有著録爲十四卷者，如《直齋書録解題》《宋史·藝文志》等。

字數有增加，提要指出或許係揚雄弟子侯芭等所增益，如徐鉉校訂《説文》時所增之"新附字"，今已難明。至於卷數減少，則是一個更大的問題。戴震推測：《漢書·藝文志·六藝略》"小學類"著録有《別字》十三篇，作者不詳。後人將其附會爲揚雄所作，甚至誤以爲《別字》就是《方言》，於是將《方言》十五卷合并爲十三卷，以便與《別字》的卷數對應起來。這一説法純屬推測，戴震本人也并不認可，指出其"真僞皆無顯據"，但此説却頗有影響。

---

[1] ［清］錢繹：《方言箋疏》，上海古籍出版社1984年版，第518頁。
[2] ［漢］揚雄記、［晉］郭璞注：《方言》，商務印書館1936年版，第1頁。

例如錢大昕《三史拾遺》卷三云：“《別字》十三篇即揚雄所撰《方言》十三卷也，本名《輶軒使者絶代語釋別國方言》，或稱《別字》，或稱《方言》，皆省文。”〔1〕直至今日仍有學者表示認同，如當代學者束景南曾根據《方言》《漢書·藝文志》《風俗通義》等力證《別字》即爲《方言》，〔2〕李零也在書中寫道：“揚雄《別字》（即《方言》，作於平帝時）。”〔3〕

但是也有學者認爲這種説法并無道理，如清姚振宗《漢書藝文志條理》卷一之下“別字十三篇”條：“錢氏以爲即是《方言》，《提要》於《方言》條下亦有是説，謝氏《小學考》遂歸之揚雄，皆非也。”〔4〕可惜没有論證。但他在《漢書藝文志拾補》中又説：“按《藝文志》有《別字》十三篇，或以爲即是《方言》，亦非也。《別字》不著撰人，何由知其爲雄作？後漢東平憲王蒼有《別字》，惠棟補注《續漢志》曰：‘凡別字之體，皆從上起，左右離合（見《五行志》童謡）。《藝文志》小學家有《別字》十三篇，或曰《別字》辨俗字，尹敏曰：讖書多近鄙，《別字》是也。未知孰是。’按：惠氏所解雖未證實，然亦足以知‘別字’爲字書之屬矣（《藝文志》小學十家皆字書之屬）。若《方言》，乃訓詁之流。劉歆書云‘屬聞子雲獨雜采先代絶言，異國殊語，以爲十五卷’。雄還書自稱‘《殊言》十五卷’，

〔1〕［清］錢大昕：《廿二史考異》（下），上海古籍出版社 2004 年版，第 1426 頁。

〔2〕束景南：《〈別字〉即〈方言〉考》，《文史》第三十九輯，中華書局 1994 年版。

〔3〕李零：《簡帛古書與學術源流》，生活·讀書·新知三聯書店 2007 年版，第 277 頁。

〔4〕［清］姚振宗撰、項永琴整理：《漢書藝文志條理》，《二十五史藝文經籍志考補萃編》，清華大學出版社 2011 年版，第 144 頁。

其非'《別字》十三篇'明甚。"〔1〕筆者認同姚振宗的觀點。

三、《方言》的文本校理與定名

《方言》在宋代就有國子監本、蜀本、閩本、贛本等多種。降至清初，祇剩下贛本，即宋慶元六年（1200）李孟傳潯陽郡齋刻本，爲藏書家錢曾架上之物，其《讀書敏求記》卷一有著録。不久又歸季振宜所有，但此後散出，不知所蹤。戴震没有見過此書，認爲"曾家宋槧，今亦不傳。惟《永樂大典》所收，猶爲完善"，祇好使用《永樂大典》本來校正明刻本《方言》之訛。其實，宋贛本《方言》湮没近二百年，竟然於清末復出，先後爲盛昱、傅增湘收藏，最終入藏國家圖書館，實爲天壤間幸事。

《方言》明刻本甚夥，有正德四年（1509）李玨刻本、程榮《漢魏叢書》本、吳琯《古今逸史》本、胡文焕《格致叢書》本等。但由於明代刻書過於草率，以上版本大都"斷爛訛脱，幾不可讀"。戴震以《永樂大典》所收本校之，共改正訛字 281 個，補脱字 27 個，刪衍字 17 個〔2〕，"神明焕然，頓還舊觀"。戴震校訂本質量甚高，不僅收入《四庫全書》，還以《方言疏證》爲名刻板印行，成爲清代中後期最爲流行的版本。此後盧文弨《重校方言》、劉台拱《方言補校》、錢繹《方言箋疏》等，無不以戴震校本爲據展開研究。

《方言》的全稱是《輶軒使者絶代語釋别國方言》《郡齋讀書志》、宋贛本如是），但文字冗長，不便記憶。有稱其爲《别國方言》者，

---

〔1〕［清］姚振宗撰、項永琴整理：《漢書藝文志拾補》，《二十五史藝文經籍志考補萃編》，第 256 頁。

〔2〕今按：戴震《方言疏證序》云："今從《永樂大典》内得善本，因廣搜群籍之引用《方言》及注者，交互參訂，改正訛字二百八十一，補脱字二十七，刪衍字十七，逐條詳證之。"與本提要所論完全一致。

如《舊唐書·經籍志》《新唐書·藝文志》；又有作《輶軒使者絶代語》者，如《直齋書録解題》；但是最簡潔、最方便的稱呼就是《方言》，應劭《漢書注》、《晉書·郭璞傳》、《隋書·經籍志》、《崇文總目》等都作此名。至於洪邁《容齋隨筆》作《輶軒使者絶域語釋別國方言》，把"絶代"寫爲"絶域"，絶無僅有，故提要推測爲筆誤。

詳本提要出自著名經學家、《方言》研究專家戴震之手，解答了《方言》研究領域幾個關鍵問題，考論細緻，觀點深刻，至今仍有參考價值。張金耀先生認爲："本篇提要有一千餘字，是《四庫全書總目》中罕見的長篇，是戴震長期研究《方言》的探本得要之論，學術水平遠在其他大多數率爾操觚的提要之上。"〔1〕

《簡明目録》本提要有 78 字，較詳本提要篇幅大大縮減，内容也更爲簡略，僅簡單條理了《方言》的作者及今本《方言》的校勘情況，言簡意賅。但稱"至後漢應劭始稱雄作，疑依托也"，似乎并未領會戴震提要的含義。

各提要的撰寫時間是：文淵閣本（乾隆四十二年五月）—文溯閣本（乾隆四十七年十一月）—《簡明目録》本（乾隆四十七年）—文津閣本（乾隆四十九年十一月）—《總目》浙本、殿本（乾隆六十年）。

---

〔1〕陳尚君、張金耀：《四庫提要精讀》，第 63 頁。

說文解字三十卷^[1]

《説文解字》三十卷（通行本）^[2]，漢許慎撰^[3]。慎字叔重，汝南人。官至太尉南閣祭酒。是書成於和帝永元十二年，凡十四篇，合《目録》一篇，爲十五篇。分五百四十部，爲文九千三百五十三，

---

〔1〕本校注以浙本《四庫全書總目》卷四十一《説文解字》提要（1640字）爲底本，以殿本（1636字）、文淵閣本（835字）、文津閣本（834字）爲校本。《説文解字》三十卷，簡稱《説文》，東漢許慎撰，是我國第一部以六書理論系統分析字形、解釋字義和辨識聲讀的字書。本書的字頭以小篆書寫，共分540個部首，收字9353個。另有“重文”（即異體字）1163個，共10516字。在中國語言學史上有極其重要的地位。

〔2〕“《説文解字》三十卷（通行本）”，文淵閣本、文津閣本作“臣等謹案：《説文解字》三十卷”。

〔3〕許慎（約58—約147），字叔重，汝南召陵（今河南漯河）人。東漢文字學家、訓詁學家。博學經籍，馬融常推敬之，時人稱道“五經無雙許叔重”。東漢建初三年（78）任郡功曹，建初八年補爲太尉南閣祭酒，章和二年（88）舉爲孝廉。永元十二年（100）校書東觀，除洨長。卒於家。撰有《五經異義》《説文解字》等。事迹見《後漢書·儒林列傳·許慎傳》。

重文一千一百六十三，注十三萬三千四百四十字〔1〕。推究六書之義〔2〕，分部類從〔3〕，至爲精密。而訓詁簡質，猝不易通。又音韻改移，古今異讀，諧聲諸字，亦每難明，故傳本往往訛異。

宋雍熙三年，詔徐鉉、葛湍、王惟恭、句中正等重加刊定〔4〕。凡字爲《説文》注義序例所載〔5〕，而諸部不見者，悉爲補録。又有經典相承，時俗要用，而《説文》不載者，亦皆增加，別題之曰“新附字”。其本有正體，而俗書訛變者，則辨於注中。其違戾六書者，則別列卷末〔6〕。或注義未備，更爲補釋，亦題“臣鉉等案”以別之〔7〕。音切則一以孫愐《唐韻》爲定〔8〕。以篇帙繁重，每卷各分上下，即今所行毛晉刊本是也。

---

〔1〕各版本同。按，據許慎《説文解字叙》、許冲《進説文解字表》，“字”上奪“一”字，當補。

〔2〕六書，古代關於漢字構造規律的理論，即：指事、象形、形聲、會意、轉注、假借。

〔3〕部，部首。分部類從，《説文解字》將9353個字頭歸納爲540部，將屬於同一部首的字類聚在一起。

〔4〕徐鉉（917—992），字鼎臣，會稽人。五代宋初著名文字學家、文學家。工篆、隸、兼能諸體，尤精小學。著有《騎省集》《質疑論》。嘗受詔校定《説文解字》，通行至今。葛湍，北宋江東（今江蘇、安徽南部）人。工於篆書。王惟恭，宋太宗時人。工於篆書。句中正（929—1002），字坦然，益州華陽（今四川成都）人。北宋文字音韻學家。精於字學，古文、篆、隸、行、草無不工。

〔5〕“例”，文淵閣本作“列”，誤。

〔6〕“列”，殿本作“載”，義同。

〔7〕“案”，殿本、文津閣本作“按”，義同。

〔8〕孫愐，唐代音韻學家，校訂隋陸法言《切韻》，并撰爲《唐韻》五卷。《唐韻》是唐代影響最大的韻書，約成書於開元二十年（732）之後。原書已佚，現有唐寫本殘卷。

明萬曆中，宮氏刻李燾《説文五音韻譜》〔1〕，陳大科序之〔2〕，誤以爲即鉉校本。陳啓源作《毛詩稽古編》〔3〕，顧炎武作《日知録》〔4〕，并沿其謬。豈毛氏所刊，國初猶未盛行歟〔5〕？書中古文、籀文〔6〕，李燾據唐林罕之説〔7〕，以爲晋慍令吕忱所增〔8〕。考慎《自序》云："今序篆文〔9〕，合以古籀。"其語甚明。所記重文之

---

〔1〕 "刻"，文淵閣本、文津閣本作"刊"，義同。李燾（1115—1184），字仁甫，號巽巖，眉州丹稜（今屬四川）人。南宋紹興間進士，官至敷文閣學士。曾撰編年體史書《續資治通鑑長編》九百八十卷，今存五百二十卷。生平事迹見《宋史》卷三百八十九。李燾所撰《説文五音韻譜》十卷，根據五聲來安排《説文》540部，保留了《説文》基本内容，曾長期被誤認爲大徐本《説文解字》。

〔2〕 陳大科（1534—1601），字思進，號如岡，江蘇通州人。明代文學家、刻書家。官至兵部侍郎。著有《陳如岡文集》。

〔3〕 "源"，殿本作"元"，誤。"編"，文淵閣本作"篇"。陳啓源，字長發，吳江（今江蘇蘇州）人。清經學家，尤長於訓詁。著《毛詩稽古編》三十卷。生平事迹見《清史稿》列傳二百六十七。《毛詩稽古編》志在復古，其訓詁依《爾雅》，名物據陸璣，字體據《説文》，詮釋經旨則據《毛傳》《鄭箋》。

〔4〕 顧炎武，參見《儀禮注疏》提要注。所撰《日知録》三十二卷，包括經義、政事、世風、禮制、科舉、藝文、財賦、史法、兵事、天象、術數、地理等内容。但不分門目，大略以類相從。

〔5〕 "歟"，文淵閣本作"與"，"歟"的古字。

〔6〕 "籀文"，文淵閣本、文津閣本皆作"籀字"。

〔7〕 林罕，字仲緘，北宋初四川西江人。曾注《説文》20篇，刻石於蜀中。

〔8〕 吕忱，字伯雍，任城（今山東濟寧）人。西晋文字學家。曾任晋世義陽王（司馬望）典祠令。著有《字林》。事迹見《北史》卷三十四《江式傳》。

〔9〕 "序"，文淵閣本、文津閣本皆作"叙"。

數〔1〕，亦復相應。又《法書要錄》載後魏江式《論書表》曰〔2〕："晋世義陽王典祠令，任城吕忱表上《字林》六卷〔3〕。尋其況趣，附托許慎《説文》，而按偶章句〔4〕，隱别古籀奇惑之字，文得正隸，不差篆意。"則忱書并不用古籀〔5〕，亦有顯證。如罕之所云〔6〕："吕忱《字林》，多補許慎遺闕者，特廣《説文》未收字耳。"其書今雖不傳，然如《廣韻·一東部》"炯"字、"箜"字〔7〕，《四江部》"嚨"字之類，云出《字林》者，皆《説文》所無，亦大略可見。燾以《説文》古籀爲忱所增，誤之甚矣。

自魏晋以來言小學者，皆祖慎。至李陽冰始曲相排斥〔8〕，未協至公。然慎書以小篆爲宗，至於隸書、行書、艸書則各爲一體。孳生轉變，時有異同，不悉以小篆相律。故顔元孫《干禄字書》曰〔9〕："自改篆行隸，漸失其真。若總據《説文》，便下筆多礙。

---

〔1〕文淵閣本、文津閣本奪"記"字。

〔2〕《法書要錄》十卷，書學叢書，唐張彦遠編撰。收載東漢至唐元和年間各家書法理論文字及著名法書著錄等共38篇，存目4篇。采集較精，前代遺文佚篇，往往賴此以傳。江式（？—523），字法安，北魏書法家，官至驍騎將軍。著有《論書表》，爲書論名篇。

〔3〕《字林》六卷，古代字書，晋吕忱撰。該書旨在搜求異字，補《説文》之所遺漏達12824字，并依《説文》部首分爲540部，注音采用直音和反切并用的方法。宋以後亡佚。

〔4〕殿本、文淵閣本、文津閣本無"句"字。

〔5〕文淵閣本、文津閣本無"書"字。

〔6〕"如"，文津閣本誤作"知"。文淵閣本、文津閣本無"之"字。

〔7〕《廣韻》，參見《重修廣韻》提要注。

〔8〕李陽冰，字少温，趙郡（今屬河北）人。唐代文字學家。工書法，尤長小篆。乾元時爲縉雲縣令，官至將作少監。曾校訂《説文解字》，多有改竄。

〔9〕顔元孫（？—732），字韋修，京兆萬年（今陝西西安）人。唐文字訓詁學家。官至中書舍人。著有《干禄字書》《顔元孫集》，已佚。事迹見《舊唐書》卷一百八十七、《新唐書》卷一百九十二。《干禄字書》一卷，是一部刊正漢字字形的著作，以顔師古《字樣》爲藍本，重加校定增補而成。

當去泰去甚，使輕重合宜。”〔1〕徐鉉《進説文表》亦曰〔2〕：“高文大册，則宜以篆籀著之金石。至於常行簡牘，則艸隸足矣。”二人皆精通小學，而持論如是。明黄諫作《從古正文》〔3〕，一切以篆改隸，豈識六書之旨哉？至其所引《五經》文字，與今本多不相同，或往往自相違異。顧炎武《日知録》嘗摭其“汜”下作“江有汜”，“沱”下又作“江有沱”。“巺”下作“赤舄巳巳”〔4〕，“掔”下又作“赤舄掔掔”。是所云“《詩》用毛氏”者〔5〕，亦與今本不同〔6〕。蓋雖一家之學〔7〕，而支派既别〔8〕，亦各不相合。好奇者或據之以改經，則謬戾殊甚。能通其意而又能不泥其迹〔9〕，庶乎爲善讀《説文》矣〔10〕。

　　案，慎《序》自稱：“《易》孟氏〔11〕、《書》孔氏〔12〕、《詩》

----

〔1〕　“合”，殿本作“各”，誤。

〔2〕　《進説文表》，即《上新校訂説文解字表》，宋徐鉉作。

〔3〕　黄諫（1403—1465），字廷臣，號卓庵，别號蘭坡，高郵（今屬江蘇）人。明正統七年（1442）進士。官侍講學士兼尚寶寺卿。曾出使安南（今越南）。事迹見《國朝獻徵録》卷二十、《國朝列卿記》卷二十等。所撰《從古正文》五卷，依《洪武正韻》編排，據小篆校定楷書形體，造出許多奇形怪態之字。

〔4〕　“巳巳”，殿本作“巺巺”，是。

〔5〕　《詩》，又名《詩三百》《詩經》。參見《毛詩正義》提要注。

〔6〕　“同”，文淵閣本、文津閣本作“合”。

〔7〕　文淵閣本、文津閣本無“雖”字。

〔8〕　“支”，殿本作“宗”。

〔9〕　文淵閣本、文津閣本無“而”字。

〔10〕　“《説文》矣”下，文淵閣本有“乾隆四十六年十一月恭校上”，文津閣本作“乾隆四十九年十月恭校上”。又有校勘者銜名。文淵閣本、文津閣本至此結束，均無以下按語。

〔11〕　《易》，即《易經》。這裏指的是孟喜的《古文易經》。參見《周易正義》提要注。

〔12〕　《書》，即《尚書》，這裏指孔安國校訂的《古文尚書》。參見《尚書正義》提要注。

毛氏〔1〕、《禮》周官〔2〕、《春秋》左氏〔3〕、《論語》〔4〕、《孝經》〔5〕，皆古文。"考劉知幾《史通》〔6〕，稱："《古文尚書》得之壁中，博士孔安國以校伏生所誦〔7〕，增多二十五篇（案：此亦據梅賾《古文》而言〔8〕，實則孔氏原本僅增多十六篇）。更以隸古字寫之，編爲四十六卷。司馬遷屢采其事〔9〕，故遷多有古説。至於後漢，孔氏之本遂絕。其有見於經典者，諸儒皆謂之逸書。"是孔氏壁中之書，慎不得見。《説文》末載慎子冲上書，稱："慎古學受之賈逵。"〔10〕而《後漢書·儒林傳》又稱："扶風杜林傳《古文尚書》〔11〕，林同郡賈逵爲之作訓，馬融作傳〔12〕，鄭玄注解。由是《古文尚書》遂顯於世。"是慎所謂"孔氏《書》"者，即杜林之本。顧《隋志》

---

〔1〕《詩》毛氏，西漢傳授《詩經》者有齊、魯、韓、毛四家，其中毛氏（毛亨、毛萇）所傳，屬於古文經學一派。參見《毛詩正義》提要注。

〔2〕《禮》周官，《周官》是一部關於上古官制的書，西漢劉歆將其改名《周禮》，以便托古改制。東漢鄭玄將其與《儀禮》《禮記》并列，合稱"三禮"。參見《周禮注疏》提要注。

〔3〕《春秋》左氏，據《漢書·藝文志》，闡釋《春秋經》的著作有《左傳》《公羊傳》《穀梁傳》《鄒氏傳》《夾氏傳》五家。此處專取《左氏傳》，屬於古文經。參見《春秋左傳正義》提要注。

〔4〕《論語》在西漢時有《齊論》《古論》《魯論》三種版本，今本《論語》基本上是魯國學者所傳的《魯論》。參見《論語正義》提要評析。

〔5〕《孝經》，參見《孝經正義》提要注。

〔6〕劉知幾，參見《春秋左傳正義》提要注。

〔7〕《古文尚書》、孔安國，參見《尚書正義》提要注。伏生（前260—前161），字子賤，秦末漢初大儒，《尚書》學的開創者。

〔8〕梅賾，參見《尚書正義》提要注。

〔9〕司馬遷，參見《春秋左傳正義》提要注。

〔10〕賈逵，參見《春秋左傳正義》提要注。

〔11〕杜林（？—47），字伯山，扶風茂陵（今陝西興平）人。官至侍御史、大司空。曾治《古文尚書》。

〔12〕馬融，參見《周禮注疏》提要注。

稱："杜林《古文尚書》所傳僅二十九篇。又雜以今文，非孔舊本（案：古文除去無師說者十六篇，正得伏生二十九篇之數，非雜以今文。《隋志》此文，亦據梅賾《古文》，未及與《漢書》互校）。自餘絕無師說。"陸德明《經典釋文》采馬融《注》甚多[1]，皆《今文尚書》，無《古文》一語。即《説文》注中所引，亦皆在今文二十八篇之中，朱彝尊《經義考》辨之甚明[2]（案：彝尊又謂惟"若藥不暝眩"一句，出古文《說命》[3]，殆因《孟子》所引而及之[4]。然此句乃徐鍇《說文繫傳》之語[5]，非許慎之原注，彝尊偶爾誤記[6]，移甲爲乙，故今不取其說）。則慎所謂孔氏本者，非今五十八篇本矣。以意推求，《漢書·藝文志》稱"劉向以中古文校歐陽、大小夏侯三家經文[7]，《酒誥》脱簡一[8]，《召誥》脱簡二[9]，文字異者七百有餘，脱字數十"云云，所謂"中古文"，即孔氏所上之《古文》存於中秘者。是三家之本立在博士者，皆經劉向以《古文》勘定，改其訛脱，其書已皆與《古文》同。儒者據其訓詁言之，則曰大小

---

〔1〕陸德明，參見《經典釋文》提要"陸元朗"注。

〔2〕朱彝尊，參見《尚書正義》提要注。

〔3〕《說命》，《古文尚書》篇名。講述了武丁和傅說的故事，是一段具有傳奇色彩的聖君賢相之佳話。

〔4〕《孟子》，參見《孟子正義》提要注。

〔5〕徐鍇，參見《說文繫傳》提要注。

〔6〕"記"，殿本作"觀"。

〔7〕劉向，參見《周禮注疏》提要注。歐陽，即歐陽高，字子陽，千乘（今山東高青）人。西漢經學家。大小夏侯，指西漢今文《尚書》學者夏侯勝、夏侯建。二人研究《今文尚書》，是"大夏侯學"和"小夏侯學"的創始者。

〔8〕《酒誥》，《尚書》篇名，記載了周公（姬旦）的道德主張，是歷史上最早的倫理學文獻之一。

〔9〕《召誥》，《尚書》篇名，記周太保召公至洛相宅、周公前往視察，然後奠基郊祀、營建洛邑的經過，以及召公誥論成王"敬德""保民"之辭。

夏侯、歐陽《尚書》；據其經文言之[1]，則亦可曰孔氏《古文尚書》。第三家解説，祇有伏生二十八篇遞相授受，餘所增十六篇不能詮釋，遂置不言。故馬融《書序》稱：“逸十六篇絶無師説也。”[2]（案：融《序》今不傳，此語見孔穎達《尚書正義》中）使賈逵所傳杜林之本，即今五十八篇之本，則融嘗因之作傳矣，安有是語哉？又《後漢書·杜林傳》稱“林前於西州得漆書《古文尚書》，嘗寶愛之，雖遭艱困，握持不離身”云云，是林所傳者乃古文字體，故謂之“漆書”。是必劉向校正三家之時，隨二十八篇傳出。以字非隸古，世不行用。林偶得之以授逵，逵得之以授慎。故慎稱爲孔氏本，而亦止二十八篇，非真見安國舊本也[3]。論《尚書》者，惟《説文》此句，最爲疑竇。閻若璩《尚書古文疏證》率於此句[4]，遂誤以馬、鄭所注爲孔氏原本，亦千慮之一失，故附考其源流於此[5]。

【比對一】
《薈要》本《説文解字》提要[6]

臣等謹案：《説文解字》三十卷。漢太尉南閣祭酒汝南許慎撰。凡十四篇，合《目録》一篇爲十五篇。分五百四十部，爲文九千三百五十三，重文一千一百六十三，注十三萬三千四百四十字。推究六書之義，分部類從，至爲精密。而訓詁簡質，猝不易通。又音韻改移，古今異讀，諧聲諸字，亦每難明。故傳本往往訛異。宋

---

[1] 殿本無“言之”二字。
[2] 殿本無“逸”字。
[3] “真”，殿本作“慎”，誤。
[4] 閻若璩，參見《尚書正義》提要注。
[5] “於”，殿本作“如”。
[6] 本校注以《薈要》本提要（495字）爲底本，以文溯閣本（440字）爲校本。

雍熙三年，詔徐鉉、葛湍、王惟恭、句中正等重加刊定。凡字爲《説文》注義序例所載，而諸部不見者，悉爲補録。又有經典相承，時俗要用，而《説文》不載者，亦皆增加，別題之曰“新附字”。其本有正體，而俗書訛變者，則辨於注中；其違戾六書者，則別列卷末。或注義未備，更爲補釋，亦題“臣鉉等按”以別之〔1〕。音切則一以孫愐《唐韻》爲定。以篇帙繁重，每卷各分上下，即今所行毛晉刊本是也。

自魏晉以來言小學者，皆祖慎。至李陽冰始曲相排斥〔2〕，未協至公。然慎書以小篆爲主〔3〕，其中兼收籀、古。李燾已疑爲吕忱所加。至於隸書、行書、草書〔4〕，則各爲一體，孳生轉變，時有異同，不能悉以小篆相律。故顏元孫《干禄字書》曰：“自改篆行隸，漸失其真。若總據《説文》，便下筆多礙。當去泰去甚，使輕重合宜。”其持論最爲平允〔5〕。明黃諫《從古正文》諸書，乃皆以小篆改易今文，使讀者不能辨識，詭激取名，殊非慎本意〔6〕。又所引《五經》文字，與今本多不相同，如“江有汜”復作“江有洍”之類，亦時時自相違異。蓋漢人師説本不一家，各尊所聞，不爲慎累。好奇者或據之以改經，則謬戾更甚矣〔7〕。乾隆四十三年二月恭校上〔8〕。

---

〔1〕 “按”，文溯閣本作“案”。

〔2〕 文溯閣本無“始”字。

〔3〕 “主”，文溯閣本作“宗”。

〔4〕 “行書、草書”，文溯閣本作“章草”。

〔5〕 “故顏元孫……其持論最爲平允”一段文字，文溯閣本作“顏之推《家訓》所論最得其平”。

〔6〕 “明黃諫……非慎本意”一段文字，文溯閣本作“戴侗等乃以篆入楷，詭激取名，亦非慎本意”。

〔7〕 文溯閣本無“更”字。

〔8〕 “乾隆四十三年二月”，文溯閣本作“乾隆四十七年九月”。

【比對二】

初目本殘篇[1]

（上殘）中兼收籀、古，李燾已疑爲吕忱所加。至於隸書、章草，則各爲一體，孳生轉變，時有異同，不能悉以小篆相律。顏之推《家訓》所論，最得其平。戴侗等乃以篆入楷，詭激取名，亦非慎本意。又所引《五經》文字，與今本多不相同，如"江有汜"復作"江有沱"之類，亦時時自相違異。蓋漢人師説本不一家，各尊所聞，不爲慎累。好奇者或據之以改經，則謬戾甚矣。

【比對三】

《簡明目録》本《説文解字》提要[2]

《説文解字》三十卷，漢許慎撰，宋徐鉉等補注補音，并增加"新附字"。原本十四篇，合《目録》爲十五篇。鉉等重校，乃每卷各分爲二。其書爲小篆之祖。作小篆而不從其偏旁，是爲偭規錯矩。至於八分、隸、行、草書，則各自爲體，或相沿或不相沿，不能盡繩以小篆。或據小篆以改隸，至於怪不可識，則非可行之道也。

【評析】

東漢許慎之《説文解字》三十卷，是中國古文字學的奠基之作，

---

[1] 録自江慶柏等整理：《四庫全書初次進呈存目》，第 94 頁。存 132 字。其文字與《薈要》本接近，蓋爲《薈要》本之底本。

[2] 録自《四庫全書簡明目録》卷四，凡 117 字。

具有重要的學術價值和歷史地位。許慎創造性地以 540 個部首安排文字，分部類從，以意繫聯。每個字先列小篆形體，再根據字形進行說解，探明其本義。《說文解字》是幫助人們讀懂古文獻的重要工具書，是連貫古今的橋梁。

五代北宋之際，徐鉉、徐鍇兄弟均對《說文解字》有精深研究。南唐時期，弟徐鍇率先撰寫《說文解字繫傳》四十卷，世稱"小徐本"。北宋雍熙三年（986），兄徐鉉奉詔對《說文解字》進行校訂重勘，世稱"大徐本"，之後成爲最通行的版本。大徐本對小徐本有所吸收和借鑒。本提要即介紹大徐本《說文解字》，主要有以下幾點內容：

一、《說文解字》的編定及流傳

（一）《說文解字》簡介

提要首先對《說文解字》的作者、篇數、體例等進行說明。作者爲東漢許慎，提要對其字號、官職、里籍一一言明。成書時間爲東漢和帝永元十二年（100）。全書正文 14 篇，《目錄》1 篇，共 15 篇。對於書中收字數量、異體字數、注文字數皆有統計：收字 9353 個（小篆），另有重文（古文、籀文）1163 個；許慎運用六書理論對所收字進行分析，注釋文字達 133440 字（當爲 133441 字）。在編排上按照同部類聚的原則，全書字頭共分爲 540 部，州分部居，體大而精。

（二）後代刊刻與流傳情況

1. 宋朝刊定工作。提要認爲，由於書中釋義過於簡單，加之音韻改易，傳本錯訛，所以到了宋代，已經很難讀懂了。宋雍熙三年（986），徐鉉、葛湍、王惟恭、句中正等人奉詔對《說文解字》重加刊定。校補工作主要有以下幾項：（1）補錄在《說文解字》注義序例中出現而各部未載的字；（2）增加了一批《說文解字》中未出現的字；（3）在注中標明訛變產生的異體字，其中不能用六書理論解釋的，在卷末列出；（4）釋義不完備者加以補釋，并用"臣鉉等按"加以區分；（5）依據孫愐《唐韻》標注字音；（6）將十五卷各分上、下卷，改爲今天通行的三十卷本。毛晉父子刊行的汲古閣本《說文解字》三十卷，是清代前期較爲通行的版本。

2.流傳中的錯誤。（1）版本誤認。明萬曆年間，宮氏刻宋李燾《說文解字五音韻譜》十卷。此書乃是對《說文解字》的改編，根據五聲來重新安排《說文解字》所收文字。大概因其完整保存了《說文解字》的内容（字頭、釋義、字形分析等），陳大科、陳啓源、顧炎武等竟將李燾的《說文五音韻譜》誤認爲是徐鉉等人校訂的《說文解字》。

（2）古籀來源之誤。李燾在書中引用唐朝林罕之説，認爲《說文解字》中的古文、籀文爲吕忱所增。提要舉出兩點證據加以駁斥：第一，許慎在《說文解字叙》中便已明確交代"今叙篆文，合以古籀"，可知書中古文、籀文乃許慎所列，并非吕忱所增。第二，北魏江式《論書表》中稱吕忱《字林》"附托許慎《説文》，而按偶章句，隱別古籀奇惑之字"，證明《說文解字》中的古文、籀文乃許慎原書既有，并非後來吕忱所增。當然，《字林》對《說文解字》的字頭有少量增補，但沒有增補古文、籀文。

二、《説文解字》的應用

1.《説文》篆文、籀文與後世行書、草書的關係。魏晋南北朝時期，地方割據，南北阻隔，形成了"世易風移，文字改變，篆形謬錯，隸體失真"的狀况，異體別字，比比皆是。魏晋以來，每言及小學，皆以許慎《說文解字》爲宗。但《說文解字》的字頭是小篆，是古文字，而隸書、行書、草書等則各自爲體。文字形體是不斷演變的，每種字體各盡其用，不能泥古不化。館臣引用徐鉉《上新校訂説文解字表》中的話，認爲金石碑刻上的高文典册，宜使用篆文、籀文；至於平時書寫，則應以隸書、草書爲主。

2. 讀《説文解字》的正確態度和方法。明人黄諫作《從古正文》，依篆文定楷書正訛，造出許多奇形怪態之字，且書中多有自相矛盾之處。提要對其"據篆改隸"的做法提出批評，認爲他未識六書之旨。有人據之改經，一心求奇，此非可行之道。能够通曉其意，同時不拘泥於字形字體，纔是利用《説文解字》的正確方法。

三、按語——《説文解字》"古文"來源考

各閣本的書前提要，都没有這段按語，可見按語是紀昀等在彙編《四庫全書總目》時增補的。按語部分有八百餘字，主要考察了《説文解字》中"古文"的來源。

據唐劉知幾《史通》的記載，《古文尚書》從壁中得，孔安國加上伏生背誦的内容，重新用隸古字進行書寫。然而至東漢時期，孔安國所作的本子已經失傳，因此許慎見不到孔壁中的《古文尚書》。

《後漢書·儒林傳》記載，扶風郡杜林曾傳授《古文尚書》，同郡人賈逵爲之作訓。許冲在《上説文解字表》中，稱"慎本從逵受古學"，可知許慎所説的"《書》孔氏"來自賈逵，乃是杜林本，其"古文"來源於此。根據當代學者考證，東漢杜林得到《漆書古文》一卷，是孔氏所傳古文真本，杜氏即據古文字體改寫今文二十九篇，爲《古文尚書》。杜林傳賈逵、馬融，賈逵傳許慎[1]。許慎《説文解字》中的古文字形，當源自杜林。

《薈要》本、文溯閣本提要的内容較爲簡略，近 500 字。與詳本相比，減省的内容有：1. 李燾《説文五音韻譜》被誤認爲是徐鉉等校訂的《説文解字》；2.《説文解字》中古文、籀文并非吕忱所增

[1] 張宗友：《〈經義考〉研究》，中華書局 2009 年版，第 193 頁。

的具體論證；3. 徐鉉關於字體演變的觀點（僅保留顏氏的觀點，以"最爲平允"評之，態度更加鮮明）；4.《從古正文》中引文與今本不同或自相違異的部分例證；5. 按語部分關於《說文解字》"古文"來源的内容（大約 800 餘字）。

《簡明目録》本的提要最爲簡略，凡 117 字。舉例、考辨、按語部分全部删削。對《說文解字》作者、内容介紹極簡。在宋朝刊定工作上，僅以"鉉等重校，乃每卷各分爲二。其書爲小篆之祖"兩句帶過。又以寥寥幾語簡要說明古文之學支派分别、各不相合的原因，并批評"據篆改隸"的錯誤做法。

總之，各提要内容相關，觀點基本一致，學術價值較高。但也有取捨失當之處。例如《總目》本的按語部分，以 800 餘字的篇幅梳理《古文尚書》的流傳情況，這雖然增加了《總目》的學術含量，但正如胡玉縉《四庫全書總目提要補正》所云："（按語）迂回不得其旨，段玉裁注極曉暢，孟《易》非壁中，尤足以破《總目》之惑。"其實，許慎是文字學家，其《說文解字叙》中所謂"《書》孔氏……皆古文也"，并非指古文經，而是指"古文"字形，是一種流行於戰國時期的字體。杜林、賈逵傳授的《尚書》，是用古文字體書寫的，爲許慎所取資。紀昀等對今古文《尚書》的發現、流傳、篇目、注釋情況反復申説，迂回考辨，不得要領，也有跑題的嫌疑。

其實，清張行孚《說文發疑》曾對"新附字"是否爲徐鉉所加提出疑義。唐代陸德明《經典釋文》、李善《文選注》中所引"濤""劇"等字實爲今本之"新附字"，可知在宋朝徐鉉等人重刊之前，這些字就已經存在，或有一部分已經存在。"新附字"并不完全係徐鉉所加。如此重要的内容，却爲提要所遺漏，是不應該的。

各提要的撰寫時間是：初目本（乾隆四十年左右）—《薈要》本（乾隆四十三年二月）—文淵閣本（乾隆四十六年十一月）—文溯閣本（乾隆四十七年九月）—《簡明目録》本（乾隆四十七年）—文津閣本（乾隆四十九年十月）—《總目》浙本、殿本（乾隆六十年）。

説文繫傳四十卷[1]

《説文繫傳》四十卷（兵部侍郎紀昀家藏本）[2]，南唐徐鍇撰[3]。鍇字楚金，廣陵人。官至右内史舍人[4]。宋兵下江南，卒

---

〔1〕本校注以浙本《四庫全書總目》卷四十一《説文繫傳》提要（862字）爲底本，以殿本（860字）、文淵閣本（820字）、文溯閣本（721字）、文津閣本（674字）爲校本。《説文繫傳》四十卷，全稱《説文解字繫傳》，南唐徐鍇著。世人稱其兄徐鉉校訂的《説文解字》爲"大徐本"，徐鍇所著《説文繫傳》爲"小徐本"。全書分爲《通釋》《部叙》《通論》《袪妄》《類聚》《錯綜》《疑義》《系述》8篇。

〔2〕"《説文繫傳》四十卷（兵部侍郎紀昀家藏本）"，文淵閣本、文溯閣本、文津閣本作"臣等謹案：《説文繫傳》四十卷"。

〔3〕徐鍇（920—974），字楚金，廣陵（今江蘇揚州）人。南唐文字學家、文學家。徐鉉之弟。南唐李璟時，爲秘書郎，遷齊王記室，因事貶烏江尉。後召還，授右拾遺、集賢殿直學士、虞部員外郎。李煜即位，擢爲屯田郎中、知制誥、集賢殿學士，官至右内史舍人。精通文字學。著有《通釋五音》《方輿記》《古今國典》等。生平事迹見《南唐書·徐鍇傳》。

〔4〕"官至右内史舍人"句，文溯閣本、文津閣本作"仕李煜，爲校書郎"。

於圍城之中。事迹具《南唐書》本傳[1]。

是書凡八篇。首《通釋》三十卷，以許慎《説文解字》十五篇，篇析爲二。凡鍇所發明及徵引經傳者，悉加"臣鍇曰"及"臣鍇案"字以別之[2]。繼以《部叙》二卷[3]，《通論》三卷，《祛妄》《類聚》《錯綜》《疑義》《系述》各一卷。《祛妄》斥李陽冰臆説。《疑義》舉《説文》偏旁所有而闕其字[4]，及篆體筆畫相承小異者。《部叙》擬《易·序卦傳》，以明《説文》五百四十部先後之次。《類聚》則舉字之相比爲義者，如一、二、三、四之類。《錯綜》則旁推六書之旨，通諸人事，以盡其意。終以《系述》，則猶《史記》之《自叙》也[5]。

鍇嘗別作《説文篆韻譜》五卷[6]，宋孝宗時李燾因之作《説文解字五音譜》[7]。燾《自序》有曰："《韻譜》當與《繫傳》并行。今《韻譜》或刻諸學官，而《繫傳》迄莫光顯。余蒐訪歲久，僅得其七八闕卷。誤字無所是正，每用太息。"則《繫傳》在宋時已殘闕不完矣。今相傳僅有鈔本[8]，錢曾《讀書敏求記》至詫爲"驚人秘笈"[9]，然脱誤特甚。卷末有熙寧中蘇頌《記》云："舊闕

---

[1]《南唐書》三十卷，紀傳體史書，北宋馬令著，記載自李昇代吴至李煜降宋間的興衰史。

[2]"案"，文淵閣本、文溯閣本、文津閣本作"按"，下同。

[3]"繼"，文溯閣本作"次"，義同。

[4]"字"，文津閣本作"下"，誤。

[5]《自叙》，即《史記·太史公自序》，《史記》最後一篇。該序記述了作者司馬遷的家族世系，家學淵源、著書經過，并對書中每一篇進行解題，感情激蕩，思想深邃。

[6]《説文篆韻譜》五卷，南唐徐鍇撰。其書根據四聲分部，取許慎《説文解字》的内容編次成書。所注頗爲簡略。

[7]李燾，參見《説文解字》提要注。

[8]"鈔"，殿本、文淵閣本、文津閣本作"抄"，義同。

[9]錢曾，參見《論語義疏》提要注。

二十五、三十，共二卷，俟別求補寫。"〔1〕此本卷三十不闕，或續得之以補入。卷二十五則直録其兄鉉所校之本〔2〕，而去其新附之字〔3〕。殆後人求其原書不獲，因摭鉉書以足之。猶之《魏書》佚《天文志》〔4〕，以張太素書補之也〔5〕。其餘各部闕文，亦多取鉉書竄入。

考鉉書用孫愐《唐韻》，而鍇書則朝散大夫行秘書省校書郎朱翱別爲反切〔6〕。鉉書稱"某某切"〔7〕，而鍇書稱"反"。今書内音切與鉉書無異者，其訓釋亦必無異。其移掇之迹，顯然可見。至《示部》竄入鉉新附之"祧""祆""祚"三字〔8〕，尤鑿鑿可證者。錯編篇末〔9〕，其文亦似未完，無可采補，則竟闕之矣。此書成於鉉書之前，

---

〔1〕蘇頌（1020—1101），字子容，潤州丹陽（今屬江蘇）人。北宋中期宰相，曾任右僕射兼中書門下侍郎，集賢院校理等職，以太子少師致仕，卒贈司空、魏國公。著有《圖經本草》《新儀象法要》《蘇魏公文集》等。《宋史》卷三百四十有傳。

〔2〕殿本此處"十"字空缺。

〔3〕"新"，殿本作"所"。今按，作"新"是。

〔4〕《魏書》一百三十卷，北齊魏收撰，紀傳體北魏史。全書共有紀十二卷、志二十卷、列傳九十八卷。《天文志》專門記載某朝代之天文異象。《魏書》到北宋時亡佚殘缺已達二十九卷，後人用張太素書補《天文志》所闕内容。

〔5〕張太素，唐代人，曾撰《後魏書》一百卷，已佚。經考證，今本《魏書》中的《太宗紀》一卷和《天象志》二卷，是以隋魏澹《魏書》、唐張太素《魏書》補綴而成。

〔6〕朱翱，南唐人，音韻學家，其反切采用南唐音系，是很寶貴的語音史資料。

〔7〕文淵閣本無"稱"字。

〔8〕"祆"，殿本、文淵閣本、文溯閣本、文津閣本作"祆"。據《説文·示部》作"祆"是。

〔9〕"編"，殿本、文淵閣本、文溯閣本、文津閣本作"綜"。今按，作"編"是。

故鉉書多引其説〔1〕，然亦時有同異〔2〕。如鉉本"福，祜也"〔3〕，此作"備也"。鉉本"茦〔4〕，耕多艸"，此作"耕名"。鉉本"迹〔5〕，前頡也"，此作"前頓也"。鉉本"鸘，大鶌也"〔6〕，此從《爾雅》作"天鷀也"〔7〕。又鉉本"祭"字下引《禮記》、"裯"字下引《詩》之類〔8〕，此作"臣鍇案《禮記》曰"，"臣鍇案《詩》曰"，則鍇所引，而鉉本淆入許氏者甚多。又如"罷"字下云"闕"，此作"家本無注。臣鍇案，疑許慎子許冲所言也"〔9〕。是鉉直删去"家本無注"四字，改用一"闕"字矣〔10〕。其憑臆删改，非賴此書之存，何以證之哉？

此書本出蘇頌所傳，篆文爲監察王聖美、翰林祇候劉允恭所書〔11〕。卷末題"子容"者，即頌字也。乾道癸巳，尤袤得於葉夢得家〔12〕，寫以與李燾。詳見袤《跋》。書中有稱"臣次立案"者，

---

〔1〕 "説"，文淵閣本作"書"。今按，作"説"義長。

〔2〕 "同異"，文溯閣本、文津閣本作"異同"。又，此下"如鉉本"至"何以證之哉"一段，文溯閣本、文津閣本無。

〔3〕 "祜"，殿本作"祐"。據《説文·示部》，作"祜"是。

〔4〕 "茦"，殿本、文淵閣本作"茉"。據《説文·艸部》，作"茦"是。

〔5〕 "迹"，殿本、文淵閣本作"迎"，誤。

〔6〕 "大鶌也"，《説文·鳥部》作"天龠也"。

〔7〕 "鷀"，殿本作"顱"，誤。

〔8〕 "裯"，殿本作"裯"。據《説文·示部》，作"裯"是。

〔9〕 許冲，許慎之子，在許慎去世之後將《説文解字》呈獻給朝廷，并作《上〈説文解字〉表》。

〔10〕 殿本無"矣"字。

〔11〕 王子韶，字聖美，宋太原（今屬山西）人。官至集賢殿修撰、知明州。曾與陸佃修定《説文》，明確提出形聲字的聲符兼表音義的觀點。劉允恭，字子虔，宋奉天錦縣（今遼寧凌海）人。曾任翰林御書院祇候。

〔12〕 尤袤，參見《論語義疏》提要注。葉夢得，參見《春秋左傳正義》提要注。

張次立也〔1〕。次立官至殿中丞，嘗與寫《嘉祐二字石經》〔2〕，陶宗儀《書史會要》載其始末云〔3〕。（案：是書在徐鉉校《説文》之前〔4〕，而列其後者，鉉校許慎之原本，以慎爲主，而鉉附之。此書鍇所論著，以鍇爲主，故不得而先慎也。）〔5〕

【比對】
《簡明目録》本《説文繫傳》提要〔6〕

《説文繫傳》四十卷，南唐徐鍇撰。其音切則朱翱作也。首《通釋》三十卷，以許慎《説文解字》十五篇，每篇析而爲二。凡鍇所發明，列於慎注之後，題名以別之。次爲《部叙》二卷，《通論》三卷，《袪妄》《類聚》《錯綜》《疑義》《系述》各一卷。原本殘缺，多以徐鉉所校《説文》竄補。今悉爲考訂釐正，俾無牀訛。（謹案：是

---

〔1〕張次立，北宋官員，工於篆書。宋仁宗嘉祐六年（1066），奉詔篆國子監石經。又曾爲徐鍇《説文繫傳》作補。

〔2〕“祐”，文淵閣本作“祐”，誤。《嘉祐二字石經》，用篆體、楷體兩種字體書寫《易》《書》等九部經書，故稱“二體石經”。因其刻於北宋仁宗慶曆元年至嘉祐元年（1041—1061），故稱“嘉祐石經”或“北宋石經”。

〔3〕文淵閣本句末多“矣”字。陶宗儀（約1329—1412），字九成，號南村，明黃岩（今屬浙江）人。著有《書史會要》《南村輟耕録》等。其中《書史會要》九卷係書學史傳著作，輯録上古至元代能書者小傳共450人，并采掇前人有關書法的論述。

〔4〕文淵閣本脱“説”字。

〔5〕文淵閣本、文津閣本無此段案語。文淵閣本有“乾隆四十六年十二月恭校上”，文溯閣本作“乾隆四十七年九月恭校上”，文津閣本作“乾隆四十九年五月恭校上”。

〔6〕本提要録自《四庫全書簡明目録》卷四，凡155字。

書在徐鉉校刊《說文》之前，而列於其後者，鉉所校本乃許慎原書，不以鉉爲主。鍇則多所論述，自爲一書，以鍇爲主故也。）

【評析】

徐鍇爲徐鉉之弟，但其《說文繫傳》却完成於南唐，在徐鉉校訂《說文解字》之前。館臣所撰提要，包括詳本（浙本、殿本、文淵閣本）、簡本（文溯閣本、文津閣本）、極簡本（《簡明目錄》本）三個系統。詳本提要主要有以下内容：

一、《說文繫傳》簡介

提要首先對《說文繫傳》的卷數、版本及作者進行簡要介紹。《總目》浙本、殿本皆交代《說文繫傳》的版本來源，即兵部侍郎紀昀家藏本。《說文繫傳》的作者爲南唐徐鍇，官至右内史舍人。提要對作者生平不作贅述，但交代其傳記出處爲《南唐書》本傳，既能節約篇幅，又能擴充讀者閱讀範圍。提要對《說文繫傳》各篇之卷數、體例及主要内容略加介紹，幫助讀者瞭解《說文繫傳》的基本情況。

二、《說文繫傳》流傳及補寫情況

根據李燾《說文解字五音譜》自序可知，《說文繫傳》在宋朝便已殘缺，所得殘卷也有不少錯漏。清初僅有抄本流傳。根據清錢曾《讀書敏求記》卷末蘇頌記，可知舊本《說文繫傳》缺少第二十五卷和第三十卷。而今本不缺，應爲後人補足。其中，第三十卷爲尤袤求得殘書後與其子共同補抄，而第二十五卷實爲借大徐本補抄，但删去大徐本"新附字"而已，其餘内容直接過録到《說文繫傳》

中。書中各部分凡有所缺，多取大徐本補入。提要列舉了大徐本竄入《説文繫傳》的證據，包括音切術語、《繫傳》中出現"新附字"、内容不完整等。

三、大小徐本之異同

音讀方面，鉉書取《唐韻》作"某某切"，而鍇書爲朱翱所標，作"某某反"。二者相同者，多因鍇書殘缺，據鉉書抄補，留下痕迹。不過，徐鍇《説文繫傳》成書在先，故徐鉉本引徐鍇之説甚多，又由於徐鉉追求凝練，删去"臣鍇案"字樣，致使徐鍇之語，誤入許慎正文之中，是其缺陷。不過，到底是徐鉉抄了徐鍇，還是後人將徐鉉的話抄進了鍇書，確實是個值得探討的問題。

四、版本源流

《四庫全書》所采底本爲紀昀家藏本，但《總目》提要中并未言明此本情況。提要在文末指明傳世《説文繫傳》的版本源自宋蘇魏公（即北宋宰相蘇頌）家鈔本。據卷末蘇頌《跋》可知，蘇頌從王聖美得到此書後傳録，由劉允恭等人書寫篆文。後葉夢得從蘇頌手中借來此書，尤袤又從葉夢得處得來，但其書一半斷爛不可讀，遂進行鈔補，寫與李燾。北宋張次立曾爲徐鍇《説文繫傳》作補，此本中仍有張次立按語。傳承次序如下：

王子韶（聖美）—蘇頌—葉夢得—尤袤—李燾—張次立。

五、按語——排列次序的說明

《四庫全書總目》各部類所收文獻，均以時代先後編次。徐鍇《説文繫傳》一書成書在徐鉉校刊《説文解字》之前，若以時間先後排列，

《説文繫傳》理應置於《説文解字》之前，今則不然。提要在按語中指明，因徐鉉對《説文解字》祇是做校勘工作，以許慎爲宗，述而不作。而徐鍇一書則多有創見，自成一書，除了梳理和注釋原書外，還有很多專題性研究，可視爲徐鍇的個人著作，故將《説文繫傳》一書列於《説文解字》之後。

需要説明的是，《總目》浙本、殿本和文淵閣本書前提要内容幾乎完全相同，而文溯閣本、文津閣本書前提要在字數上略少於《總目》本和文淵閣本。其主要差異在於文溯閣、文津閣本書前提要無文末的按語以及"如鉉本……何以證之哉"一段文字，即無大小徐本差異的具體例證。其餘部分高度一致，幾無差異。

《簡明目録》本的提要内容極簡，僅有 155 字，要言不煩。主要介紹《説文繫傳》的基本結構、内容和闕卷補抄情况，并交代將該書編在鉉書之後的理由。

此外，《四庫全書》的編纂正值漢學思想盛行，比較重視名物訓詁考據的時期。以紀昀爲首的編纂官在提要中也表現出了比較明顯的漢學思想。與各書前提要相比，《總目》提要在考據上發力較多，對書之真偽、書籍的流傳及版本考證尤詳，極大增加了提要的價值。例如，《説文解字》提要按語對《古文尚書》版本及來源做詳細考證，《説文繫傳》提要詳細介紹了小徐本的流傳和補寫情况，都體現了這種學風。

在對待經典的態度上，四庫館臣十分謹慎，不輕易質疑和改動原書，更傾向於保留古籍原貌。在《説文繫傳》提要中，館臣以大量例證揭示了兩書的"糾纏"，證明大徐本刪改了許慎原書，同時對此做法提出批評。不難看出館臣對於經典的尊崇和重視。

各提要的寫定時間是：文淵閣本（乾隆四十六年十二月）—文溯閣本（乾隆四十七年九月）—《簡明目録》本（乾隆四十七年）—文津閣本（乾隆四十九年五月）—《總目》浙本、殿本（乾隆六十年）。

重修廣韻五卷[1]

《重修廣韻》五卷（兩淮馬裕家藏本）[2]，宋陳彭年、邱雍等

---

[1] 本校注以浙本《四庫全書總目》卷四十二《重修廣韻》提要（498字）
爲底本，以殿本（498字）、初目本（525字）、《薈要》本（298字）、
文淵閣本（506字）、文溯閣本（557字）、文津閣本（558字）爲校本。《重
修廣韻》，全稱《大宋重修廣韻》，宋陳彭年、邱雍等撰寫，爲增廣陸法言《切
韻》而成，故名《廣韻》。全書凡五卷，收字26194個，分206韻。每個字
頭，均先釋義，後用反切注音，并將許多同音字排列於一字頭下，或注明異
讀，爲研究中古音之重要依據，亦爲研究古代文字、訓詁之重要材料。現有
周祖謨校定的《廣韻校本》。

[2] "《重修廣韻》五卷（兩淮馬裕家藏本）"，初目本作"《重修廣韻》五卷"，《薈
要》本、文淵閣本、文津閣本作"臣等謹案：《重修廣韻》五卷"，文溯閣
本作"臣等謹案：《廣韻》五卷"。馬裕，清代藏書家馬曰琯之子。馬曰璐、
馬曰琯并稱"揚州二馬"，是揚州著名藏書家，在乾隆年間以進奉書籍多而
受到乾隆皇帝嘉獎。

奉勅撰〔1〕。

　　初，隋陸法言以呂靜等六家韻書各有乖互〔2〕，因與劉臻、顔之推、魏淵、盧思道〔3〕、李若、蕭該、辛德源、薛道衡八人〔4〕，

------

〔1〕陳彭年（961—1017），字永年，建昌軍南城（今屬江西）人。北宋雍熙二年（985）進士，歷任江陵府司理參軍、大理寺詳斷官、知閬州、直史館兼崇文院檢討等職。大中祥符年間召入翰林，充學士兼龍圖閣學士，同修國史，拜刑部侍郎、參知政事。著有《唐紀》《江南別録》等。邱雍，也作"丘雍"，北宋人，生平無考，曾參加修訂《玉篇》及《廣韻》。

〔2〕初目本奪"以"字。"互"，文津閣本作"誤"。陸法言，隋代音韻學家，名詞，以字行。魏郡臨漳（今屬河北）人。官承奉郎，因父罪連坐除名。著有《切韻》五卷。呂靜等六家韻書，司馬朝軍《〈四庫全書總目〉精華録》云："指西晉呂靜的《韻集》、南朝梁夏侯詠的《四聲韻略》、北周陽休之的《韻略》、周思言的《音韻》、李季節的《音譜》和杜臺卿的《韻略》。"以上韻書，均已散佚。

〔3〕"盧"，初目本作"慮"，誤。

〔4〕劉臻（527—598），字宣摯，沛國相（今安徽宿縣）人。隋朝文學家。曾有文集十卷，已佚。《隋書》有傳。顔之推（531—約595），字介，北齊琅邪臨沂（今屬山東）人。所著《顔氏家訓》凡20篇，述立身治家之法，辯正時俗之謬；又兼論字書音訓，考正典故，品第文藝，向爲學者所推重。《北齊書》《北史》有傳。魏淵，隋初人，官著作郎，曾參與討論《切韻》的編寫原則。盧思道（約530—582），字子行，范陽（今河北涿州）人。歷仕北齊、北周。隋開皇初，除散騎常侍。有《盧武陽集》。李若，隋初人，官散騎常侍，曾撰《文選音義》，并參與討論《切韻》的編寫原則。蕭該（約535—約610），梁鄱陽王蕭恢孫。隋開皇初，拜國子博士。著有《漢書音義》《文選音義》。辛德源（？—601），字孝基，隴西狄道（今甘肅臨洮）人。歷仕北齊、北周、隋三朝，官終蜀王諮議參軍。著有《集注春秋三傳》《法言注》《政訓》（一作《正訓》）《內訓》。薛道衡（540—609），字玄卿，河東汾陰（今山西萬榮）人。其初仕北齊；齊亡仕北周；入隋，拜內史侍郎，加開府儀同三司，隋煬帝時遷司隸大夫。今存《薛司隸集》一卷。《隋書》有傳。

撰爲《切韻》五卷〔1〕。書成於仁壽元年。唐儀鳳二年，長孫訥言爲之注〔2〕。後郭知玄、關亮、薛峋、王仁煦、祝尚丘遞有增加〔3〕。天寶十載，陳州司法孫愐重爲刊定，改名《唐韻》〔4〕。後嚴寶文、裴務齊、陳道固又各有添字〔5〕。

宋景德四年，以舊本偏旁差訛〔6〕，傳寫漏落，又注解未備，乃命重修。大中祥符四年書成，賜名《大宋重修廣韻》，即是書也。舊本不題撰人，以丁度《集韻》考之〔7〕，知爲彭年、雍等爾。

其書二百六韻，仍陸氏之舊，所收凡二萬六千一百九十四字。考唐封演《聞見記》〔8〕，載陸法言《韻》凡一萬二千一百五十八

---

〔1〕《切韻》五卷，古代韻書，隋陸法言著。收 11500 字，分 193 韻（平聲 54 韻，上聲 51 韻，去聲 56 韻，入聲 32 韻）。唐代初年被定爲官韻。原書已佚，其所反映的語音系統因《廣韻》等增訂本而得以完整流傳下來。

〔2〕“訥”，文津閣本作“納”，誤。長孫訥言，唐北平（今河北遵化）人。曾任德州司户參軍，爲陸法言《切韻》作箋注。

〔3〕“加”，文津閣本作“減”。郭知玄，唐代人，曾任多田縣丞。王仁煦，又寫作“王仁昫”，字德温，唐中宗時人，音韻學家。曾作過衢州信安縣尉。所著《刊謬補缺切韻》，乃《切韻》增訂本，爲《切韻》增字加注，幷訂正誤字，爲研究《切韻》的重要資料。“祝尚丘”，底本作“祝尚邱”，避諱字回改。

〔4〕孫愐，參見《説文解字》提要注。

〔5〕嚴寶文等，曾經爲《切韻》增字。宋章如愚《山堂考索》前集卷十一《諸子百家門·韻學類》：“陸法言撰本……關亮增加字，薛峋增加字，王仁煦增加字，祝尚丘增加字，孫愐增加字，嚴寶文增加字，裴務齊增加字，陳道固增加字。”

〔6〕“訛”，文淵閣本作“落”，誤。

〔7〕《薈要》本“集韻”下有“凡例”二字。丁度，參見《集韻》提要注。

〔8〕“演”，初目本作“寅”，誤。封演，渤海蓚縣（今河北景縣）人。唐天寶十五年（756）進士。著有《封氏聞見記》《古今年號録》《續錢譜》等。其中《封氏聞見記》十卷（簡稱《聞見記》），記各種典章制度、風俗習慣、古迹傳説、士大夫軼事等，爲唐人筆記中較有史料價值之作。

字，則所增凡一萬四千三十六字矣〔1〕。此本爲蘇州張士俊從宋槧
翻雕〔2〕，中間已闕欽宗諱〔3〕，蓋建炎以後重刊〔4〕。朱彝尊序
之〔5〕，力斥劉淵《韻》合殷於文、合隱於吻、合焮於問之非〔6〕。
然此本實合殷、隱、焮於文、吻、問，彝尊未及檢也〔7〕。

　　注文凡一十九萬一千六百九十二字，較舊本爲詳〔8〕，而冗漫
頗甚。如“公”字之下載姓氏至千餘言，殊乏翦裁〔9〕；“東”字
之下稱東宮得臣爲齊大夫〔10〕，亦多紕繆。考孫愐《唐韻序》，稱

---

〔1〕 “千”，文淵閣本作“干”，誤。又，此下“此本爲”到“未及檢也”
　　　一段凡69字，《薈要》本無。

〔2〕 張士俊，字籲三，又字景堯，自號六浮閣主人。曾於康熙年間刻印過
　　　自輯《澤存堂五種》（含《大廣益會玉篇》《廣韻》《佩觿》《字鑒》《群
　　　經音辨》）五十五卷，均據宋本翻刻。

〔3〕 “闕”，殿本、初目本、文淵閣本、文溯閣本、文津閣本作“缺”，義同。
　　　欽宗，即宋欽宗趙桓（1100—1156），北宋最後一個皇帝。

〔4〕 文溯閣本、文津閣本“刊”下有“本”字。建炎，宋高宗年號（1127—
　　　1130）。

〔5〕 “朱彝尊序之”，文淵閣本、文津閣本作“朱彝尊《曝書亭集》有爲
　　　士俊所作序”。朱彝尊，參見《尚書正義》提要注。

〔6〕 劉淵，金代江北平水（今山西臨汾）人。著有《壬子新刊禮部韻略》，
　　　分107韻，大體按照同用例歸并而成。

〔7〕 按：魏小虎《四庫全書總目彙訂》（二）引徐時棟《煙嶼樓讀書志》云：“案
　　　此本上平分文欣，上聲分脗隱，去聲分問焮，明白如此，何嘗合乎？宋人諱殷，
　　　故改二十一殷爲二十一欣。”

〔8〕 “較舊本爲詳”，文津閣本奪“較”字，作“舊本爲詳”；《薈要》
　　　本作“較舊本尤爲詳博云”。又，《薈要》本全篇到此結束，無“而冗漫
　　　頗甚”至“源流可矣”一段凡144字。

〔9〕 “翦”，初目本、文淵閣本、文津閣本作“剪”，義同。

〔10〕 今按，《左傳·隱公三年》：“衛莊公娶于齊東宮得臣之妹，曰莊姜。”
　　　杜預注：“得臣，齊大子也。此太子不敢居上位，故常處東宮。”孔疏：“得
　　　臣爲太子早死，故僖公立也。”故知得臣爲齊莊公之子，齊僖公之兄。《廣
　　　韻》以爲齊大夫，誤。

異聞、奇怪、傳説、姓氏原由〔1〕、土地、物産、山河、草木、禽獸〔2〕、蟲魚備載其間，已極蔓引。彭年等又從而益之，宜爲丁度之所譏〔3〕。潘耒《序》乃以注文繁複爲可貴〔4〕，是將以韻書爲類書也〔5〕。

著書各有體例，豈可以便於剽剟〔6〕，遂推爲善本哉? 流傳既久，存以備韻書之源流可矣〔7〕。

---

〔1〕 “原由”，諸本同，唯殿本誤作“原田”。江慶柏整理《四庫全書初
　　次進呈存目》曰：“此謂其書記姓氏來源，即孫愐《唐韻序》所説‘姓望
　　之出，廣陳名係’之意。……《原本廣韻原序》、宋章如愚《群書考索》
　　卷十一所引，亦均作‘原由’可證。”

〔2〕 “禽獸”，初目本、文溯閣本、文津閣本俱作“鳥獸”。江慶柏整理《四
　　庫全書初次進呈存目》云：“孫愐《唐韻》原序、《原本廣韻原序》、章如
　　愚《群書考索》卷十一所引等均作‘鳥獸’。”則當以“鳥獸”爲是。

〔3〕 “宜爲丁度之所譏”，初目本、文溯閣本、文津閣本作“丁度譏其‘一
　　字之左，兼載他切，既不該盡，徒釀細文’；又‘姓望之出，廣陳名系，
　　既乖字訓，復類譜牒’，其説當矣”，凡41字。更爲詳盡。

〔4〕 “潘耒序乃以注文繁複爲可貴”，文溯閣本、文津閣本作“潘耒《遂
　　初堂集》亦有此書序，極以注文繁複爲可貴”凡20字。潘耒（1646—
　　1708），字次耕，又字稼堂，吳江（今江蘇蘇州）人。清初學者，著有《類
　　音》《溯字學源流辯》《遂初堂詩集》《遂初堂文集》等。

〔5〕 類書，是抄集群書詞、句、段、篇，分類排纂，以供查檢的工具書，如《藝
　　文類聚》《太平御覽》等。

〔6〕 初目本、文溯閣本、文津閣本“便”後有“利”字。剽剟，抄襲。

〔7〕 “可矣”之下，《薈要》本有“乾隆四十三年二月恭校上”，文淵閣
　　本作“乾隆四十五年六月恭校上”，文溯閣本作“乾隆四十七年十月恭校上”，
　　文津閣本作“乾隆四十九年五月恭校上”。

【比對一】

《簡明目録》本《重修廣韻》提要[1]

《重修廣韻》五卷，宋大中祥符四年陳彭年等撰。其二百六部，仍從舊本，而注則加詳。其注可資引據者多，而傷于冗漫者亦不少。以著書體例論之，殊爲未協。惟考證家取其賅博，故重之過於原本焉。

【評析】

根據内容詳略不同，《重修廣韻》提要可以分爲三個系列：詳本系列 6 種（《總目》提要之浙本、殿本、初目本，書前提要之文淵閣本、文溯閣本、文津閣本）、簡本 1 種（《薈要》本），極簡本 1 種（《簡明目録》本）。詳本系統提要内容豐富，全面介紹《重修廣韻》的基本信息、編纂背景、内容體例、注釋特點、價值功過等。

一、基本信息與編撰背景

（一）書名、卷數與編撰者

提要首先對《重修廣韻》的卷數及編撰者進行説明：《重修廣韻》共五卷，北宋陳彭年、邱雍等奉敕編撰。但没有對編撰者生平進行介紹。

（二）《切韻》至《廣韻》發展脉絡

先叙述《切韻》的編撰緣起。南北朝是音韻學興起的關鍵時期，但由於吕靜《韻集》等六家韻書所記載的語音現象不一致，且不能

---

[1] 本提要録自《四庫全書簡明目録》卷四，凡78字。

客觀反映當時的語音系統，因而隋代陸法言與劉臻、顏之推、魏淵、盧思道、李若、蕭該、辛德源、薛道衡等人就定音之事進行探討，并於仁壽元年（601）撰成《切韻》一書。唐高宗儀鳳二年（677），長孫訥言曾爲《切韻》作注；其後有郭知玄、關亮、薛峋、王仁煦、祝尚丘等人陸續進行續注。唐玄宗天寶十載（751），孫愐重新刊定，并改名爲《唐韻》。其後，嚴寶文、裴務齊、陳道固等人又陸續增添進一些用字。宋真宗景德四年（1007），由於舊本存在偏旁差訛、傳寫漏落、注解未備等問題，於是著手重新修撰韻書，於宋真宗大中祥符四年（1011）修成，賜名《大宋重修廣韻》。舊本不題撰人，通過考察丁度《集韻》，確定爲陳彭年、邱雍等人所編撰。

二、內容、體例與版本

（一）分韻與收字

《重修廣韻》共五卷，平聲分上下二卷，上、去、入聲各一卷。該書延續陸法言《切韻》的傳統，共分 206 韻，收字 26194 個，較《切韻》（12158 字）多出 14036 字。

（二）版本情況

浙本提要所根據的版本爲兩淮馬裕家藏本，此本實爲清代張士俊據宋版翻刻而成，書中避宋欽宗諱，可知爲宋高宗建炎以後（即南宋時期）重刊本。清人翻刻本有朱彝尊序，駁斥劉淵股文合韻、隱吻合韻、焮問合韻之非。今按，《廣韻》版本甚多，流傳廣泛。據學者研究，主要有北宋監本（傅氏雙鑒樓藏本存三卷，日本金澤文庫藏本存五卷）、南宋監本（涵芬樓藏影寫宋本、元泰定本、至順本、至正本、勤德堂本、明內府本、清張士俊澤存堂覆刻本、曹寅刊本、《古逸叢書》覆刻本等）、南宋坊刻本（宋建寧黃三八郎書鋪刊《鉅

宋廣韻》本、南宋巾箱本）三大系統〔1〕。四庫全書的底本，是清張
士俊刻《澤存堂五種·廣韻》，顯然屬於第二系統。

三、注釋特點及其功過

（一）注釋情況

《重修廣韻》注文共 191692 字，較之前的韻書更加詳細，但却
失之冗漫。館臣舉二例説明其注釋的特點與失誤："公"字之下載
姓氏至千餘言，過於冗漫；"東"字之下稱東宫得臣爲齊國大夫，
實際上東宫指太子，得臣是太子的名字。考察《唐韻》的注釋，涉
及異聞、奇怪、傳説、姓氏原由、土地、物産、山河、草木、禽獸、
蟲魚等方面，已經失之於冗漫，而陳彭年等人變本加厲，又擴大了
這種冗漫的程度。

（二）功過是非

文溯閣本、文津閣本提要詳細記載了丁度對該書的批評："丁
度譏其'一字之左，兼載他切，既不該盡，徒釀細文'；又'姓望之出，
廣陳名系，既乖字訓，復類譜牒'，其説當矣。"從音切、姓氏兩
方面揭示《重修廣韻》注釋冗漫的缺點。但是，清初潘耒却認爲注
文繁複是可貴的，可以提供豐富的資料。

（三）館臣觀點

館臣認爲注釋太過繁複，那是以編撰類書的方法編撰韻書，在
一定程度上模糊了韻書與類書之間的界限。各種文獻都有著特定的
體例，不能因其注釋詳盡而推爲善本。最後，館臣對《重修廣韻》
給出了整體評價，認爲其流傳已久，不可廢弃，可用來考察韻書發

〔1〕李俊杰：《〈廣韻〉版本系統簡述》，《古籍整理研究學刊》2006 年第 6 期。

展之源流，具有音韻學史的價值。

各提要的撰寫時間爲：初目本（乾隆四十年左右）—《薈要》本（乾隆四十三年二月）—文淵閣本（乾隆四十五年六月）—文溯閣本（乾隆四十七年十月）—《簡明目録》本（乾隆四十七年）—文津閣本（乾隆四十九年五月）—《總目》浙本、殿本（乾隆六十年）。

很顯然初目本撰寫時間最早，字數也較多。《薈要》本略晚，是對初目本的删節，删去了"此本爲"到"未及檢也"一段、"而冗漫頗甚"至"源流可矣"一段。或許館臣在編修《薈要》時有特定的體例要求，一是簡明扼要，二是不做否定性評價，故對初目本的舉例、考證、評價部分進行删減。文淵閣本，文溯閣本，文津閣本，《總目》浙本、殿本皆源出初目本，祇修改了個別詞句。例如初目本、文淵閣本"朱彝尊序之"，文溯閣本、文津閣本改爲"朱彝尊《曝書亭集》有爲士俊所作序"，交代出處，便於覆核。《簡明目録》本最爲簡略，祇有 78 字。删減了自《切韻》至《重修廣韻》的發展過程、《廣韻》的版本情況、内容體例等，祇保留了書名、卷數、成書年代、撰者、分韻、注釋情況等，且語言簡略。對其注釋特點的解説稍爲詳細，指出其可資引據以及傷於冗漫的特點，但較之詳本，《簡明目録》還特地指出了考證家對《重修廣韻》的重視。

不同版本的《重修廣韻》提要，雖在叙述詳略上有差異，但其主旨都是對《重修廣韻》的介紹與評價，且觀點基本一致。

集韻十卷〔1〕

　　《集韻》十卷（兩淮馬裕家藏本）〔2〕，舊本題宋丁度等奉勑
撰〔3〕。前有《韻例》，稱："景祐四年，太常博士直史館宋祁、太

---

〔1〕本校注以浙本《四庫全書總目》卷四十二《集韻》提要（736 字）爲底本，
以殿本（731 字）、文淵閣本（729 字）、文溯閣本（475 字）、文津閣本
（475 字）爲校本。其中文溯閣本、文津閣本的字數遠遠少於浙本，但其内
容皆被浙本所含括，且文字基本一致，故合并一處進行校勘。《集韻》十卷，
宋丁度等編撰，是一部按照漢字字音分韻編排的辭書。分韻的數目和《廣
韻》全同。字訓以《説文解字》爲根據，反切多采自《經典釋文》。《集韻》
號稱共收 53525 字，比《廣韻》多收 27331 字，一度被認爲是中國古代收
字最多的字書。但據當代學者統計，《集韻》實際收字應爲 32381 個。

〔2〕文淵閣本、文溯閣本、文津閣本"《集韻》十卷"前有"臣等謹案"4
字，下無"兩淮馬裕家藏本"7 字。

〔3〕丁度（990—1053），字公雅，開封（今屬河南）人。北宋大臣、訓詁學家。
大中祥符四年（1011）進士，授大理寺評事，累官至端明殿學士。慶曆六
年（1046）升任樞密副使，次年官拜參知政事。參與編撰《禮部韻略》《集
韻》《武經總要》等。

常丞直史館鄭戩等建言[1]：'陳彭年、邱雍等所定《廣韻》[2]，多用舊文，繁略失當。'因詔祁、戩與國子監直講賈昌朝、王洙同加修定[3]。刑部郎中知制誥丁度、禮部員外郎知制誥李淑爲之典領[4]。"晁公武《讀書志》亦同。然考司馬光《切韻指掌圖序》稱[5]："仁宗皇帝詔翰林學士丁公度、李公淑增崇韻學，自許叔重而降凡數十家[6]，總爲《集韻》，而以賈公昌朝、王公洙爲之屬。治平四年，余得旨繼纂其職，書成上之，有詔頒焉。嘗因討究之暇[7]，科別清濁，爲二十圖"云云。則此書奏於英宗時[8]，非仁宗時，成於司馬光之手，非盡出丁度等也。

---

[1] 宋祁（998—1061），字子京，雍丘（今河南民權）人。北宋天聖二年（1024）進士。歷任復州軍事推官、龍圖閣學士、史館修撰、知制誥、工部尚書等。工詞，參與編纂《新唐書》等。鄭戩（992—1053），字天休，吳縣（今江蘇蘇州）人。天聖二年進士，授簽書寧國軍節度判官，歷越州通判、三司戶部判官、知制誥，遷權知開封府、三司使，累官至樞密副使。曾參與《集韻》修定工作。

[2] 陳彭年、邱雍，參見《重修廣韻》提要注。

[3] 賈昌朝（997—1065），字子明，真定獲鹿（今屬河北）人。宋真宗天禧元年（1017）進士，官至左僕射、觀文殿大學士、判尚書都省。著有《群經音辨》《通紀時令》等。王洙（997—1057），字原叔，一作源叔，應天府（今河南商丘）人。宋天聖年間進士，官吏部檢討、知制誥、翰林學士等。參與校訂《九經》《史記》《漢書》等。

[4] 李淑（1002—1059），字獻臣，號邯鄲，徐州豐（今江蘇豐縣）人。著有《邯鄲圖書志》十卷（又名《邯鄲書目》《圖書十志》），著錄圖書1836部，23186卷。典領，主持領導。

[5] 司馬光，參見《四書章句集注》提要注。《切韻指掌圖》，宋代音韻學著作，作者不詳。以36字母總384聲，別爲20圖，不立"韻攝"之名，爲研究等韻和宋代語音的重要依據。

[6] 許叔重，即許慎，參見《說文解字》提要注。

[7] "嘗"，文淵閣本、文溯閣本、文津閣本作"常"。

[8] 文淵閣本、文溯閣本、文津閣本無"時"字。

其書凡平聲四卷，上聲、去聲、入聲各二卷[1]，共五萬三千五百二十五字，視《廣韻》增二萬七千三百三十一字[2]。（案：《廣韻》凡二萬六千一百九十四字，應增二萬七千三百三十一字，於數乃合。原本誤以“二萬”爲“一萬”，今改正。）[3]熊忠《韻會舉要》稱[4]：“舊韻但作平聲一、二、三、四，《集韻》乃改爲上、下平。”今檢其篇目，乃舊韻作上、下平，此書改爲平聲一、二、三、四。忠之所言，殊爲倒置。

惟《廣韻》所注“通用”“獨用”，封演《聞見記》稱爲唐許敬宗定者[5]，改并移易其舊部，則實自此書始。《東齋記事》稱[6]：“景祐初，以崇政殿説書賈昌朝言，詔度等改定韻窄者十三處，許令附近通用。”是其事也。今以《廣韻》互校，平聲并殷於文，并嚴於鹽、添，并凡於咸、銜；上聲并隱於吻；去聲并廢於隊、代[7]，并㮇於問；入聲并迄於物，并業於葉、帖，并乏於洽、狎[8]。凡得九韻，不足十三。然《廣韻》平聲“鹽、添、咸、銜、嚴、凡”，

---

[1] 文淵閣本脫“上聲、去聲、入聲各二卷”一句，凡9字。

[2] “二萬七千三百三十一字”，殿本作“二萬七千三百三十二字”，誤。

[3] 文淵閣本、文津閣本無“其書凡平聲四卷”至“今改正”一段，凡83字。

[4] 熊忠，字子中，元代昭武（今屬福建）人。《韻會舉要》，全稱《古今韻會舉要》。元黃公紹編過一部《古今韻會》，同鄉熊忠嫌其注釋太繁，於元成宗大德元年（1297）編成《古今韻會舉要》。其書參照劉淵《壬子新刊禮部韻略》，分107韻。

[5] “聞見記”，殿本、文淵閣本、文溯閣本、文津閣本皆作“見聞記”，誤。封演《聞見記》，參見《重修廣韻》提要注。許敬宗（592—672），字延族，杭州新城（今屬浙江）人。唐高宗時任禮部尚書、中書令，拜尚書右僕射、太子少師、同平章事。著有文集八十卷。

[6] “記”，殿本作“紀”。《東齋記事》六卷，古代筆記，北宋范鎮撰。所記內容涉及北宋典章制度、士人逸事以及蜀地風土人情等。

[7] “隊”，殿本作“墜”，誤。

[8] 殿本、文淵閣本脫“并乏於洽、狎”一句，凡5字。

與入聲“葉、帖、洽、狎、業、乏”，皆與本書部分相應，而與《集韻》互異。惟上聲并儼於琰、忝，并范於㻩、檻；去聲并釅於豔、桥，并梵於陷、鑑，皆與本書部分不應，而乃與《集韻》相同。知此四韻亦《集韻》所并[1]，而重刊《廣韻》者誤據《集韻》以校之，遂移其舊第耳。

其駁《廣韻》注，“凡姓望之出[2]，廣陳名系，既乖字訓，復類譜牒”，誠爲允協。至謂“兼載他切，徒釀細文”，因并删其字下之互注，則音義俱別，與義同音異之字難以遽明，殊爲省所不當省。又韻主審音，不主辨體，乃篆籀兼登，雅俗并列，重文複見，有類字書，亦爲繁所不當繁。其於《廣韻》[3]，蓋亦互有得失。故至今二書并行[4]，莫能偏廢焉[5]。

【比對一】
《薈要》本《集韻》提要[6]

臣等謹案[7]：《集韻》十卷，宋丁度等奉敕撰。凡平聲四卷，上聲、去聲、入聲各二卷。前有度等《韻例》，末有景祐元年宋祁

---

[1] 自“《東齋記事》稱”至“知此四韻亦《集韻》所并”，凡185字，文淵閣本、文津閣本無。

[2] “凡”，原誤作“几”，據殿本、文淵閣本、文溯閣本、文津閣本改。

[3] “於”，文淵閣本、文溯閣本作“與”。

[4] 文淵閣本脱“故”字。

[5] “莫能偏廢焉”之下，文淵閣本有“乾隆四十六年九月恭校上”，文溯閣本作“乾隆四十七年十月恭校上”，文津閣本作“乾隆四十九年三月恭校上”。

[6] 本校注以《薈要》本提要（425字）爲底本，以初目本（395字）爲校本。

[7] 初目本無“臣等謹案”4字。

等奏疏殘文。其書因陳彭年等《廣韻》重修。熊忠《韻會舉要》稱：
"舊韻但作平聲一、二、三、四，《集韻》乃改爲上、下平。"今考
是書，忠言殊悮〔1〕。

惟《廣韻》所注"通用""獨用"，封演《聞見記》稱爲唐許
敬宗定者〔2〕，改并舊部，則實自度始。考《東齋記事》稱〔3〕，"景
祐初，以崇政殿說書賈昌朝言〔4〕，詔度等改定韻窄者十三處〔5〕，
許令附近通用"。今以《廣韻》互校，平聲并殷於文，并嚴於鹽、添，
并凡於咸、銜；上聲并隱於吻；去聲并廢於隊、代，并焮於問；入
聲并迄於物，并業於葉、帖〔6〕。凡得九韻，不足十三。然《廣韻》
平聲"鹽、添、咸、銜、嚴、凡"〔7〕，與入聲"葉、帖、洽、狎、業、乏"，
皆與本書部分相應〔8〕，而與《集韻》互異〔9〕。惟上聲并儼於琰、
忝〔10〕，并范於琰、檻；去聲并釅於豔、桥，并梵於陷、鑑，皆與
本書部分不應〔11〕，而乃與《集韻》相同。知此四韻亦《集韻》所并，
而重刊《廣韻》者誤據《集韻》以校之，遂移其舊第也〔12〕。

其駁《廣韻》注"繁省失當，及多引姓氏，有類譜牒"，誠爲允協。

---

〔1〕"悮"，初目本作"誤"，異體字。

〔2〕"聞見記"，底本與初目本皆訛作"見聞記"，據改。

〔3〕初目本"東齋記事"前有"范鎮"二字。

〔4〕"賈昌朝"，初目本作"賈昌言"，誤。

〔5〕"韻窄"，初目本作"韻穿"，誤。

〔6〕"并業於葉、帖"，初目本同，浙本《總目》提要該句下尚有"并乏於洽、
　　狎"一句，是也。

〔7〕原脫"銜"字，據初目本、浙本、殿本、文淵閣本等補。

〔8〕初目本脫"與"字。

〔9〕此句初目本無"而""互"二字。

〔10〕"惟"，初目本作"而"。

〔11〕初目本無"部分"二字。

〔12〕"誤據《集韻》以校之，遂移其舊第也"二句，初目本作"誤以《集韻》
　　移其第也"。

惟删其字下之互注，則音義俱別，與義同音異之字難以遽明，亦爲省所不當省。而韻主審音，不主辨體，乃依《説文》之例[1]，重文複見，有類字書，是亦繁所不當繁。則與彭年等之書[2]，亦互有得失耳。乾隆四十一年四月恭校上[3]。

【比對二】

《簡明目録》本《集韻》提要[4]

《集韻》十卷，舊本題宋丁度等撰。然度及李淑，以景祐四年受詔；至治平四年，司馬光乃修成奏上。中融三十一年，則稱度撰者，非也。其書删《廣韻》注文之冗，頗見體裁，而多列重文，雅俗不辨，籀篆兼存，頗爲蕪雜。又删去重音之互注，使兩收之字不明，則亦互有短長也。

【評析】

根據内容詳略不同，《集韻》提要可以分爲四個系統：詳本系列3種，包括浙本、殿本、文淵閣本；次詳本系列2種，包括文溯閣本、文津閣本；簡本系列2種，初目本、《薈要》本；極簡本系列1種，《簡明目録》本。四個系統的提要内容詳略有別，但觀點一致，因此先對内容最爲詳盡的浙本提要進行解讀。其餘各本，略作比較而已。

---

[1] 初目本無“依《説文》之例”，凡5字。

[2] 初目本無“等之書”，凡3字。

[3] 初目本無此句。

[4] 本提要録自《四庫全書簡明目録》卷四，凡102字。

一、浙本《集韻》提要評析

　　詳本提要（以浙本爲例）從《集韻》編撰背景、成書年代、分卷、收録字數、《集韻》對《廣韻》窄韻的合并、價值缺陷等幾個方面進行介紹。次詳本系統提要是對文淵閣本的删節，删去了分卷、字數以及《集韻》改并窄韻13處的説明，其餘内容與詳本基本相同。

（一）《集韻》的編撰背景

　　提要首先對《集韻》的編撰背景進行了説明。宋初，陳彭年、邱雍等對隋代陸法言的《切韻》進行增補，編成《廣韻》一書。到了仁宗朝，太常博士直史館宋祁、太常丞直史館鄭戩等建言：陳彭年、邱雍等所定《廣韻》，多用舊文，繁略失當。宋仁宗采納了他們的意見，於景祐元年（1034）詔令宋祁、鄭戩與國子監直講賈昌朝、王洙同加修訂，刑部郎中知制誥丁度、禮部員外郎知制誥李淑總領其事，開始編撰新的韻書。此爲編撰緣起。

（二）《集韻》的成書年代和編者

　　提要徵引司馬光《切韻指掌圖序》：“仁宗皇帝詔翰林學士丁公度、李公淑增崇韻學，自許叔重而降凡數十家，總爲《集韻》。而以賈公昌朝、王公洙爲之屬。治平四年，余得旨繼纂其職，書成上之，有詔頒焉。”[1] 據此認爲《集韻》奏於英宗時，成書於治平四年（1067），并非仁宗時；成於司馬光之手，非盡出丁度等。今按：宋王應麟《玉海》卷四十五稱：“景祐四年，翰林學士丁度等承詔撰，寶元二年九月，書成上之；十一日，進呈頒行。”此謂《集韻》成書於寶元二年（1039）。兩説前後相差了28年。另據日

---

〔1〕［宋］司馬光：《司馬温公集編年箋注》第6册，巴蜀書社2009年版，第177—178頁。

本宮內省圖書寮（書陵部）所藏南宋淳熙十四年（1187）田世卿陝西安康金州軍刻本《集韻》，卷末的牒文也可證明《總目》提要所説非是。牒文如下：

景祐元年三月，太常博士直史館宋祁、三司戶部判官太常丞直史館鄭戩等奏：「昨奉差考校御進士，竊見舉人詩賦多誤使音韻，如叙序、坐座、底氐之字，或借文用意，或因釋轉音，重疊不分，去留難定，有司論難，互執異同，上煩聖聰，親賜裁定。蓋見行《廣韻》《韻略》所載疏漏，子注乖殊，宜弃乃留，當收復闕，一字兩出，數文同見，不詳本意，迷惑後生，欲乞朝廷差官重撰定《廣韻》，使知適從。」詔祁、戩與國子監直講王洙同刊修，刑部郎中知制誥丁度、禮部員外知制誥李淑詳定。又以都官員外郎崇政殿説書賈昌朝嘗纂《群經音辨》，奏同刊修。至寶元二年九月書成，上之。寶元二年九月十一日延和殿進呈，奉聖旨鏤版施行。……慶曆三年八月十七日雕印成，延和殿進呈，奉聖旨送國子監施行。[1]

由此可知，《集韻》成書於寶元二年（1039）九月，并進呈給宋仁宗。旋即奉旨雕版，於慶曆三年（1043）八月十七日雕印完成，頒行天下。這與王應麟《玉海》關於《集韻》書成年月的記載也是相合的。而《切韻指掌圖》的作者問題，早在清代時就有人懷疑。清人鄒特夫已考證出此書非司馬光所作，而是宋人楊中修的托僞之作。書前序言，亦疑爲後人假托。因此，四庫館臣根據《切韻指掌圖序》對《集韻》編纂年代所作的判斷是不可信的，《集韻》成書年代宜定於寶元二年，與司馬光無關。

---

[1] 轉引自傅增湘：《藏園群書經眼錄》卷二，中華書局1983年版，第148—149頁。

（三）分卷與收字情況

《集韻》共十卷，平聲四卷，無上平、下平之分；上聲、去聲、入聲各兩卷。熊忠在其《韻會舉要》中，認爲《廣韻》平聲分一、二、三、四，《集韻》改爲上平聲和下平聲。提要指出熊忠記載之倒置，實爲《廣韻》平聲分上平和下平兩卷，《集韻》改爲平聲一、二、三、四，計四卷。館臣以爲《集韻》收字 53525 個，但根據《漢語大字典》編寫組的統計，實際上衹有 32381 個，比《廣韻》增加 6187 字。

（四）《集韻》合并窄韻 13 處

《廣韻》韻目下關於"通用""獨用"的規定，實仍唐人之舊，封演《封氏聞見記》言爲許敬宗所奏定者也。而提要認爲，變更《廣韻》、改并其韻窄者 13 處則自《集韻》始。景祐初，賈昌朝奏請把其中的"窄韻"改并，允許與相鄰的韻通用。改并的 13 處爲：

并"殷"於"文"；

并"嚴"於"鹽、添"；

并"凡"於"咸、銜"（以上平聲）；

并"隱"於"吻"；

并"儼"於"琰、忝"；

并"范"於"豏、檻"（以上上聲）；

并"廢"於"隊、代"；

并"焮"於"問"；

并"釅"於"豔、㮇"；

并"梵"於"陷、鑑"（以上去聲）；

并"迄"於"物"；

并"業"於"葉、帖"；

并"乏"於"洽、狎"（以上入聲）。

《集韻》改并了《廣韻》的 13 韻後，韻的次序也相應地有所變動。如《集韻》"嚴"改并於"鹽、添"，"凡"改并於"咸、銜"，而"嚴"

韻被調到 "咸" 韻的前面。景祐以後重刊《廣韻》者, 誤據《集韻》來改《廣韻》的韻次, 依《集韻》改了上聲和去聲, 但平聲和入聲仍與原本《廣韻》同, 這就導致重刊本的《廣韻》次第凌亂, 四聲不相承, 非景德、祥符原本之貌。

（五）《集韻》的價值與缺陷

提要最後對《集韻》作了三點評價。1. 在姓氏義訓上, 針對《廣韻》 "廣陳名系, 既乖字訓, 復類譜牒" 的弊病,《集韻》進行了刪減, "今之所書, 但曰某姓, 惟不顯者, 則略著其人"（《集韻·韻例》）。提要肯定了這一工作。2.《集韻》取消了《廣韻》的同義又切, 其理由是 "舊韻兼載他切, 既不該盡, 徒釀細文, 況字各有訓, 不煩悉注"。（《集韻·韻例》）爲求簡潔,《集韻》中的字音一概不加互注, 但這也導致 "音義俱別, 與義同音異之字難以遽明", 字音查考起來也很不方便, 提要批評《集韻》刪其字下之互注爲 "省所不當省"。3.《集韻》本著 "務從該廣" 的原則, 收集了大量的字體, 不管是正體還是俗體, 兼收并蓄, 儼然是一部異體字字典。但韻書的功能在於審音, 不以辨字爲旨歸, 故提要批評其爲 "繁所不當繁"。

館臣認爲,《集韻》與《廣韻》互有得失, 二書并行, 莫能偏廢。這是比較穩妥的觀點。

二、各版本《集韻》提要之比較

與詳本、次詳本相比, 簡本系統（初目本、《薈要》本）的内容較爲簡略, 衹有 400 字左右。簡本對《集韻》的編纂背景未加詳述, 衹言 "其書因陳彭年等《廣韻》重修"。對於《集韻》的作者與成書年代, 簡本提要認爲是丁度等人奉敕撰, 没有出現在詳本提要中據《切韻指掌圖序》進行重新考定的意見。關於流傳中的錯誤, 僅一句帶過。但在叙述《集韻》改并窄韻的具體情況時, 却又潑墨如雲,與詳本基本相同。對《集韻》進行評價的部分，與詳本、次詳本文字有稍許差別，而更爲簡潔精煉。

《簡明目録》本提要最爲簡略，祇有 102 字。對《集韻》作者與作年的叙述沿襲了文淵閣本的觀點，其餘內容僅涉及書名、卷數以及館臣的評價，語言極爲簡潔。

各提要的撰寫時間是：初目本（乾隆四十年左右）—《薈要》本（乾隆四十一年四月）—文淵閣本（乾隆四十六年九月）—文溯閣本（乾隆四十七年十月）—《簡明目録》本（乾隆四十七年）—文津閣本（乾隆四十九年三月）—《總目》浙本、殿本（乾隆六十年）。

不難看出，初目本寫作時間最早，但有文字錯誤和不完善之處。其次爲《薈要》本，此本專門進奉給乾隆皇帝御覽，因而特別認真，不僅糾正了初目本的若干文字訛誤，還修改了一些句子。例如將初目本“而重刊《廣韻》者誤以《集韻》移其第也”，改作“而重刊《廣韻》者誤據《集韻》以校之，遂移其舊第也”，表述更爲清楚，字數也略有增加。再次是文淵閣本，該本照録了初目本、《薈要》本中關於《集韻》改并窄韻部分的內容，同時又有大量增補。館臣通過徵引《韻例》《郡齋讀書志》和《切韻指掌圖序》，考證《集韻》的編纂背景、過程、成書年代與編者，認爲此書“成於司馬光之手，非盡出丁度等也”。由於《切韻指掌圖》係僞作，所謂司馬光序也是後人假托，（前已言之）故館臣的考證結論也就不足爲據了。但《總目》浙本、殿本、文溯閣本、文津閣本皆以文淵閣本爲據，甚至《簡明目録》本也認可了這一考證結論，這是需要加以糾正的。其餘內容，各版本基本相同。

綜上，浙本、殿本、文淵閣本內容最豐富，但其對編者的考證是不可靠的。《集韻》出自丁度之手，完成於寶元二年，於慶曆三年刻梓頒行，與司馬光無關。《薈要》本內容較爲精確，但略嫌簡單；文溯閣本、文津閣本提要是文淵閣本的刪節本，也相對簡略。

後　記

　　撰寫本書之因緣，始於 2015 年給首都師範大學燕都學院本科生講授"中國古代文獻學"課程。燕都學院是首都師範大學拔尖人才培養綜合改革試驗區，有一批基礎雄厚、思想敏鋭、勇於創新、踏實勤奮的優秀學子。針對該院同學的特點，我放弃了閉卷考試的方式，讓他們嘗試從事古典文獻的校勘與整理工作。首先帶領他們參觀首都師範大學古籍閱覽室，介紹《四庫》系列叢書，然後讓每位同學選擇一部典籍，校勘、注釋不同版本的《四庫提要》。最初祇有六個版本，《總目》提要之浙本、殿本、《簡明目録》本，書前提要之文淵閣本、文津閣本、摛藻堂《薈要》本。此後又陸續發現了文溯閣本、分纂稿、初次進呈存目本、上圖藏稿本等，於是有了十個不同的版本，校勘難度遠遠超出了我們的預料。但同學們熱情很高，不斷跟我討論、切磋，文稿也反復修改，有的甚至五易其稿。後來給文學院研究生講授"版本目録校勘"課程，也布置了類似的作業，同樣得到同學們的積極響應。

　　四年下來，積稿盈尺，於是有了精選若干文稿出版面世的想法。但在修訂文稿時，我們纔發現自己的學術儲備嚴重不足。於是在努力學習"四庫學"經典著作、跟蹤最新研究動態的基礎上，對每一篇文稿都進行了大規模修改，整齊其體例，規範其言辭，提升其質量，改動幅度常在 60% 以上，有些篇目甚至完全放弃原稿，重新撰寫。修訂時間達一年之久。儘管如此，仍然非常感謝提供原始校注稿的年輕學子，請讓我隆重推出他們的名字，以紀念那段如切如磋、如琢如磨的美好時光：

陳含章、陳鈺、陳琦、何妍、黃瑩、霍安琪、李一純、劉浩、劉夢婷、劉洋、祁遇、萬雲舒、王菲、王婭晴、王振强、吳世松、吳天宇、許淑萍、楊迎、于曉慶、袁敏佳、查文瑩、曾楊雪、趙燦、趙文菲、趙小莉、張靖、周葉、周瑩。

非常值得高興的是，袁敏佳、陳鈺、何妍、王婭晴、趙燦、楊迎等同學分別考取了倫敦大學學院、香港城市學院、南京大學、北京師範大學、中國人民大學、首都師範大學碩士研究生，劉浩同學考取了北京大學博士研究生。這本小書見證了一批優秀青年學子的學術成長，作爲教師，自然是無上光榮的事了。

蹤凡負責第 1—10 篇，景晶負責第 11—23 篇的修改與定稿工作；何妍撰寫了《禮記正義》《大戴禮記》提要的校注，還負責所有提要字數的統計工作。

研究過程中得到四庫學專家江慶柏先生、楊新勛教授、陳曉華教授的鼓勵和指教，并得到好友羅瑞長老師、羅毅峰編輯的幫助，責編許海燕女士爲編輯此書付出了大量心血，在此一并表示誠摯的感謝。

本書是 2019 年度首都師範大學校級教改項目"《四庫提要·經部》精選校注"的最終成果。書中的缺點與謬誤，一概由蹤凡負責，敬請各位方家批評指正。

蹤　凡

2021 年 5 月